開拓社叢書 34

自然言語をめぐる秩序

言語化と概念化

船山仲他 [著]

開拓社

は　し　が　き

　人が生まれてから自然に身に付ける言語をわざわざ自然言語と呼ぶよう
になったのは，コンピュータ言語が出てきてからのことであろう．そうで
あるならば，言語学の対象となる言語の考察であれば，単に“言語”と言
えば十分である．では，なぜ『自然言語をめぐる秩序 ── 言語化と概念化』
というタイトルに“自然”言語という表現を使ったのか．それは，自然と
人工の違いに目を向けることによって，われわれが自然に使えるようにな
る言語の本質にこれまで以上に迫りたいと考えたからである．

　その点で，自然言語がコミュニケーションのためにあることを強調する
必要がある．言葉はコミュニケーションを反映するものであり，コミュニ
ケーションが言葉を反映するものではないだろう．そうであるならば，自
然言語をめぐる秩序は自律的で自己完結的なものではなく，コミュニケー
ションの仕組みの中で働くいろいろな力関係が全体として作り出している
ものと考えざるを得ない．つまり，自然言語をめぐる秩序は，記号として
の言語についての原理だけで維持されるのではなく，コミュニケーション
に関わる人間の営みに関わるいろいろな相互作用の結果として成り立って
いると考えられる．たとえば，言語コミュニケーションにおいて，細かく
伝えることと大まかに伝えることの折り合いをどこでつけるかの判断はア
ナログ的であり，デジタル的に表せるものではないだろう．人間の人間と
しての判断は機械的ではない．言語コミュニケーションは極めて人間的な
営みであると言えるだろう．

　社会の中で誰かが誰かに何かを伝えたい時，何らかの手段が必要であ
る．目配せや咳払いも役に立つ．しかし，細かい情報を伝えたい場合，や
はり言語が便利である．メッセージを送る側と受け取る側が共通の言語を

使っているならば，その内容をその言語の表現に乗せることが最も効率的であるように思える．しかし，同時に，話し手がある表現で伝えようとした内容がきっちりと聞き手の頭に再現されるかどうかは 100％保証されているわけではない．大概はうまくいくとしても誤解や曲解や理解不足が生じる可能性は常にある．言語というコミュニケーションの手段が必要なことは明らかであるにしても，もう少し詳しくその現実を把握しておきたい．話者の頭の中にあることを言葉にし，聞き手がその言葉を基にして話し手の頭の中にあることを推定する，というプロセスについてもう少し詳しく知りたくなる．

　本書で提案する「言語コミュニケーションの概念 – 意味相関モデル」は，言語コミュニケーションに関わる作用を一定の枠組みの中に位置付けて捉えようとする試みである．つまり，いくつかの術語の定義を固めることによって諸現象を説明しようとするのではなく，諸現象に作用する力関係を整理することによって言語コミュニケーションの実態を明らかにしようとするのである．『自然言語をめぐる秩序——言語化と概念化』というタイトルに秘められている考えの底には，自然言語は規則だけで説明できるものではない，という見方が込められている．自然言語は，自ずと秩序立つ人間社会に支えられているのではないだろうか．

　本書の成立は開拓社出版部の川田賢氏のお力添えに負っている．ここに改めて謝意を述べておきたい．氏には *English Linguistics* に論文を寄せた時からお世話になっている．また，石塚浩之氏（広島修道大学教授）には草稿段階から貴重なコメントを寄せてもらい，感謝している．

　2020 年 7 月

船山　仲他

目　　次

第 1 章

言語コミュニケーションのモデル

はじめに

　個々の人間が生まれてから自然に獲得する言語，つまり自然言語は言語コミュニケーションの営みの中で次第に培われた産物であると言える．そうであるなら，自然言語の仕組みをコミュニケーションの仕組みから独立した体系と見ることは難しい．

　また，人間の言語能力は生得的であると考えるならば，コミュニケーション能力を生得的でないと考えるのは難しい．むしろ，コミュニケーション能力が土台となると考えたい．少なくとも，コミュニケーション能力に先行して言語能力が獲得されるとは考え難い．

　しかしながら，ソシュール（F. Saussure）のラング（langue; language）とパロール（parole; speech）の区別以来，言語や文法を描くことはラングを中心に行われている．そして，客観的な記述を目指そうとする姿勢は，個々のたまたまのコミュニケーションではなく，安定した言語表現の一般性を重視することに繋がる．つまり，その言語の話者の多数が共通して示す特徴を重視する．言い換えれば，文法記述は"一般的な"言語知識を明らかにしようとする試みであると言えるだろう．その姿勢は言語その

1

ものの研究としては当然のことだと思われる．しかし，そのことが言語コミュニケーションの実際を"応用"と見る姿勢に繋がれば，ありのままの自然言語の姿を見失うかもしれない．では，人間にコミュニケーション能力があるから言語能力が開花すると考えると，人間の言語能力をどのように説明することができるであろうか．本書で展開される議論はその方向で進む．

　言語とコミュニケーションの密接さを考慮に入れれば，コミュニケーションの場面における言語的やり取りの実際をどう捉えるかを言語研究にもっと組み込むことが必要であろう．しかし，言語がコミュニケーションをどう支えているかを理解するには，コミュニケーションの現場で言語がどう働いているかをもっと時空間的に話し手と聞き手の関係として考察する必要があるだろう．本書が提案するモデルは，具体的な言語コミュニケーションの場面に人の要素を現実的に組み込もうとするものである．つまり，個々の言語コミュニケーションの場面において使われる具体的な言語表現をめぐって発信者である A さんと受信者である B さんの頭の中には何があるのかを探ろうとする．これは，ストックとして蓄積された言語表現の体系性，規則性を抽出することを中心とする文法研究とは大きく視点が異なると言えるだろう．また，そのアプローチは，語用論を文法から分離させない試みにもなるだろう．そして，このアプローチを取ることによって，言語社会の中で流通する言語表現の諸側面について，より人間を中心に現実的な把握を実現することができるのではないかと考える．

　言語学，心理言語学の分野において，人間の思考と言語表示との関係は大きなトピックの一つである．そして，人間の頭の中の考えを明らかにするためには言語表現をコミュニケーションの文脈で調べることが必要であろう．Pederson and Nuyts (1997) は，言語表示 (linguistic representation) と概念表示 (conceptual representation) の関係を"関係問題 (the relationship question)"と呼び，「人間の認知についてのわれわれの理解をさらに深めていくためには"関係問題"が極めて重要である」(p. 6, 拙

訳）とする．言語学において“意味”は，言語的意味，つまり，どんな言語表示にどういう意味が付随するか，という角度から一般的に捉えられる．しかし，“概念”の扱い方については，特定の視点が確立しているようには思えない．ここでは，一般的に概念とは何かを思弁的に探ることはせず，“言語コミュニケーションのプロセスにおける概念”の位置づけを明確にすることによって議論を深めたい．具体的には，言語コミュニケーションのプロセスにおける“概念”と“意味”の役割を区別し，それらがどのように相関するかのモデルを提案したい．発話を支える“概念”と呼ばれるものの実態の把握としては，コミュニケーションにおいて“話し手，聞き手の頭の中にあること”というシンプルな捉え方から出発する．

　まず，第 1 章で言語コミュニケーションのモデルを提案する．このモデルの大きなポイントは，発信者と受信者の頭の中にあるものを対置させること，“意味”と“概念”を区別すること，それに応じて言語コミュニケーションの“意味レベル”と“概念レベル”を分ける点にある．そしてその中で“推論”の位置づけをすること，“言語化”（第 2 章参照）と“概念化”（第 3 章参照）を対比させることも重要な特徴となる．そのようなモデル化を通して言語コミュニケーションの本質に迫りたい．そこに，自然言語をめぐる秩序の源泉が見えてくると考える．

1.1.　言語コミュニケーションにおける“概念”と“意味”の相関

　本書で提案する「言語コミュニケーションの概念 – 意味相関モデル」，略して「相関モデル」は，人と人との間の言語コミュニケーションを図 1 のように捉える．

4

〈図1〉 言語コミュニケーションの概念‐意味相関モデル

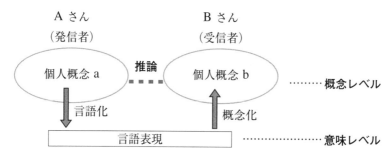

図1に示す「言語コミュニケーションの概念‐意味相関モデル」は，A さん（発信者）が B さん（受信者）に言語メッセージを伝えるプロセスの模式図である．A さんの頭の中にある"概念"の集まり，B さんの頭の中にある"概念"の集まりを，それぞれ，「個人概念 a」，「個人概念 b」と表している．[1] A さんが「言語表現」を産出するプロセスを示す"言語化（verbalization)"の矢印は，A さんが自分の「個人概念」の断片を「言語表現」に当てはめていくプロセスを表す．その際，「個人概念 a」に含まれる状況認識や文法概念も参照されるであろう．その矢印の先にある「言語表現」は口頭の発声，あるいはその文字化を通して客観的存在となる．すなわち，A さんにとっての他者の耳に，あるいは目に届く．「個人概念 a」の内部にある限り他者には伝わらない A さんの抱く"概念"が A さんの外部に公表され，「言語表現」として社会的共有物になる．つまり，記録しようと思えば録音機なり速記録に記録できる．この社会的共有物となる「言語表現」の記録は"形式"の面だけであるが，その言語の知識を持つ者には標準的な"意味"を取り出すことができる．この「相関モデル」では，後で詳述（1.1.1 節など）するように，"概念"と"意味"を区別する．

図1の「個人概念 b」は，そのようにして外部化された「言語表現」が

---

[1] ここでの"a"や"b"は誰の「個人概念」であるかを便宜的に示しているだけで，そのことが議論に関わらない時にはこの英語アルファベットの小文字は不要である．

B さんによって受け取られ，理解される環境を表している．実際には A さんが発した「言語表現」は複数の人に届いたかもしれないが，このモデルはその一人として B さんのことだけを表示している．「言語表現」から「個人概念 b」に向かう矢印は "概念化（conceptualization）" と呼ぶプロセスを示している．これは，B さんが，受け取った「言語表現」の "意味" を取り出し，それを自分の「個人概念 b」の一部に "概念" として取り込む，すなわち "理解" することを表す．

　「相関モデル」の図はほとんど左右対称であるが，話者が交替すれば，B さんが "言語化" の下向き矢印，A さんが "概念化" の上向き矢印の処理を行うことになり，情報の流れは逆転する．話者交替は，しかし，情報が流れる方向が変わるだけではない．コミュニケーションが進めば，話の中身が展開するのが普通である．"言語化" と "概念化" というプロセスは向きの逆転だけではない．「個人概念 a」と「個人概念 b」は別の個人の頭の中にあり，前者から発信された「言語表現」を通して後者がその元になった A さんの "概念" を自分の「個人概念」に取り込もうとする．もっとも，相手の頭の中にあることをそっくりそのまま自分の頭の中にすべて再現することは難しい．第 4 章で "言語化" と "概念化" の非対称性を考えるように，言語コミュニケーションを媒介する「言語表現」の "意味" が相手の「個人概念」にどのような "概念" を発生させるか，あるいは発生させないかという問題は言語コミュニケーションの実際を考えるに当たって重要なポイントとなる．

　このように，「言語コミュニケーションの概念-意味相関モデル」は A さん，B さんという別個の人間の間の言語コミュニケーションを描こうとする．そして，その両者を結ぶのが「言語表現」である．この「言語表現」を上で "社会的共有物" と呼んだが，まさにこの性質が言語社会におけるコミュニケーションを可能にする．日本語社会なら日本語の知識を共有することによって複数の人間の間の言語コミュニケーションが担保されるのである．ただ，しかし，この "社会的共有物" が完璧な理解をもたら

6

すわけではないことは誰しもが感じていることだろう．ひとつの「言語表現」の解釈が人によって異なる可能性がある．事情に通じている人にはわかってもその他の人にはわからない場合もある．「相関モデル」はたとえばそのような問題を深く追求することを可能にする枠組みでもある．その点で大きな補完的役割を果たすのが，図の中の"推論"である．「個人概念 a」と「個人概念 b」を直接点線で結んでいるこの意思疎通のルートは一般的に"推論"と呼ばれているものを「相関モデル」の中に位置付けたものである．すぐ上で，「言語表現」が完璧でないことに触れたが，別の言い方をすると，現実社会の中での言語コミュニケーションが"言語化"と"概念化"の完全な対称性によって支えられるならば"推論"は要らない，ということになる．しかし，現実にはその対称性は保証されない．その議論は第4章に残すとして，ここでは，「相関モデル」によって"推論"のルートがこのように表せることを確認するだけに留めておく．図の右端に示されているように，「個人概念」と"推論"は"概念レベル"のコミュニケーションに関わり，「言語表現」は"意味レベル"のコミュニケーションに位置づけられる．

　本書では，本文中の二重引用符（" "）は「相関モデル」特有の位置付けがされている用語であることを示している．たとえば，次に述べるように，"意味"という用語は「言語表現」を構成する"形式"に対応する"概念"に限って適用される．"言語化"，"概念化"も「相関モデル」特有の用語である．また，「個人概念」や「言語表現」は，「相関モデル」特有の用語であると共に，両者の場合の鉤括弧（「　」）は，人一般ではなく特定の個人に，あるいは特定のコミュニケーションに結びついているものであることを示している．

1.1.1. "概念"と"意味"

　上で，「言語表現」は具体的な"形式"と"意味"のセットと見なされることに触れたが，それでは「相関モデル」において"概念"と"意味"の

区別をどのように考えるのか．まず，図2はその基本的な考え方を示している．

〈図2〉　"概念"と"意味"の領域の関係

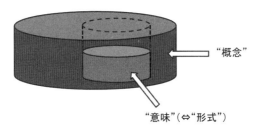

"概念"

"意味"(⇔"形式")

　この大きなドラムの中に小さなドラムが埋め込まれているような絵が象徴的に表しているのは，"意味"が"概念"の一部の別称であることである．つまり，"意味"の性質も"概念"の性質と同じであり，"意味"と呼ばれるものは"概念"であると共に"意味"であることを示している．[2]"意味"が"概念"一般と異なる点は，その中身ではなく，対応する"形式"を持っていることである．ただし，"形式"と"意味"は一対一に対応するわけではない．辞書の記述が示すように，一つの見出し語（="形式"）の"意味"は一つとは限らない．たとえば，日本語の「節（ふし）」という形式には，①竹，葦などの茎の，間をおいて隔てをなしている所，②物事のくぎれ目，③歌の音の高低・長短・強弱の変化する境目（『広辞苑』の語義一部）などの複数の"意味"が対応する．逆に，「節」の代わりに「旋律」や「メロディー」など他の"形式"を使うこともでき，"形式"と"意味"が一対一に対応しないことは珍しくはない．

　また，"概念"と"意味"の性質が異なるわけでもない．新しい"概念"に"形式"を当てはめるとそれを"意味"として扱える．たとえば"ある

---

[2] Aitchison（1987: 44-45）も"概念"と"意味"の重なりを考えるが，「相関モデル」のような枠組みに関連させるわけではないので，ここでの議論と直接つながるわけではない．

成分だけを選択的に通過させる膜"という"概念"に「半透膜」という言語表現（＝"形式"）を当てれば，それをその"形式"の"意味"として扱うことができる．しかし，「半透膜」という"形式"の知識がない聞き手にも"ある成分だけを選択的に通過させる膜"という説明がわかるならば，"概念"は伝わる．ただ，「半透膜」という"形式"の"意味"は知らない，ということになる．つまり，"概念"と"意味"の違いはそれが"形式"と一体化しているかどうかの違いだけであると考える．

　したがって，"概念"の一部に対応する"形式"が認識しやすければ，その"形式"だけでも"意味"を持つ．たとえば，「二者択一」という"形式"に対応する"概念"は「二つの事物のうち，いずれか一つをえらぶこと」（『広辞苑』）という"意味"と同じと考えられるが，「二者択一」という"形式"の一部である「＿者択一」という"形式"が認識できれば，「＿つの事物のうち，いずれか一つをえらぶこと」という部分的な"概念"も"意味"として扱うことができる．つまり，その部分的な"概念"に「三」の"概念"を足した，「三者択一」という"形式"を作れば，その"概念"は「三者択一」という"形式"の"意味"として捉えることもできる．

　このように，"概念"と"意味"が指す中身に本質的な違いがあるわけではないと考えられる．それを扱う人がその"概念"に対応する"形式"を知っているか知らないかの違いがあるだけである．それでは，なぜそのような"概念"-"意味"の二重構造を「相関モデル」に組み込むのか．その理由は辞書の実態を見ればわかる．大きな辞書では，細かい定義が必要な専門用語的な項目や古い形などがたくさん含まれていて，また，一つの見出し語にたくさんの意味分類が記されている．簡便な辞書の記述は，日常よく使う語彙のよく使う"意味"に限られている．このバランスは生活の中の自然なバランスを反映していると言えるだろう．日常生活においては，厳密な議論よりも最小限の手間が歓迎される．"概念"に対して"形式"の数が絞られるのは，日常生活で賄える語彙の量と質のバランスを反映していると考えられる．そして，人間の記憶容量の限界とも相俟って，

日常生活における言語コミュニケーションに簡潔さへの圧力が作用していると考えられる．もっとも，言語社会には，より厳密なコミュニケーションが必要な時にはそれにも対応できるという柔軟性が望ましい．専門用語のように高密度な“概念”に“形式”を与えることによって言語コミュニケーションの密度を高めることもできるのがよい．「相関モデル」における“概念”と“意味”の扱いは，人間社会の側で自然に発生する必要性を反映する．時にはパターン化した会話を楽しみ，時には濃密な議論を展開する──そのどちらにも対応できるような自然言語はどのような状況にも対応できる柔軟性を帯びていることが望ましい．

　それでは，「個人概念」を構成する“概念”の中で“形式”を必要としないものにはどのような種類のものがあるのか．言語コミュニケーションには話者交替があるのが普通である．まず，図 1 の B さんの立場に立てば，相手の話を理解するためには世界に関する一般的な知識に伴う“概念”が必要である．また，相手の考え方を理解するには，その話の論理を支える“概念”を把握する必要もある．さらに，日頃から同一の相手とのやり取りがあれば，相手の考え方や姿勢についての自分なりの考え方を概念的に把握していることも考えられる．他方，A さんが発話する際にも同様な一般的知識が必要であるが，それ以上に，具体的な発話を組み立てるためには，まず発話内容を概念的にまとめる必要がある．そして，どのような内容をどういう順序でどのように表現するかを設計する段階がある．その設計にはそれなりの文法的“概念”が働くはずである．構文選択にしても語彙選択にしてもかなり自動化される部分もあると思われるが，言いたい趣旨を概念的に整理することや，それを意識することによって聞き手にわかりやすい発話を組み立てることを意識的に計算することもあるだろう．そしてそのような“概念”をベースにして「言語表現」を“選ぶ”プロセスも発生するだろう．さらに，強調点や相手の反応を予測する“概念”などが含まれるかもしれない．やり取りが進行するに連れて追加や修正の“概念”が出てくるかもしれない．そして，対話が長くなるほど両者の一

致点，不一致点などの“概念”が生じるかもしれない．また，対応中の相手に関しては，話の中身に加えて，相手の表情や声の調子などを評価する“概念”，相手の発言について自分の反応をまとめる“概念”，あるいは先行文脈の知識を整理すると共にそれを保持するための“概念”なども含まれるであろう．このようなことは，上手に話すことに対するアドバイスとして一般化されるようなことがあるかもしれない．

概念と意味の扱いに関係する先行文献

　従来の言語学では，概念と意味はどのように扱われてきたのであろうか．しばしば議論の対象となる大きなテーマの一つであり，いろいろな考え方が提起されているが，ここでは，明示的に図式化されたものとしてJackendoff や Bierwisch らの考え方を取り上げ，それらと対照させることによって「言語コミュニケーションの概念–意味相関モデル」の特徴を確かめておきたい．

　言語システムについての Jackendoff（1983: 20-21）の二つの図をそれぞれ，〈図 3a〉，〈図 3b〉として引用する．両者の主要な違いは，意味構造（semantic structures）と概念構造（conceptual structures）を別扱いにする〈図 3a〉か，それとも概念構造の中に意味構造を含めてしまう〈図 3b〉かにある．同書では，視覚情報，言語情報，およびそれらの組み合わせの特性に共通する特性を調べ，その結果として，〈図 3b〉のように，意味構造を含み持つ概念構造という単一のメンタル表示にまとめることの妥当性を主張する．つまり，意味構造の性質，働きを概念構造と同質なものと考え，両者を一体化しようとするのである．概念構造仮説（Conceptual Structure Hypothesis）と呼ばれるこの考え方では，概念構造という単一のメンタル表示レベルにおいて，言語，感覚，および運動の情報が融和すると捉えられる．概念構造のこのような捉え方は，Jackendoff（1996）でも踏襲されている．

　意味と概念を区別した上で，語用論によってつながる両者を同一の概念

構造の中で扱う Jackendoff のこのような考え方に対して，ここで提案している「言語コミュニケーションの概念 – 意味相関モデル」では，本書の図1に示されているように，"意味"は言語社会に流通する「言語表現」に付随すると捉え，"概念"は「個人概念」を構成する要素として区別する．

　われわれの提案の利点については本書全体で議論することになるが，Jackendoff の概念構造仮説との違いの一つとして，「言語表現」の社会性をわかりやすく説明できる点をここで指摘しておきたい．それは，言語社会の中で言語コミュニケーションを媒介する「言語表現」の性質に関係する．そして，"概念"と"意味"を区別することが現実を反映する点に注目したい．たとえば，「そういう意味で言ったのではない」というような発話が生じる場面がその現実を露呈させる．「言語表現」を構成する"形式"に"意味"を付与するのが言語コミュニケーションだと考えるならば，「そういう意味で言ったのではない」というような発話は，使った"形式"を否定せずにその解釈とみなされる"意味"を否定することが可能であることを示す．この場合，その発話で意図された"意味"を支える"概念"は話者の頭の中，つまり，「個人概念」の中では明確であるはずであり，その"概念"が「言語表現」という"形式"と"意味"のセットを通して伝わらなかったという事態であると考えられる．「言語表現」が表そうとする"意味"と「個人概念」を構成する"概念"を区別する「相関モデル」は，言語コミュニケーションの場面における"意味"と"概念"の役割が異なることを明示化する．つまり，「相関モデル」が言語コミュニケーションを説明しようとするものであるのに対して，Jackendoff らの考え方には言語コミュニケーションの視点が含まれていないことをこのような例は示している．

　このことを言い換えれば，言語社会においては「言語表現」の"意味"がずれることなく個人間で交換されるのが目標であるが，他方，人が頭の中で考えることの自由さに限界はない，ということを「相関モデル」は示

12

〈図3A〉

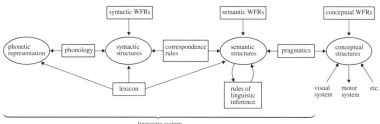

〈図3B〉

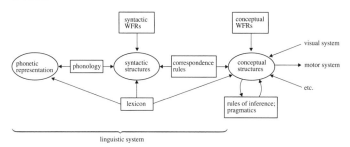

せるのである．コミュニケーションにとっては，この二面性にどう対処するかが大きな課題となる．そして，この課題に直面すれば，Jackendoff流に意味構造を概念構造に含めることはここで提案するような言語コミュニケーションの位置づけを考慮に入れていないことになる．（そもそも生成文法は言語コミュニケーションを説明しようとするものではないと言えるだろう．）

　「相関モデル」の考え方は，Jackendoffのように意味（構造）を概念（構造）に包含させることにはつながらない．なぜならば，コミュニケーションの現場のことを考えれば，個人の頭の中にある"概念"の無限性，非形式性と「言語表現」の"意味"の有限性，形式性との本質的な差はJackendoffが考えるような概念構造の中で統一的に扱うことはできないと考えられるからである．つまり，「相関モデル」で設定する「個人概念」（"概

念"によって構成される）と「言語表現」（"概念"ではなく"意味"だけ
を扱う）を一体化することができないのが人間の言語コミュニケーション
の特質であろう．「言語表現」の"形式"も"意味"も，特定の言語社会で
広く通用することが必要であり，「個人概念」の本来の無限性を「言語表
現」の有限性によって拘束することはできないと考えるべきであろう．つ
まり，「個人概念」と「言語表現」の両方を包含する単一の記述部門を考え
ることは言語社会の現実に合わないと考えられる．

　Jackendoff（1983）において，意味構造と概念構造を分けて捉えようと
する場合にそれら両者の間に想定されているのは語用論である．つまり，
〈図 3B〉の，一体化した概念構造には意味構造と語用論が含まれる．語用
論については，4.4 節で議論するように，ここで提案する「相関モデル」
では，異なった形で，しかし，実質的に Jackendoff の考察を反映する形
で捉えることができる．「相関モデル」では，「言語表現」は"形式"と"意
味"のペアによって構成されるだけであり，「言語表現」を産出する発話
側の「個人概念」，解釈する聞き手側の「個人概念」が「言語表現」を処理
する．その際に，一般的に語用論と呼ばれるようなコミュニケーションの
側面も「個人概念」がコミュニケーションに含ませようとすると考えるの
が現実的であろう．話し手も聞き手もそれぞれの立場から相手の「個人概
念」の中身についていろいろな"推論"を施すことが考えられる．「相関
モデル」を描く図 1 では，"概念レベル"のこととして両者の間を破線で
結ぶ"推論"の経路が描かれているが，その中には一般に語用論で議論さ
れるような現象も含まれる．「言語表現」のやり取りが非言語的，直観的
な「個人概念」のやり取りを伴うことは極めて自然なことと思われる．後
で論じるように，「相関モデル」はそのような現象も考察の対象として取
り込むことができる．

　意味構造と概念構造を分けようとする Jackendoff（1983: 20）の〈図 3a〉
と意味構造を概念構造に含めようとする〈図 3b〉を対比させた時，後者
の概念構造は語用論を含めるのであるが，そうするよりも，「相関モデル」

のように，言語社会の存在となる「言語表現」と個人の頭の中にある「個
人概念」を区別するほうが状況を明示的に表せるのではないだろうか．す
なわち，語用論を，「言語表現」の形式では表されないことと考えるなら
ば，語用論的側面を「言語表現」ではなく「個人概念」に関わることと捉
えるほうがわかりやすく，かつ，語用論の特質をよく表すことができると
思われる．つまり，一般に語用論として整理されることは，言語コミュニ
ケーションにおける「言語表現」に話者が個人的に追加しようとする情報，
そして聞き手が「言語表現」から個人的に引き出そうとする情報なのでは
ないだろうか（本書 4.4 節の議論参照）．したがって，語用論的な情報は「言
語表現」に固定的に属しているのではなく，「個人概念」の中にある．そ
のように考えるならば，「言語表現」と「個人概念」を分ける「相関モデル」
では，その枠組み自体がそのような情報を自然に捉えることができると言
えるだろう．「相関モデル」は「言語コミュニケーションの概念‒意味相関
モデル」の短縮形であり，常に言語コミュニケーションを視野に入れてい
る．語用論は基本的に言語コミュニケーションを視野に入れていると言え
るであろう．したがって，「相関モデル」には Jackendoff の概念構造仮説
（Conceptual Structure Hypothesis）の実質も取り込まれていると言える
だろう．ただ，それは「相関モデル」では「言語表現」と「個人概念」の両
方に言及できる，という仕組みに依存する．

　Jackendoff が概念構造に意味構造を含めようとするのに対して，Bier-
wisch and Schreuder（1992）は意味形式（semantic form）と概念構造
（conceptual structure）を分けて扱う方向で議論する．「相関モデル」の視
点から見ると，彼らが言う「意味形式」と「概念構造」の区別には「相関
モデル」に近い面もあると言えるが，それをさらに一歩進めて，言語コ
ミュニケーションとして，彼らの言う意味形式は「相関モデル」における
言語社会的な「言語表現」に，彼らの言う「概念構造」は個人的な「個人
概念」に結び付けることを考えるのが「言語コミュニケーションの概
念‒意味相関モデル」の基本構想であると言える．"意味"と"概念"を区

別しようとするならば，それらを定義上どう区別するかよりも，言語コ
ミュニケーションの流れ，各コンポーネントの位置づけの仕組みの上で捉
えるのが妥当であると思われる．つまり，「相関モデル」は Bierwisch
and Schreuder (1992) の概念構造の根拠をより自然な形で提供すること
にもなる．なぜならば，「相関モデル」においては，「個人概念」の中で言
語的発話を設計する最初の段階では，具体的な語彙の選択はなされていて
もいなくても構わない，と考えるのが自然であり，かつ，その先にある
「言語表現」は順次線形的に口から出る段階で整えられると考えるのが自
然と考えられるからである．

　Bierwisch and Schreuder (1992: 44-46) は，発話は話し手が思いつく
最初の段階から言語表現の形式なのかという問題に言及して，対話相手が
使った言語表現を繰り返す近道を取ることもあることを指摘しているが，
そのように具体的なコミュニケーションの場面を考えることは「相関モデ
ル」の考え方に近い．話者の「個人概念」の中では発話のきっかけとして
相手の使った表現を受け止めるプロセスは当然含まれることであるし，コ
ミュニケーションにおいて聞き手が相手の意図を理解しようとすることは
普通のことであり，たとえば「残念です」という相手が使った言語表現を
ベースに「個人概念」レベルの話を続けることもあり得るであろう．また，
自分が発しようとする内容の骨子は概念的であるのが普通であろうし，言
いたいことのすべてが最初から言語表現を伴っているとは限らないことも
普通のことであろう．そのような発話の側面を考えると，「相関モデル」
の骨格は自然な形で言語コミュニケーション活動を捉えていると考えられ
る．

1.1.2.　"概念レベル" と "意味レベル" の二層性

　1.1 節の冒頭に示した図 1 (「相関モデル」) の右端には，"概念レベル"，
"意味レベル" という表示がある．"概念レベル" のコミュニケーションに
関わるのは「個人概念」と "推論" であり，「言語表現」は "意味レベル"

のコミュニケーションに関わる．この二層性は“概念”と“意味”の役割
と並行する．つまり，「言語表現」は音声や文字という“形式”によって
構成されるが，それは“形式”に対応する“意味”と合体するものである．
公共性を帯びた社会生活における言語コミュニケーションは「言語表現」
のやり取りによる．これを“意味レベル”のやり取りと考える．

　たとえば，テレビや新聞で流されるニュースで使われる「言語表現」の
“意味”は事実をできるだけ正確に反映するものであることが期待される．
受け取り手の間で多様な解釈が生まれる可能性を最小限にする努力もなさ
れるであろう．そのような努力は，「言語表現」のやり取りを支える「個
人概念」の“個人性”を払拭する方向に向けられる．つまり，公共的言語
コミュニケーションは基本的には“意味レベル”におけるコミュニケー
ションが中心になると考えられる．他方，日常生活における知人間の言語
コミュニケーションであれば通常“個人性”が深く関わるであろう．つま
り，そのような場合の「言語表現」には個人的，私的な「個人概念」が色
濃く反映され，「言語表現」を理解する側でも個人的，私的な思いを汲み
取ろうとする度合いが強いと考えられる．世間一般の中での日常的言語コ
ミュニケーションとしてはこのルートが中心となるであろう．親しい間柄
や家族の間などのコミュニケーションでは何も喋らなくても伝わることも
あるが，それは純粋に“推論”が「個人概念」を直接つなぐ場合と言える．
つまり，「個人概念」が深くかかわる言語コミュニケーションは“概念レ
ベル”で行われる部分が大きいと言えるであろう．

　「相関モデル」が示すこのような“概念レベル”と“意味レベル”の二層
性は，言語コミュニケーションそのものの主観性と客観性という二律背反
的なことを許す自然言語の特性につながる．つまり，音声であれ文字であ
れ，一個人が創出した「言語表現」は客観的に記録され得るものである一
方で，純粋な「個人概念」の中には，一個人の頭の外に出ることはない，
極めて主観的なものもあるだろう．「言語コミュニケーションの概念−意
味相関モデル」は，“概念”と“意味”を分立させることによって，一方で，

言語社会一般で通用する「言語表現」の公共性を扱いながら，他方で，私的な領域における自由な発想を確保する，という相補関係を扱うことができる．「言語表現」として他人に伝えようとしても，すぐには誰からも理解されないような新規性のある考えを作り出すこともできるのである．詩的なつぶやきがその典型と言えるかもしれない．ただ，つぶやきが多数の他者の「個人概念」に無条件に特定の"推論"を引き起こすことは考えにくい．複数の「個人概念」が"推論"を通して何かを伝え合うためには，その"推論"ルートの両側の「個人概念」の中に響き合うものがなければならない．言語コミュニケーションとしては甚だ不安定であり，実生活では余り役に立たない．しかし，そのルートに都合のよい条件が整えば，"以心伝心"を実現する可能性もある．ここでその議論をテレパシーの領域にまで拡げることはしないが，そのような可能性は人間に備わった"推論"能力を示唆する．聞き手が「言語表現」の不十分さを"推論"によって補うことは，条件がそろえば，それほど難しいことではないだろう．また，"推論"と呼ばれるものは，知らず知らずの間に働いている場合もあると考えられる．つまり，"推論"だと言われて初めて"推論"を意識する面もあるだろう．簡単な例としては，「後退してください」と言われて，何の迷いもなく「交替」しようとしたような場合，つまり，きっかけとなったのは同音異義語であるが，本人には同音異義のことが全く頭に浮ばなかったような場合は，結果的に見れば，"推論"が働いていたと言える．主観性はこのようなミスにつながる可能性もあるが，人間の創造的な活動には主観性が必要であろう．このように，"概念レベル"と"意味レベル"の二層性は，いろいろな折りに豊かな人間性，人間社会を支えると考えられる．

　「言語コミュニケーションの概念−意味相関モデル」は，全体として，言語社会に通じる一般性のある「言語表現」と個人的な"概念"の集合体である「個人概念」の両方を活用することができる人間の言語コミュニケーションの仕組みを表そうとするものである．自然言語は誰かが人工的

に作ったものではないが故に，その秩序も機械的ではなく，アナログ的な融通性を保っていると考えられる．誤解が生じたり，言いたい思いをどう表現すればいいのか迷ったりすることがないわけではないが，言語コミュニケーションには自然な秩序がもたらされる．そのような秩序はどのようなものであろうか．それを理解するには個人的な“概念”と社会的な“意味”の区別が大きな役割を果たすと考えられる．「相関モデル」は「個人概念」と「言語表現」を区別することによってそのような自然言語をめぐる秩序を表現しようとする．

　このような“概念レベル”と“意味レベル”のバランスは，“文法”の性格をはっきりさせてくれる面もある．有限な語彙を使ってその有限な組み合わせ方を定着させることによって「言語表現」のやり取りを効率化することができるのが現実であるが，もし，語彙が無限でその組み合わせ方も今の現実よりももっと複雑であれば，自由奔放な概念をもっと詳細に表現できるであろうか．もしできるとしても，今よりも言語コミュニケーションには時間がかかり，そして，重要なことは，“意味”が“概念”並みに詳細になると，「言語表現」の理解が逆にもっと難しくなる可能性が予想される．今でも，意味深い詩や難解な議論があるが，そのようなコミュニケーションが日常生活にあふれていたらどうであろうか．現実的な言語コミュニケーションの秩序は，“ほどほど”の縛りによって文の形に結ばれた“ほどほど”の語彙によって維持されているのであり，それほど厳密ではない．しかし，もし厳密さを求めるのであれば，「個人概念」のレベルで定義集を築き，それを“業界用語”として共有することによって精密なコミュニケーションを図ることはできるだろう．「概念−意味相関モデル」はそのような可能性を含み持つ．コミュニケーションとしては，禅問答のように，日常言語を使いながらも深い“概念”レベルに迫るやり取りを行うことも考えられるが，一般的に，理論的な主張を展開するような場合には，言語知識の中から表現を直接選ぶというよりも，発信者は，自分の頭の中にある諸概念をベースにまず発信すべき“概念”を選び，まとめ，そ

れに相応しい「言語表現」を探して発信（＝“言語化”）するのではないだ
ろうか. 受信者は受け取った「言語表現」をベースに自分なりの“概念”
に置き換え，理解（＝“概念化”）につなごうとするかもしれない. 別の例
として，広告作成者が，「あなたは大丈夫ですか？」という問を広告に使
い，その広告を見た人が「何を準備する必要があると言うのだ？」と自問
すれば，次の段階として自分にとって準備すべきことをあれこれ考えるか
もしれない. それが広告の戦略であるかもしれない. しかし，もしこれが
通常のコミュニケーションであれば，相手は「え？」と聞き返すことであ
ろう. 言い換えれば，自分が抱く“概念”が“意味”を通してたやすく他
人の頭の中で再現されるように工夫するのが日常的なコミュニケーション
の核心と言えるのではないだろうか. 自然言語の“意味”を使ったコミュ
ニケーションはその点でアナログ的であると言えそうである.

　一方において，無限の「個人概念」の多様性を追求することと，他方，
コミュニケーションにおける共通理解を志向する「言語表現」の現実性は
言語コミュニケーションそのものの二層性を反映すると考えられる. 人と
人の間のコミュニケーションの仕組みは，人間の思考の無限性と表現手段
の有限性にどう折り合いをつけるかという課題を抱えているのである.
「個人概念」の中では無限に思考が拡がる可能性を許容するが，「言語表現」
は解釈が社会的に絞られるものでなければ公共的に共有されるのは難し
い. 自由奔放な“概念”に追いつく伝達手段の開発と拡散は非現実的だと
思われる.「個人概念」と「言語表現」を分けて扱う「相関モデル」は“概
念”の自由奔放さを許容しつつ“意味”のやり取りに制限を掛ける現実的
必要性を反映している.「言語表現」には公共財としての価値も求められ
るのである.

1.1.3. 「個人概念」と「言語表現」

　「言語コミュニケーションの概念–意味相関モデル」を構成する「言語表
現」は，社会の中で言語コミュニケーションに利用される具体的な特定の

（後の1.4節参照）「言語表現」を指す．われわれが日常的に見聞きし，また，書き話す「言語表現」のことであり，上で述べたように，"意味"を伴っている．「相関モデル」の「個人概念」には世界に関する知識や思考，論理的，語彙的，あるいは文法的な"概念"などが含まれ，それらがベースとなって形成される「言語表現」の"意味"は，その産出時に"形式"と対応させられることによって他者の耳や目に届くと考えられる．この「言語表現」の中身を決めるのは話し手であるAさんの「個人概念a」に含まれる"概念"である．たとえば，Aさんが自身の頭の中で，自分が来週計画しているパーティーにBさんも来てほしいという思い（"概念"）を抱いたとする．それと一緒に，その気持ちをBさんに伝えたいという意図やBさんとのこれまでの人間関係の捉え方なども頭の中に"概念"として浮かんだかもしれない．そのような，Aさんの頭の中で想起されることがその時点での「個人概念a」の中身の中核となる．さらに，言語表現上の工夫やタイミングのことなども含めて，Aさんはその"概念"をうまく表す「言語表現」を探す．その際，日本語なら日本語の構文，語彙，文体などの選択候補が複数浮かぶかもしれない．たとえば,「来週またパーティーを企画したのですが，参加してもらえますか？」と丁寧に表現するか，あるいは親しさに応じて，「来週またパーティーを企画したんだけど，どう？」のような砕けた表現にするかの選択に気を配るかもしれない．もっとも，どこまで気を配るか，あるいは，どこが自動的でどこが意識的か，などはその場の雰囲気やAさんの性格にも関係するであろう．そういう面も含めて，「個人概念a」の中身は外からは見えない．AさんとBさんの間の言語コミュニケーションとしては，Aさんの口から出てくる「言語表現」が次のステップを引き起こすことになるだけである．

　「言語表現」は，音声にしても文字にしても，話し手から物理的に離れて社会的"存在"となる．聞き手が独りであれ，複数であれ，「言語表現」は潜在的に社会の共有物となる．もっとも，発言の責任は話し手が担う．そして，日本語であれば日本語として文法的で適切であることが期待され

る．また，構文や語彙の選択だけではなく，文体的にも標準的であること
をコントロールするのは当然 A さんである．そのようなことは，母語話
者であれば，ほとんど自動的にコントロールできると考えられるが，日本
語母語話者でない場合にはそのような日本語のコントロールが標準的でな
いことも起こり得る．口頭のコミュニケーションであれば，さらに，口調
や気持ちの表現などもコントロールの対象となるであろう．しかし，一旦
口から出れば「言語表現」は独り歩きする．一旦外部に出たものを話者が
コントロールすることはできない．内容について訂正をしたり，弁明をし
たりできても，発言そのものを聞き手の記憶から消し去ることはできな
い．そのような点でも，「言語表現」は社会性を帯びる．

　一般的に，社会の中の言語コミュニケーションにとって重要なことは，
複数の人間をメンタルに結ぶことである．そして，ある「言語表現」はそ
の言語共同体の中ではどの構成員によっても全く同じように解釈されるこ
とが理想である．しかし，現実としては，精確な“形式”と“意味”の対
応によって精確なコミュニケーションを目指そうとしても，際限なく細分
化された無限大に近い語句を常備することは人間の記憶容量に照らして望
めないし，細かい文法規則を際限なく気に掛けていてもそれに忠実に対応
しなければならないという状況はコミュニケーションの効率を下げること
になるであろう．したがって，「言語表現」は伝達内容をある程度“丸め
て”いるのが一般的であろう．次に触れる“推論”のことも考慮に入れる
と，表現手段の精緻化だけで精確なコミュニケーションが達成されるわけ
でもないし，現状として，ほどほどな表現の細かさに落ち着いていること
が自然言語の大きな特徴であろう．

　図 1 の「相関モデル」の構成に示されているように，「個人概念 a」と
「個人概念 b」を結ぶ“推論”の破線は「言語表現」とは別のルートとして
A さんと B さんを繋いでいる．両者の間に何らかの直観的な理解が成立
するならば，それはこのルートを使っている．“推論”が両者を“概念”
的に結んでいるのに対して，「言語表現」のルートは“形式”と“意味”の

ペアで構成されている．そして"形式"は実体的で，記録に残せる．しかし，"概念"を"意味"に変換する"言語化"のプロセスは，すぐ上のパラグラフで述べたように，「丸める」側面がある．上で述べたように，これにはプラス面とマイナス面があるし，"推論"にもプラス面とマイナス面がある．しかし，AさんとBさんの間のコミュニケーションに二つの経路があることが互いに他の弱点を補うことを可能にすると考えられる．

　「言語表現」をコントロールするのは発信側の「個人概念a」であるが，受信側の状況の配慮が絡まないわけではない．例として，単語の"意味"の抽象度の判断が受信者の「個人概念b」にも関わる場合を考えてみよう．たとえば，「犬」という言語表現が指す"動物"は縦（＝脊椎動物亜門哺乳綱食肉目イヌ科イヌ属の上下のカテゴリーへの言及）にも横（＝プードル，ブルドッグ，シェパード，…などの横断カテゴリーへの言及）にも幅がある．特定性の観点から見れば，「犬」という語を，動物のカテゴリーの一つとして使うこともできるし，特定の，自分が飼っている犬のことを頭に浮かべて使うこともできる．「我が家には犬がいるので旅行は難しいです.」というAさんの発話を聞いて理解するBさんがその犬の存在を知っていたら，"ああ，あのプードルか"と思うかもしれないし，それほどその家の事情を知らなければ，「犬」と呼ばれる動物一般のこととして理解するであろう．しかし，そのコミュニケーションにおいて中心となるメッセージがその人が旅行に行きにくいという事情の伝達であれば，「犬」がプードルであってもシェパードであってもBさんにとって大差はない．つまり，この文脈で「言語表現」の"意味"を理解しようとするBさんにとっては，「犬」は「犬」でよいし，さらに大括りに「ペット」と理解してもいいだろう．動物というカテゴリーのひとつとして把握すればよい．特定の対象，つまり，その場のコミュニケーションで言及される「言語表現」の対象の抽象度として，「動物」…「ペット」…「犬」…「我が家のプードル」のどのレベルが必要か，ということはその場で展開されるコミュニケーションの文脈による．つまり，「相関モデル」においては「言語表現」

の抽象レベルも「個人概念」の要求に依存する．今の例であれば，「犬」が「旅行に行きにくい」ことの理由になるかどうかが重要なことであって，犬の種類に関する情報はこの文脈では関連性が低い．（発信者もそれを先取りして「犬」という表現を選んだとも言えるだろう．）「相関モデル」においては，そのようなバランスは「言語表現」をめぐる「個人概念 a」と「個人概念 b」の共同作業によって実現する，と考える．それを言語コミュニケーション一般の観点から見れば，「言語表現」をめぐって A さんと B さんがそれぞれ言語社会のメンバーとして「言語表現」に求める要件を満たしておればよい，ということになるだろう．

　他方，誤解の可能性は常に潜在すると考えられる．「言語表現」は社会に出た"形式"と"意味"の対であるが，その"意味"に対応する"概念"が「個人概念 a」と「個人概念 b」との間で全く同じである保証はない．図1 では，"言語化"，"概念化"の矢印は「言語表現」に接していないが，実はこれは意図的にそう描いている．「個人概念 a」の中身を代表する「言語表現」を発話した（つもりの）A さんがその「言語表現」に託した"概念"を B さんが「個人概念 b」の中に発生させるかどうかは誰も保証できない．つまり，厳密に言えば，「個人概念 a」が想定した"意味"と全く同じ"意味"を B さんが受け取ったかどうかも定かではないし，同じ"意味"を受け取ったとしても，その"意味"から元と同じ"概念"を想起するかどうかは定かではない．

　それでは人間同志の言語コミュニケーションは簡単に破綻するものなのであろうか．これが"推論"の問題につながる．「相関モデル」における"推論"は図 1 の中で「個人概念 a」と「個人概念 b」結ぶ破線として表されているが，この"推論"のルートのお陰で人間同志の言語コミュニケーションはそう簡単には破綻しない，と考えられる．わかりやすい例としては，A さんが言い間違いをしたとしても，それに B さんが気づき，本来伝えたかったのであろう趣旨を理解したならば，コミュニケーションとしてはうまく進む．そして，そうなるには"推論"の支えがあると考えられ

る．一般的に言えば，人間同士のコミュニケーションには，共に常識を共有しているという信頼関係がある．このような常識の一部は，Grice (1975) の『協調の原理』において，量，質，関連性，作法の公準としてまとめられているが，ここで展開している「相関モデル」ではこのように従来語用論的な事柄と見なされることも，通常の言語コミュニケーションに組み込まれている“推論”の働きであると見做せる（後の 1.3 節参照）．また，両「個人概念」が文脈の把握，背景知識などを共有することがしっかりしていたら，言語コミュニケーションの成功度が高まることにつながる．

　図 1 の中の「言語表現」は音声として，あるいは文字として，A さんから独り立ちして，他者が客観的に認識できるような“形式”を帯びている．そして，「言語表現」はその言語を話す社会の中で一般的に認められている“意味”を伴うことになる．この“意味”は“言語化”のプロセス（第 2 章参照）の出発点にある“概念”とは必ずしも一致しない．“概念”には，直観的にイメージされ，本人だけにわかる思いも含まれると考えられる．1.1.2 節で，“概念レベル”と“意味レベル”の二層性について述べたように，「個人概念 a」，「個人概念 b」の横並びの楕円はいずれも“概念レベル”に位置付けられるものであり，他方「言語表現」は“意味レベル”にある．「言語表現」の“意味”は言語社会のメンバーに共有されることが期待され，言語コミュニケーションを顕現的に成立させる根拠となる．このことは「言語表現」が公共財となる性質を帯びることにもつながる．学校教育における国語教育として標準的な語彙や文法を教えるのも，それが公共財故であるし，また，「言語表現」の語彙，文法の統一性は公共財としての価値を高め，そのことは当該言語を使うコミュニケーションの効率を一層高めることにもなる．

「言語表現」と「個人概念」に関わる生成文法の術語

　「言語コミュニケーションの概念 – 意味相関モデル」における「言語表

現」対「個人概念」の捉え方に通底する捉え方は生成文法の分野にも見ら
れる．それは，一方においては，Chomsky（1986: 20–22）が唱える
externalized language（E-language）対 internalized language（I-language）
の区別，もう一方においては Jackendoff（1989: 69）がその延長上に設定
する E-concept 対 I-concept の区別に関わる．結論的に言えば，「相関モ
デル」における「言語表現」対「個人概念」の対比は，E-language 対 I-
concept の対比と捉えるとわかりやすいと思われる．

　Chomsky（ibid.）は，E-language と I-language を対応させ，前者につ
いては，"externalized language"（E-language), in the sense that the con-
struct is understood independently of the mind/brain（その構成体が心／
頭脳とは独立に理解されるという点で「外部化された言語（E 言語）」）（拙
訳）と説明する．他方，Jackendoff（ibid.）は，I-concept を an entity
within one's head, a private entity, a product of the imagination that can
be conveyed to others only by means of language, gesture, drawing, or
some other imperfect means of communication（頭の中にあるモノ，私的な
モノ，言語やジェスチャーや絵やその他の不完全な伝達手段によってのみ他者に伝
達され得る想像力の産物）（拙訳）と位置付けている．

　"言語"と"概念"という異種の対象に，"外部"と"内部"という別の
次元を組み合わせて E-language 対 I-concept の対比を考えることは，「言
語表現」と「個人概念」というコンポーネントで構成される「相関モデル」
の考え方に並行する側面がある．（もっとも，Chomsky にとって E-lan-
guage は関心外であろうが．）対比として，E-language の捉え方には「相
関モデル」の「言語表現」に通じる性質があり，I-concept の捉え方には
「個人概念」に通じる性質がある．話者の外部にあるものと話者の内部に
あるものが結び付くのが言語である限り，「相関モデル」のようにその連
絡を軸に持ってくることは自然なことと言えるであろう．そして，言語コ
ミュニケーションを視野に入れるならば，極めて自然なことであるし，
「相関モデル」のような枠組みは現実をうまく描くことができると考えら

れる．もっとも，この考え方は従来の統語論と意味論の考え方に変更を求めることになるであろう．しかし，観察可能な「言語表現」と観察不可能な「個人概念」を関係づけることによって従来の議論を整理し直す可能性があると考える．

　この見方は，さらに，「相関モデル」において“意味”と“概念”をそれぞれ，「言語表現」と「個人概念」という別個のコンポーネントに属させながら，後の章で論じるように“言語化”および“概念化”の能力を「個人概念」に含めることによってコミュニケーション時の意思疎通が可能になる仕組みを表すという「相関モデル」特有の説明力につながると考える．

1.1.4. “言語化”と“概念化”の位置づけ

　「言語コミュニケーションの概念 – 意味相関モデル」における“言語化”，“概念化”は，具体的な言語コミュニケーションのレベルにおける〈話し手〉→「言語表現」→〈聞き手〉の流れを，〈話し手〉の“概念”→「言語表現」の“意味”→〈聞き手〉の“概念”として捉えることと結びついている．この流れの前半を“言語化”と呼び，後半を“概念化”と呼ぶ．つまり，「相関モデル」とは独立に“言語化”や“概念化”を理念的に定義しようとすることはしない．“言語化”については第2章で，“概念化”については第3章で詳しく論じることにし，ここでは，それぞれの要点をまとめるだけに止める．

　“言語化”と“概念化”は本質的に非対称的なプロセスである．Aさんは“言語化”の前に「個人概念 a」の中で保持していた“概念”の一部を言語で表現することの可能性を探りながら“意味”として抽出し，それを“形式”に当てはめる．（その際，“形式”の知識を同時に呼び起こすことによって“意味”の選択が促進されるであろう．）また，“言語化”のプロセスにおいて，話し手は自身の「個人概念」に含まれる文法概念に基づき文の産出を整える．聞き手は，発信者から受け取った“形式”の“意味”を文法知識を活用しながら「個人概念 b」に取り込む．このような“言語

化”と“概念化”のプロセスは，「言語表現」の“意味”に反映された A
さんの“概念”と「言語表現」の“意味”を受け取った B さんが自分の「個
人概念 b」の中に築いた“概念”が同じであることを必ずしも保証するも
のではない．たとえば，天気予報を見ていた A さんが“明日は雨”とい
う情報を得て，「明日は雨らしいよ」と B さんに言ったとすると，A さん
の「個人概念」の中には，“天気予報”，“明日”，“雨”のような“概念”が
あり，それらをベースに「明日は雨らしいよ」という「言語表現」を発し
たと言える．この A さんの「言語表現」中の「らしい」について，その
「言語表現」を聞いた B さんには，それが天気予報を基にした発言か，伝
聞の伝聞なのか，情報源がわからない状況が考えられる．原理的に言っ
て，“言語化”前の A さんの「個人概念」と“概念化”後の B さんの「個
人概念」が全く同じであると断定することはできない．この点に関しては
第 4 章でさらに議論する．

　このように「相関モデル」における“言語化”と“概念化”の働きはモ
デルの中で規定されることであるから，「相関モデル」を想定しない従来
の言語化，概念化の議論や問題点がそのまま「相関モデル」に当てはまる
ことにはならない．たとえば，Langacker (2000: 361, ll. 6-12) は，「私
は常に概念化を最大限に広い概念として扱ってきた．静的で孤立したもの
としてだけではなく，動的なものを含むと考える．新しい考えや感覚的，
情緒的経験，物理的，言語的，社会的，文化的文脈の理解を含む．また，
本質的に動的な性質を常に強調してきた：概念構造は処理時間を通して発
生し，展開し，時間の次元が決定的に重要な特徴となるような処理活動に
内在する．」(拙訳) と述べる．しかし，このような“概念化”の捉え方は，
「相関モデル」における“概念化”よりも広く一般的な事柄であり，「相関
モデル」で注目する“概念化”は，図 1 (p. 4 など) において「言語表現」
から「個人概念 b」に向けての流れとして示されている“概念化”である．
そこでは，話し手が「言語表現」を産出することを“言語化”と呼び，聞
き手がその「言語表現」の“意味”を自身の「個人概念」の中に取り込む

28

ことを"概念化"と呼ぶ．つまり，自身の「個人概念」において自身の概念的文脈に照らして入力「言語表現」を解釈するプロセスである．そして，「言語表現」を受け取った「個人概念」では，相手の言ったことを"概念化"することに続いて，相手の言ったことについての反論を考えることになるかもしれない，つまり，コミュニケーションが展開していくかもしれない．あるいは，相手の「言語表現」を理解する段階で自身の「個人概念」に含まれる"概念"を先走って活用するかもしれない．それは，一般的に，聞き手の早とちりと言われる現象であるが，そのようないろいろな"概念"の絡み合いが言語コミュニケーションには含まれる可能性がある．

　"言語化"についても同様なことが言える．「言語コミュニケーションの概念‐意味相関モデル」における"言語化"は，発話者の「個人概念」の中にある"概念"に基づき発話者が「言語表現」を形成するプロセスを指す．したがって，"概念化"と同様，"言語化"もここでは「相関モデル」の枠組み内で言及される術語となる．これに対して，たとえば児玉（2009：1）が「概念を言語に移し変える言語化」というような広い言い方をするが，その言い方そのものは「相関モデル」にも通用し，本書の議論ではその概念は「個人概念」を構成する"概念"，言語は具体的な「言語表現」を指すことになり，「相関モデル」で扱うそれらの「個人概念」，「言語表現」は発信者のＡさんが特定の時空間で関わったものを指すことになる．同様に，Lakoff（1987）が conceptualizing capacity（概念化の能力：池上ら訳）や conceptual system（概念体系：同）の具現化を原理的，一般的に踏まえて「概念化」という言い方をするのに対して，「相関モデル」では，受信者のＢさんが受け取った特定の「言語表現」の"意味"を自身の「個人概念」に取り込むという具体的，個別的な言語コミュニケーション上の処理を指す．

1.1.5.　「言語表現」の社会性

　言語コミュニケーションという人間の社会的営為は，対話のような単に個人的な"概念"のやり取りに限られない．複数の人間の間には何らかの共同作業の調整や個人的経験の報告や知恵の出し合いなどが行われる．つまり，何らかの具体的な目的を持つ社会的コミュニケーションもある．それに伴って，「言語表現」の"意味"には，自ずと社会に向けられた側面が発生する．基本的には「個人概念」がコミュニケーションをコントロールしていると考えるが，聞き手を意識する点で社会性を帯びている「言語表現」もある．そのような「言語表現」の社会性を確認しておきたい．

　言語社会の中で流通する「言語表現」の"意味"には公共性，風評が付随する場合がある．話者の立場から見れば，「言語表現」の選択において社会的文脈を意識する場合である．たとえば，何らかの事件に関する記者会見のように発言の社会性が問われる場合，「少しは責任を感じています」というような表現の"少しは"の意味合いは，責任を問われる文脈においては，責任を否定する方向に傾いた解釈を誘う可能性がある．それは，「重大な責任を感じる」ことが社会的に求められることが背景にあるような場合である．つまり，「言語表現」は発話者の口から出た途端に社会的産物の色彩を帯びることになり，選ばれた表現に社会的反応が向けられる．それを話者の観点からみれば，社会的圧力を感じることになる．つまり，「少しは」の言語的意味は基本的に「少し」であるが，特定の文脈では「言語表現」の社会的な反応が予想される．したがって，記者会見に臨む当事者の「個人概念」が「言語表現」を選ぶに当たってはこのような社会性の側面を考慮に入れる必要もあり，「重大な責任」というような表現を選ぶことの社会的意味合いは大きい．他方，何らかの職責の退任に当たっての挨拶であれば，「少しは責任を果たせたのではないかと感じています」の場合の「少しは」は謙虚さを印象付ける可能性があり，特に日本語社会においては好意的に受け入れられるであろう．このような現象は，「言語表現」の選択そのものに話者の姿勢が反映していると捉えられる公共性の

30

ある文脈で見られる．このような「少しは」の例が示すように，同じ表現でも場面に応じて社会的規範に対する話者の姿勢を反映する意味合いが発生する．このような意味合いは当該の言語社会の文化を反映するものでもある．

　「言語表現」を設計する「個人概念」の側ではそのような言語文化特有の価値観や社会観念に関わる"概念"も考慮することが期待される．「個人概念」と「言語表現」を分ける「相関モデル」は，話者の口から発された「言語表現」が「個人概念」から一定の距離のある社会的産物となり得ることを表すと共に，「言語表現」を生み出した「個人概念」の責任を示唆する．（あえて配慮しない個性があってもそれは当人の考え方を反映するだけであるが．）特に日本語のように細かい待遇表現が備わっている言語においては，言葉遣いそのもののコントロールも「個人概念」に含まれることになる．従来，社会言語学的な考察として別途取り上げられるようなことであるが，「相関モデル」においては，「言語表現」と「個人概念」を区別し，その関係について言語コミュニケーション全体を視野に入れて捉えることができるので，話し手の視点も聞き手の視点も同時に考察できる利点を持つ．

　社会性の現れのもう一つの例を挙げると，たとえば，電子レンジのような，取り扱いは簡単ではあるが危険性についての注意も必要な器具の場合，内容的に細かいメッセージが必要になる．しかし，大量のメッセージは読み手に大きな負担をかける．また，語彙の点でも，文の組み立てにおいても，特殊な用語や難解な構文が必要になる傾向があるが，実際にその説明が活用される可能性は低いと予想される．そこで，社会的なメッセージとしては，注意書きの活字を小さくし，"逐一読まなくても余程のことがない限り大丈夫です"と受け取れるようなメタ情報の雰囲気を出すこともできる．（ただし，これは著者の勝手な解釈であり，メーカーがそう発表しているわけではない．）これは「言語表現」そのものの言語的性質ではなく，メタ的な表示方法に関する性質であるが，このようなことも「言語

表現」が帯びる社会性を反映していると考えることができる．つまり，自然発生的であれ，意識的，意図的なものであれ，社会の中で流通する「言語表現」は社会性を帯びていると考えられる．

　このような例にはもう一つ別の次元の意味合いがある．それは，もし自然言語の広く一般的な目的が注意深い説明を逐一詳しく伝えることにあるのであれば，つまり，法令集にあるような表現を日常生活全般で使わなければならないような状況になれば，それは日常的に今以上の語彙，構文の多様性に関する知識を要求されることになり，それに完璧に備えることは人間の記憶力への挑戦とも言える．そして，何よりも，効率が悪くなる．現実の日常生活では，「言語表現」のそのような厳密さ，正確さを目指す表現だけではなく，逆に，省略や指示代名詞の活用を含め，より単純化した表現を多用することで簡潔さを促進することもできる．つまり，状況によっては，ある程度のアバウトさが受け入れられる．これは誰かが人為的に仕組んだことではなく，コミュニケーションの効率化と負担軽減を欲する人間の志向性が自然言語に反映されている，ということではないだろうか．

　そのように考えると，本章の最初のほうで「言語表現」として例示した「来週またパーティーを企画したのですが，どうでしょうか？」に含まれている「どうでしょうか？」のような曖昧な表現は，明確な返事を早急に求めるものではないという“概念”や，しかし歓迎する気持ちを表したいという“概念”につながる儀礼的調整のようなものであると考えられる．また，「言語表現」の中には個人的な“概念”に基づくほどのものでもない埋め草的なものもあるだろう．日本語では，「お忙しいでしょうけれど…」というようなフレーズが気軽に追加されるかもしれない．他方，コミュニケーションの道具としての言葉の使いやすさは社会の中で言語に期待される性質のひとつでもある．個々人が，生まれて以来おびただしい数の実例を観察，分析し，そして，記号としての言語を身に付けながら，自らの内に体系化，抽象化し，汎用性を高めてきたのが自然言語であると言えるであろう．話者の頭の中にある概念の細かさをすべて表現するより

も，「言語表現」の社会性を優先させ，枝葉を捨象し，個性を抑えた汎用的な"意味"に重きを置くこともできる．「個人概念」が飽くまでも"個人的"な概念であるのに対して，「言語表現」は人間社会全体の中で没個性的に使われる面もあり，コミュニケーションの潤滑油的な働きを含むこともあると言えるだろう．そして，そのような基準が「言語表現」の選択に関わること自体が自然言語の性質の一部であるとも言えるであろう．

　本書で提案する「言語コミュニケーションの概念‐意味相関モデル」は，「言語表現」の個人性と社会性の両面を視野に入れようとする．従来の文法観は主として社会性の面を重視し，その点で個人変異は負の扱いを受ける傾向にあると言えるかもしれない．「相関モデル」の視点は，言語コミュニケーションに関わる個々の人間の頭の中にある"概念"と，「言語表現」を通して伝達される"意味"の相関関係を軸にすることによって，個人性と社会性の両方を考慮に入れようとする．

　「相関モデル」によれば，"推論"ルートを別にして，発信者と受信者の間で直接「個人概念」がやり取りされて言語コミュニケーションが達成されることはなく，「言語表現」を"介して"行われることになる．このことは，誤解や受信者の勝手な補足などが言語コミュニケーション時に発生することを説明する．他方，"推論"と呼ばれる経路は，発信者と受信者の個人的関係がコミュニケーション達成度に影響することも説明できる．たとえば，家族間や，学生時代に合宿などの共同生活環境を経験した者同士のコミュニケーションが多くの「言語表現」を要しないことも説明できる．つまり，互いの「個人概念」に共通する"概念"が豊富であれば，そして，そのことをお互いに認識しているならば，少ない言葉で互いの「個人概念」にアクセスでき，コミュニケーションが順調に成立する．また，コミュニケーションの成功度が必ずしも顕現する「言語表現」だけに依存するわけではないことも自然に帰結する．言語コミュニケーションの情報量を高めるには，「個人概念」の共有部分が多いことが役立つのである．

　図1の中で，基本的に自由奔放な「個人概念」から「言語表現」を独立

させて描き，"言語化"や"概念化"の矢印を言語表現の枠に密着させて
いないのは，"概念"と"意味"の区別を象徴する．ここで捉えようとす
る"概念"は基本的に個人的であり，直観的であり，他者の「個人概念」
との親近性は何らかの生活空間の共有の密度を反映する．それに対して，
「言語表現」に結びつく"意味"は言語コミュニケーションの公共性を確
保するために必要なもので，個人的捉え方や個人的関係を超えた客観性が
期待される．

　ここでは，音声言語を中心に考えてきたが，手紙など書記言語の場合に
はじっくり，繰り返し「意味」を詮索できるという違いがある．音声言語
の場合は受信者が「言語表現」をそのまま記憶することには限界がある．
したがって，「概念化」の入力としては，文単位だけではなく語句単位で
もプロセスが開始されると考えられる．音声と書記のもう一つの大きな違
いは，対面の場合，発信者の顔の表情やジェスチャーが入力情報に含まれ
る点である．したがって，逆に言えば，それらが欠けている書記言語によ
るコミュニケーションでは「言語表現」そのものの意味合いが相対的に大
きな役割を持つことになる．それを発信者の側から見れば，表現の選択に
は音声よりも語彙選択や言い回しに一層の注意が必要なことになる．受信
者にしても，文字媒体では行間を読んだり，言葉遣いから何らかの情報を
得たりする可能性が大きい．そのような点で，「言語表現」そのものが伝
える情報の量と質が音声と書記では異なり，それは音声と書記が果たす相
対的役割の違いにつながると言えるだろう．このようなことは従来から知
られていることであるが，「相関モデル」における「言語表現」のコミュニ
ケーション上の位置づけによって体系化できる点でもある．

1.2.　「相関モデル」対コードモデル／推論モデル

　ここでは，「言語コミュニケーションの概念−意味相関モデル」が従来
のコミュニケーションのモデルに比べてどのような特徴を持つのかを，

34

「コードモデル」あるいは「推論モデル」を比較することによって整理しておきたい．Sperber and Wilson (1986: 32-33) は，「われわれは少なくとも二つの異なる伝達のモデルがあると主張する．すなわち，コード化─コード解読モデルと推論モデルである」と述べ，そして，意図を推論する過程を「コードモデルを修正したものとして矮小化することは，（中略）経験上含意するものと正当性の多くをも損なうことになってしまう．また，推論モデルを伝達の一般理論に引き上げることは，（中略）心理学的証拠を無視することになる」と論じる（日本語訳はいずれも内田・中逵・宋・田中（訳）『関連性理論─伝達と認知─』pp. 32, 33 から）．このような考え方に立つ彼らは，コードモデルと推論モデルを融合することはしない．それでは，ここで提案している「相関モデル」はこれらのモデルとはどのような関係にあるのであろうか．

　まず，コードモデルの基本は，次の図4にまとめられるように，発信者が"意味"をコード化し，受信者がそのコードを解読することによってその"意味"を入手するという考え方にある．コードとその"意味"が一対一に対応していることを前提とする．自然言語にはコード的な側面もあるが，そうでない側面をどう扱うかが問題となる．関連性理論では上の引用にあるように，"推論"の要素にも注目するが，コードモデルを捨て去ることはしない．この節では，コードモデルの基本的な問題点を指摘することによって，「相関モデル」がそれをどのように乗り越えるかを示し，同時に"推論"を「相関モデル」がどのように扱うのかを整理しておく．

〈図4〉　コードモデル

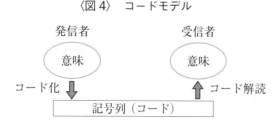

　ここでコードモデルと呼ぶものは，図4のような基本的骨格を持っているものと考える．「相関モデル」との大きな違いは，次のことが前提となる点にある：

(I)　　発信者と受信者の間に同じ「意味」が共有される．

(II)　　発信者と受信者の間に介在するのは記号列（コード）であり，まさしくそれ自体がコミュニケーションの対象となる．

(III)　　意味を記号列に変換する「コード化」と記号列から意味を導く「コード解読」は方向が逆であるだけで，内容的には同一の変換関係である．（対称性）

　これらの点はすべて「言語コミュニケーションの概念‐意味相関モデル」には当てはまらない．つまり，基本的に，人間の言語コミュニケーションはモールス信号による通信のような単層的なものではないと考える．

前提 (I) について

　コードモデルでは記号列の「意味」が発信者と受信者によって共有されることを前提とするが，自然言語の場合，それは現実に合わない．（“推論”はコードモデルの対象から原理的に大きく外れるので，その議論は後述．）具体的な「言語表現」について問題となるのは多義の可能性であろう．人間によるコミュニケーションの実際においては“文脈”によって多義性の問題はかなり解消され得るのであるが，“文脈”を保持，蓄積する機構を持たないコードモデルでは“文脈”を参照する仕組みは作れない．他方，「言語コミュニケーションの概念‐意味相関モデル」では，「個人概念」の中で“文脈”が保持される．「相関モデル」における「言語表現」は，話し手の頭の中にある「個人概念」に含まれる“概念”の中から特定のものを“意味”として選び出し，それを 特定の“形式”に結びつけて産出したものである（1.1.1節参照）．そして，言語コミュニケーションを通して，そのような“形式”と“意味”の対が言語社会の中で蓄積されると，社会

36

的に共有されるその対が増えていく．結果的に，コードモデルのように，発信者と受信者の間に同じ「意味」が共有されるように見える状況となる．しかし，実際の人間社会では，誤解も生じるし，説明不足も生じる．実際は"推論"によって支えられる側面もある．純粋なコードモデルだけではそのような現実を説明することはできない．"語用論"として別途説明を加えなければならないことになる．モールス信号のような単層的な見方は自然言語によるコミュニケーションには当てはまらない．（「相関モデル」による語用論の扱いについては 4.4 節でまとめる.）

　他方，「言語コミュニケーションの概念 – 意味相関モデル」で考える"意味"はそれぞれの"形式"の固有の属性と考え，発信者，受信者の「個人概念」に含まれる"概念"はもっと自由な思考に近いと考える．図 1 で示されている「相関モデル」に図式化されているように，発信者の頭の中の"概念"は「個人概念 a」，受信者の頭の中の"概念"は「個人概念 b」に含まれる，と区別されるが，どちらの「個人概念」もそれぞれ固有の"概念"の集合である．「相関モデル」が位置づける「言語表現」は音声や文字を通して発信者から産出され，受信者に認識され，その「言語表現」の"意味"は一致することが期待されるが，"言語化"前の「個人概念 a」に含まれる"概念"と"概念化"後の「個人概念 b」内の"概念"に過不足が発生する可能性は常にある．また，「個人概念 b」の中に「個人概念 a」に重なる部分が全く発生しないとコミュニケーションの成果が出ないことになるが，他方，A さんの頭の中にあることがそっくりそのまま B さんの頭の中に発生するとは考えにくい．「相関モデル」では，このような現実に対して"推論"ルートの活用も視野に入れる (1.1.2 節参照)．つまり，コミュニケーションはコードモデルが描くような「意味」の共有で完了することではない．「言語コミュニケーションの概念 – 意味相関モデル」では"概念"と"意味"の二層性が自然に扱えるが，それはコードモデルには適わないことである．

前提 (II) について

　前提 (I) の問題が (II)（＝コードモデルには記号列のみ介在）の問題に
つながる．コードモデルは記号のやり取りによって情報のやり取りを行う
ことに限定される．記号が伝達内容を運ぶと見なすわけである．それに対
して，「相関モデル」では，「言語表現」（とその「意味」）がやり取りの対
象となるが，それだけが発信者と受信者の頭の中にあることを代表すると
は想定しない．発信者と受信者の頭の中にあるのはそれぞれの“概念”，
つまり，「個人概念」と考えるのである．図1では，「言語表現」を生み出
す側の「個人概念 a」には“意味”を支える“概念”が含まれ，「個人概念
b」では受信者の手により「言語表現」から解読された“意味”に反映され
る“概念”が既存の概念群に加わる．「相関モデル」は，この二段構えの
仕組みを組み入れることによって言語コミュニケーションの実態を捉えよ
うとする．このモデルでは，一方において発信者と「言語表現」の関係，
そして他方「言語表現」と受信者の関係を扱い，その両者の間にギャップ
が発生し得ることを想定している．言い換えれば，両者をつなぐのが「言
語表現」であるが，言語コミュニケーションの目的の達成度は「個人概念
a」と「個人概念 b」の変化の状況に反映され，「言語表現」の“意味”が伝
わることだけに注目するわけではない．コードモデルのように言語記号列
の送受信によってもたらされる情報だけがコミュニケーションの成功度を
決めるとは考えない．

前提 (III) について

　前提 (III)（＝コードモデルの対称性）も「相関モデル」には当てはまら
ない．コードモデルにおける「コード化」，「コード解読」で結ばれる“意
味”と“記号（列）”は基本的に1対1対応である．つまり，“意味”から
記号への変換とその逆の変換は対称的であることが想定されている．した
がって，図4のコードモデルの中の矢印の向きを変えても流れの方向が
入れ替わるだけで，情報処理の内容は同じである．それに対して，図1

の「相関モデル」の中の"言語化"と"概念化"のプロセスは単に立場が変わるだけではない．"言語化"は「個人概念」をベースに，たとえば，Bさんへのお願いであればそれなりの決まり文句が浮かぶかもしれないし，お願いの遂行の難しさや親しさに応じて鍵となる語句を選ぶプロセスも含まれるだろう．Aさんが日頃Bさんとどういう関係かも配慮の対象になるだろう．骨子を固めながら，表現を決めて日本語なら日本語の表現を連ねていく．他方，Aさんからメッセージを受け取った受信者のBさんは，これらの"言語化"のプロセスをすべて辿るわけではない．入ってくる「言語表現」を解釈しながら，Aさんの意図を自分なりに汲みとったり，内容を自分なりにまとめたりしながら"概念化"を遂行する．時には，馴染のない「言語表現」が入力された際に，理解を保留しながら「言語表現」をそのまま頭に残すケースがあるかもしれない．また，ある程度Aさんの意図がつかめたら，聞き取ることに向けられた注意は低下するかもしれないし，自分の返答を考え始めるかもしれない．このように，ある「言語表現」をめぐる"言語化"，"概念化"の処理の中身には差があり，非対称である．単なる鏡像的な記号化と脱記号化ではない．コードモデルでは同じ変換が逆向きに使われるだけであるが，それに対して「相関モデル」では機械的なコード変換よりもはるかに複雑な人間の頭の中の現実的な処理を視野に入れている．

　このようにコードモデルの本質を捉えると，コードモデルと「相関モデル」の違いの基本となるのは，コードモデルが"一層"であるのに対して，「相関モデル」は"二層"である点である．つまり，前者では記号列（＝言語表現）の意味そのものが伝達の内容であると見なされると共に，発信，受信の対象でもある．それに対して，「相関モデル」は「個人概念」を表す"概念レベル"と伝達の対象となる「言語表現」の"意味レベル"の二層建てである．二層建てであることが一見モデルの煩雑さと見えるかもしれないが，「言語表現」の"意味"だけで説明し難いことがある限り，"概念"と"意味"の二層建ては必要不可欠であると考えられる．もっとも，"形

式" と "意味" が一対一対応する単位となる地名や数字などは，受信者に
その知識があれば，受信者の「個人概念」形成の折に "概念化" のプロセ
スを素通りする可能性がある．

　関連性理論（Sperber and Wilson（1986）など）は言語コミュニケーション
のコードモデルが不十分であることを指摘し，言語コミュニケーションに
おける "推論" の役割に注目する．従来も，語用論と呼ばれる領域では
"推論" が注目されてきた．これは，言語コミュニケーションは記号の操
作だけで説明されるものではないという認識を示している．では，"推論"
の発生は具体的にどのような言語処理プロセスの中で実現しているのであ
ろうか．すでに前節で何度か触れたように，図 1 の「言語コミュニケー
ションの概念‐意味相関モデル」の中で「個人概念 a」と「個人概念 b」を
直接結ぶ点線は「推論」と呼ばれている．発信者と受信者を結ぶ二つの
ルートの一つである．「相関モデル」の "推論" は「個人概念 a」と「個人
概念 b」を「言語表現」を経ずに直接結ぶルートで，コードモデルでは全
く想定されていない領域であり，したがって，コードモデルは別途「語用
論」を必要とする．「相関モデル」には "推論" のルートが組み込まれてお
り，「個人概念」と「個人概念」が "推論" で直接つながる可能性も考慮に
入っている．そのことは，「語用論」の対象とされる現象も「相関モデル」
の中に自ずと取り込まれることを意味する．（上述したように，語用論に関し
ては 4.4 節で論じる．）

1.3.　コミュニケーション一般に適用される「相関モデル」

　本書で用いる "推論" は，「言語コミュニケーションの概念‐意味相関
モデル」（図 1）に示されているように，「個人概念」間に成立する "推論"
のルートを経るものとして捉えられる．主として，聞き取った「言語表現」
の情報不足に対して聞き手が自らの「個人概念」の中で話し手の意図を察
したり，情報を補ったり，聞き手として話の展開を先取り（＝ "あとは聞

かなくてもわかる"というような聞き手の反応）したりする現象である．聞き手がまず注意を向けるのは話し手の「言語表現」であるが，それを聞き手が"概念化"する途上で追加的な独自の理解，推測が生まれる可能性がある．その源を提供するのが"推論"ルートであると考える．

　話し手の側の"言語化"のプロセスにおいても，"この表現は聞き手にとっては難しいかもしれない"とか，"この話は聞き手もよく知っているはずだ"，あるいは，"聞き手は今の話に興味はなさそうだ"というように，聞き手の「個人概念」の状況を推し測るかもしれない．そのような"推論"が働けば，それが「言語表現」を構成する表現の選択に反映されるかもしれない．あるいは，逆に，そういう"推論"が少な過ぎると，聞き手のことを考えずに一方的にしゃべる人だと評されるかもしれない．「言語表現」のルートが話し手から聞き手へという方向性を持つのに対して，"推論"ルートは，両方向的な性質を持つ．これはコミュニケーションについて一般的に言えることであるから，むしろ，「言語表現」だけが一方通行性の制約を持つと言ったほうがいいかもしれない．書き言葉ではそれがはっきりしているので，「言語表現」の選択においては話し言葉よりも慎重さが必要になるかもしれない．

　頻度は少ないものの，聞き手の側で，「この話し手は自分のことを誰か他の人と勘違いしているのではないか」というような，発話行為そのものに関わる"推論"が発生する場合があるかもしれない．これは，通常の「言語表現」の理解とは次元が違うし，この現象自体が言語コミュニケーションと言えるかどうか疑問であるが，「言語表現」を契機とする聞き手の"推論"の一種と言えるかもしれない．

　「相関モデル」の理論的枠組みにおいては，コードモデルと推論モデルのように二種類のモデルに分けて言語コミュニケーションを説明する必要はない．「相関モデル」の視点に立てば，すべての言語コミュニケーションを図1で説明する．図中の"推論"が不必要であると判断する絶対的基準がない限り，つまり，たとえば，ロボット間の通信を取り上げるのでは

ない限り，自然言語による発話にはコードの側面と推論の側面が一体と
なっていると考えるのが妥当であろう．ある言語をコードとして記述する
試みを“コード化”と呼ぶならば，コード一覧は，たとえば，外国語を学
習する際には学習効率を高めるかもしれない．しかし，個々の言語コミュ
ニケーションという“イベント”が関わる場合，コード一覧はストックと
して「個人概念」に含まれているだけであり，「相関モデル」では，その場
でそれを土台にしながらも，“推論”のルートでもいろいろな“概念”を
想起しながら「言語表現」を組み立てていくと考える．そのプロセスを
“言語化”と呼ぶのであるが，そこでは，一般に“言語コード”と称され
る知識と「推論」の両方が発話プランの最初の段階から関わる，つまり両
者の活用が同時に進んでいくと考えるのが「相関モデル」である．

　具体的な状況の下で言語コミュニケーションに関わる話し手と聞き手が
具体的な表現コードを共有することは前提となるが，コミュニケーション
はイベントである．「言語コミュニケーションの概念 – 意味相関モデル」
は，その発話イベントにおいて，コード共有という知識のレベルよりも高
次のレベル，特に“推論”のレベルが同時に機能していると考える．した
がって，コードの共有が知識ベースの一つになることは当然必要である
が，具体的なコミュニケーションの実現には“推論レベル”も本質的な
ベースとして同時に絡んでいると考える．「相関モデル」の図に示されて
いるように，「個人概念」はその時頭に浮かんでいることをまとめながら
「言語表現」を産出する．聞き手の側も，受け取った「言語表現」を出発点
として，言語コードの知識も使いながら「言語表現」を“概念化”してい
く．その際，入ってきた「言語表現」を構成する語句の“意味”を参照し
ながら，“概念レベル”で取りまとめた相手のメッセージを「個人概念」に
取り込む．たとえば，話の中で“机”が言及されるとしても，机一般の定
義が問題になるよりも，目の前の机と話し手，あるいは聞き手との関係に
焦点が当たっているような個別性が関わる話となるのが一般的であろう．
机を「机」と呼ぶ知識自体はコミュニケーションの材料でしかない．コ

ミュニケーションとは，実際の現実的なコミュニケーションの状況を構成するあらゆる要素を考慮に入れることができる枠組みを伴う人間活動であると考えるべきであろう．

　関連性理論（Sperber and Wilson（1986））は，一般的に，コードを受け取った後に環境的文脈を参照しながら推論が行われる場合を想定するが，「相関モデル」では，「言語表現」を聞き手が処理する段階から話し手の「個人概念」に向けての“推論”が並行する場合もあると考える．つまり，話し手と聞き手を結ぶ“推論”のルートは常に活用される可能性を持っている．図 1 が示すように，その両者の「個人概念」を結ぶルートとして「言語表現」と“推論”の二つのルートがずっと繋がっている．たとえば，同音異義語の解釈は，一旦保留の場合もあり得るが，オンラインで決定しながら進む場合もあるだろう．「言語表現」は“形式”と“意味”のペアを扱う“意味レベル”のことであり，“推論”は“概念レベル”のことであるが，それら両者は，聞き手の「個人概念」によって常時コントロールされ得る．言語コミュニケーションという人間の営みの全体像を掴むには，二つのルートを持つ「個人概念 a」と「個人概念 b」のやり取り全体を見るのが自然であろう．そして，“コード”も“推論”も「個人概念」の支配下にあるとすれば，「個人概念」を中心に据えるモデルのほうが実際の人間の活動に近いのではないだろうか．

　コミュニケーションの場でアスピリン（解熱・鎮痛剤）の容器を見せる，というような非言語的な方法（Sperber and Wilson（1986: 25-26）参照）で図 1 の A さんから B さんに何かが伝わるためには，対話相手の B さんがアスピリンが鎮痛剤であることを知っている必要がある．その点で B さんの「個人概念」が関与する．さらに，目に入ったものがアスピリンの容器であると認識するには，容器やラベルの概観に馴染みがあるか，ラベルの文字を読むなりする必要もある．つまり，そのような認識の可能性がこの場面でコミュニケーションが成立するかどうかを決定する要因となる．したがって，このような伝達手段は当該言語話者の誰にでも使えるわけで

はない．この点が一般の言語記号とは異なる．しかし，このような状況で
もコミュニケーションが成立する可能性があるので，言語以外の一般的な
コミュニケーションのことも考慮に入れ，図5のような「コミュニケー
ション一般の概念‐意味相関モデル」（「一般相関モデル」と略称する）を
まとめておきたい．

〈図5〉　コミュニケーション一般の概念‐意味相関モデル（一般相関モデル）

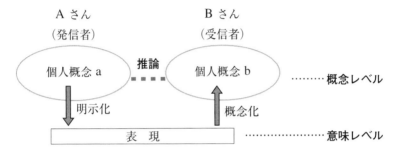

この「コミュニケーション一般の概念‐意味相関モデル」は「言語表現」
を扱う場合を描く図1の「言語コミュニケーションの概念‐意味相関モデ
ル」を一般化したものである．つまり，コミュニケーションにおける「個
人概念a」と「個人概念b」の繋がりを言語以外の表現手段に拡大する点
で“コミュニケーション一般”を対象とするモデルである．そこで，“意
味レベル”の媒体となるものを「言語表現」ではなく単に「表現」として
いる．“表現”としては，合図，顔の表情，手招きなどのジェスチャー，
現物表示など広く伝達意図を含み持つものが考えられる．これらは，「言
語表現」のように言語社会において広く流通し，定着している“形式”と
“意味”のペアに比べて，その性質を「言語表現」並みに持つものではない
かもしれないが，特定の人間の間では「言語表現」と同等な性質を持つと
考えられる．さらに，「言語コミュニケーションの概念‐意味相関モデル」
との違いは，“言語化”が“明示化（manifestation）”となる点である．要
するに，言語以外のコミュニケーション手段を使った場合の一般モデルで

44

あるが，基本的には言語コミュニケーションのモデルと同じ構成である．"明示化"という用語は，「表現」を作り出すのではなく，合図などを見せたり聞かせたりする行動を取ることを指す．後で論じるように，訪れた家の玄関で「ピンポーン！」と鳴らすことも「表現」の一つの形式となる．（包摂関係から見れば，「言語コミュニケーションの概念−意味相関モデル」は「コミュニケーション一般の概念−意味相関モデル」の一つのバージョンであり，原理は同じであるが，言語表現を対象とする点から，議論の中では別のモデルとして扱う．）

このようなコミュニケーション一般のモデルを考えることは，逆に，言語コミュニケーションの必須条件を明らかにする助けとなる．たとえば，「個人概念 a」と「個人概念 b」の絡みが言語を使う場合だけではない点は，人と人とのコミュニケーションの本質を表している．A さんの頭の中に，B さんに知らせたい，あるいはわからせたいことがあると，その意図と共にその内容（"概念"）を B さんの頭の中に発生させようとする．上記のアスピリンの場合も，"概念レベル"のことが絡んでいる．つまり，"二層性"が実現している．アスピリンの容器を示すことが「アスピリン」という音声の代わりになるだけではなく，"頭が痛い症状"という"概念"を伝えている．これは"概念レベル"のことである．つまり，図5の主要な要素は図1と同じである．「ピンポーン！」と書かれたカタカナの「表現」も，この説明においては音を文字化した「表現」であるが，音そのものを聞いた場合にもそれを「表現」と解釈し，同様な"概念"を「個人概念 b」の中に発生させることになる．つまり，チャイムの音そのものも，"玄関に誰かが来た"という"概念"を聞き手の「個人概念」に発生させる．このように，"概念"をレベル的に単なる音の認識よりも高位の（meta-）レベルに位置付けることによって人間のコミュニケーションを描くことができる．一般的に，多義性解消（"意味"の選択）や高位の文脈（抽象化）は"概念レベル"を必要とする．

合図一般と言語が同様な役割を果たすことを「一般相関モデル」と「言

語コミュニケーションの概念 - 意味相関モデル」の類似性で説明しようとするのであるが，“合図一般”と“言語”の間には伝達力という点で質的な差があると考えられる．アスピリンの容器の場合であれば，対話者の間での過去の共通経験，つまり，アスピリンの容器の概観や表示を両者が記憶する機会があったかどうか，服用する実際の場面を共に覚えているかどうか，などの程度によってアスピリンの容器によるコミュニケーションの実現度は変わるであろう．また，「ピンポーン」の場合にしても，そのような音色が普及している社会とそうでない社会ではその合図の伝わり方は異なるであろう．言語に比べれば，コミュニケーションの効率が異なるかもしれない．一般的に，言語と呼ばれる仕組みは非言語的な合図に比べて表現力，安定性のレベルは高いと言えるだろう．

　しかし，「言語コミュニケーション」であれ，「コミュニケーション一般」であれ，「相関モデル」には“概念レベル”が関与することに注目したい．人と人が絡むことには常に“推論”の経路を含む可能性があるが，それは言い換えれば，“概念”が関わる，ということでもある．“概念”が関わる，ということは，抽象度が高まることにも対応できる，ということになる．「ピンポーン！」の場合，具体的に認識されるのはその音であるが，その理解の抽象度のレベルが上がっている．すなわち，鳴らす側は「こんにちはー」と玄関口で叫ぶ代わりに「ピンポーン！」のボタンを押している．家の中でその音を聞いた者は，“誰かが来た”というメッセージと理解する．その理解は機械的な「ピンポーン！」という物理的な音に対して“推論”を働かせていることになる．言い換えれば，その物理的な音は，人の声ほど特定性がない発信者に関する情報が限られていることから，言語よりも一段一般化のレベルが高い“概念”に結びついている．いずれにせよ，この音は「言語表現」の“形式”の代わりの役割を果たしていると言えるだろう．そして，家にいる人はその音を聞いて“概念化”するが，その内容は単純で，「誰かが来た」程度であろう．それに対して，「こんにちは！」という人の声は，声色という情報も含むので，「ピンポーン！」という機

械音よりも“形式”の細分化に貢献すると思われる．機械音は“意味”の変種に繋がるほどの情報を提供するものではないだろう．

　一般的に，「表現」は“形式”と“意味”の対であるが，状況により，もう少し特定性が高まるかもしれない．たとえば，ラーメン店に出前を頼んで，届いてもよさそうな時間になっていたら，「よし，ラーメンが来た！」という“概念”が発生するかもしれない．他方，何らの来訪者の予想もできない時なら，「セールスかもしれない」とか「今手が離せないから無視しようか」と考えるかもしれない．「個人概念」として何らかの動きが発生することは不自然ではない．つまり，ある合図が“概念レベル”で一方的に何らかの考えを引き起こす可能性はある．もっとも，そのような“概念”は聞き手の勝手な思いを表しているだけであって，配達したラーメン店の店員に伝えたいわけではないから，コミュニケーションの一環として捉える必要はないだろう．ただ，旧友の来訪であれば，到着に対してインターフォンで喜びを当人に表明することをコミュニケーションと捉えることはできるかもしれない．「相関モデル」における“推論”は複数の「個人概念」を結ぶものであるが，「表現」とは異なり，その“推論”を外部に明らかにするかどうかは自由である．対面した時に顔の表情として外部化されることもあれば，ひとりだけの思いとして外部化されないこともあるだろう．

　「相関モデル」はコミュニケーションの“概念レベル”を視野に入れることによって多様な状況を説明の対象に含めることができる．そして，人間のコミュニケーションにとって“概念レベル”は決して特殊な構成要素ではなく，人間らしさを反映するものであると考えられる．また，言語コミュニケーションであれ，コミュニケーション一般であれ，人と人のコミュニケーションにはメッセージの抽象度が絡んでいる．それもまた，単にコミュニケーションの効率を高めるだけではなく，人間らしさを表すものでもあるだろう．

1.4.　タイプ／トークンの区別

　従来の文法モデルには組み込み難いが，「言語コミュニケーションの概念 - 意味相関モデル」では「個人概念」と「言語表現」の関わりの中で自然に組み込めるのがトークン（token：生起例）と呼ばれる概念である．

　背景として，記号論理学では type / token の区別は一階述語論理の用語として使われる．言語学でも，たとえば，Jackendoff（1983）の語彙概念構造論はこの区別を取り込んでいる．Langacker（2008 等）も type / instance として言及しているが，基本的には Lyons（1977）などの意味論の延長上で捉えている．他の分野でもいろいろな意味合いでタイプ／トークンの区別が考察の対象となっている．その全体像としては，たとえば Stanford Encyclopedia of Philosophy（Web で公開）で見渡すことができる．ここでは，そこで捉えられているような単語の属性的な性質よりも，発話の産出，理解のダイナミックな視点から，"トークン" と "概念" との関わりを考えてみたい．

　まず，この区別の原点を Charles S. Peirce に求める．ただ，ここでは文献の乏しい Peirce からではなく，Searle（2004）の説明を引用する．

> 　「犬」という単語を，「犬，犬，犬」という具合に三回書くとする．このとき私は一つの単語を書いたのだろうか，それとも三つの単語を書いたのだろうか？ そう，一つのタイプの言葉について三つの例，あるいは三つのトークンを書いたのだ．タイプとは抽象的で一般的な存在物のことで，トークンとは具体的で特定の対象や出来事のこと．この両者を区別する必要がある．「これこれのタイプに属すこれこれのトークン」と言えば，「抽象的に一般的なタイプについての具体的で特定の具体例」というわけだ．
>
> 　　　　　　　　　　　　　　　（Searle（2004），山本・吉川訳：86）

　「相関モデル」において「個人概念」と呼ばれる，話し手の頭の中に想起

される"概念"にはトークン,つまり"具体的で,特定"なものが含まれる.それでは,そのような"概念"は言語社会の中で時間を超えて共有される「言語表現」の"意味"とどう関係するのであろうか.たとえば,財布を失くして交番に行って,「財布を落としたのですが…」と言う時,話者にとっての"財布"(つまり,トークンを指す)は見慣れた形状の特定の財布である.聞き手の巡査はそれを問い合わせ人が所有していた"財布"(問い合わせを受けた段階では,タイプを指す)と理解するが,その具体的な形状については全く知識がない.そこで,「どのような大きさ,何色の…」と尋ねることになる.このように,ある名詞表現がタイプを指すかトークンを指すかという区別はこのような交番での言語コミュニケーションの成立を支えるものとなる――だからといってタイプとトークンの概念的性格の違いを現場の話者が意識することはないだろうが.つまり,財布を失くした者にとっては,"財布"は特定のトークンである.しかし,届けを受ける巡査はこの財布については何の知識もない.ただ,「財布」という日本語の単語は知っている.この状態を「相関モデル」の観点から見ると,自分の財布を失くしたAさんの「個人概念」の中には,その財布の具体的な属性や思い出があり,巡査の「個人概念」の中には一般的な財布のイメージしかない.つまり,両者を結ぶ「言語表現」には具体的な属性は含まれないことになる.

　基本的には,実際のコミュニケーションで使われる「言語表現」にはタイプ,トークンのどちらを指すものもある.人間はどちらも理解できる.そして「相関モデル」を構成する「個人概念」を特定の話者が自身の頭の中に形成する過程においてトークンは重要な働きをすると考えられる.たとえば,生まれてから「個人概念」の具体例を身につけていく過程においては通常トークンがまず基本的な入力となる.たとえば,小さい頃家にいた犬が「犬」のトークンとして記憶に残る.揺れる木馬で遊んでいた子供が遊園地の回転木馬を知り,本物の馬を見る体験はタイプとしての「馬」の概念を身に付けていく経験となる.自分の「家」がマンションの一区画

でも，一軒家でも，タイプとしては「家」であることを学んでいく．自分が公園まで「走る」のとテレビでオリンピック選手が「走る」のと車や電車が「走る」のを記憶しながらタイプとしての「走る」の意味を学んでいく．そうすると，語彙も文法も基本的には個人的な側面を持つ，というように考えられる．

　しかし，社会の中で言語コミュニケーションを進めるには社会のメンバーが言語知識を共有することが必要である．そのような公共性を考えれば，一般化が必要で，「個人概念」に含まれるトークンの記憶をタイプとして捉えるようになることが有益となる．「相関モデル」において現下のコミュニケーションを支える「言語表現」に役立つのはタイプであろう．多数のトークンを基に一般化，抽象化して，たとえば，「家」という言語表現をタイプとしてまとめたほうが実際には利用しやすい．さらに，人間の記憶容量の限界を考えれば，言語体系を一般性の高いタイプで整えていくのが妥当であると考えられる．他方，話し手の「個人概念」にはトークンも含まれている．これは交番におけるやり取りに限らず，話し手と聞き手の間には具体個別的な知識についてのギャップが常にあり得る．「相関モデル」にはこのようなギャップが生まれること，それが普通は問題にならないこと，そしてそのギャップが次第に，そして適宜埋められていくことが反映する．

　ここでは，話し手と聞き手の間に生じるギャップの一種類としてタイプとトークンのギャップを考えているが，その点で財布の特定性をめぐる交番でのやり取りは極めて象徴的である．遺失物の問い合わせをするほうが，受け付ける巡査よりも情報が多いのは場面的に当然である．しかし，その違いは「財布」という「言語表現」の"意味"の違いではない．財布を失くしたＡさんはその特定の財布（トークン）に関するさまざまな知識＝"概念"を頭の中に持っているが，対応の最初の段階において，巡査は財布一般（タイプ）の"意味"を受け取っているだけである．そして，そのことはＡさんと巡査，両者の間で共有される．つまり，この場合，

「財布」という語彙項目のタイプを指す"意味"は共有されている．違い
は，Aさんの頭の中には具体的な特定の財布に関する"概念"があるが，
巡査の頭の中にはそういうトークンの"概念"はない，という点にある．
ないからこそ「どのような大きさ，何色の…」と尋ねるわけである．こ
れはAさんと巡査それぞれの「個人概念」に含まれるトークンとしての
特定の財布に関する知識の差を端的に反映している．このようなギャップ
は，個人個人が異なる"概念"の集合を持っている限り発生し得るわけで，
言語によるコミュニケーションの大きな目的の一つは両者の間にある情
報，知識のギャップを埋めることにある．そして，ギャップがあるからこ
そ言語コミュニケーションが必要なのであり，そのようなギャップそのも
のが問題なのではなく，ギャップを埋めることが言語コミュニケーション
の動機となるはずである．

　このような交番でのやり取りは，巡査側の情報不足を補うコミュニケー
ションであることを如実に示している．この交番でのやり取りの例におい
て，「相関モデル」は，(1) 言語コミュニケーションは情報，知識の偏り
を是正すること，(2) それは「個人概念」の変化として捉えられること，
そして，(3) 今の場合，申告者Aさんが持っている財布に関する"概念"
を「言語表現」に伴う追加的な"概念"として伝えることによって巡査の
「個人概念」の変化を引き起こし，それがまさしく (1) を実現する（＝や
り取りの後，巡査の頭の中には財布のより具体的な"概念"が生まれてい
る）ことを表そうとする．

　ここで，「相関モデル」における「言語表現」（＝Aさんの証言）と「個
人概念」（＝巡査が獲得した"概念"）の区別は"意味"と"概念"の区別に
平行する．つまり，"意味"は特定の"形式"に一般的に結びつくが，"概
念"は個人的な探求の的になる．巡査の側では，「財布」という"言語表
現"だけで伝わった"意味"についていろいろな質問を追加することで，
頭の中に具体的な"概念"が追加されていくのである．これは言語コミュ
ニケーションの中心的で重要な役割が何であるかを象徴的に示している．

タイプとトークンの区別は「相関モデル」における“意味”と“概念”の扱い方にも深く関係しているのである.

　図1に描かれている「相関モデル」の中の個々の「言語表現」は音声や文字で“外部化”される“形式”を持ち, 観察可能である. 自然言語による表現としてそこに含まれる形式は一般的に“意味”と呼ばれるものとセットになっている. しかし, そのような“意味”は社会的産物であり, 話者となる一人ひとりの「個人概念」が勝手に作り上げたものではない. (それらは時の流れの中で集積されたものである. ただ, 共時的に話をする場合には時間的流れは等閑に付し, 所与のものとして扱う.)「言語表現」を構成する語句の“形式”と“意味”のペアは言語社会のメンバーによって共有されることによって言語コミュニケーションを可能にしている.「相関モデル」において特定の“意味”は特定の“形式”に対して言語社会における最大公約数的に割り振られているものであって, A さんが伝えたい“概念”をある「言語表現」に託しても, その「言語表現」の一般的な“意味”が A さんの頭の中にあった“概念”と同じであるかどうかは原理的には判定できない. また, B さんがこの「言語表現」を受け取って“概念化”した結果は必ずしも「言語形式」に対応する“意味”だけを含むものではないだろう. 極端な場合, A さんが使った「言語表現」の“意味”を B さんなりに“概念化”して受け取り, A さんの“意味”を逸脱していたり, 追加的な“概念”をその表現の“意味”として受け取っていたりしているかもしれない.

　「概念–意味相関モデル」はこのような現実の言語コミュニケーションを反映させようとするものである. つまり, 図1で表されているように,「言語表現」は「個人概念 a」を基に A さんによって作られたものであるが, 音声として, あるいは文字として外部の存在になった途端,「言語表現」として独り歩きし, たとえば, A さんとしてはトークンとして使った表現が B さんにはタイプとして一般的な情報として入って来ることは普通にあるだろう. したがって, A さんから「言語表現」が離れた途端 B

さんに誤解される可能性は潜在するし，この「言語表現」を聞いた C さ
ん，D さん，… がこの「言語表現」を別様に解釈する可能性もある．た
だ，A さんは自分の考えがその「言語表現」にうまく正確に表されるよう
に最善の努力をしているはずであるから，現実には大きく誤解されること
はそれほどないと考えてもいいだろう．

　一般的に，コミュニケーションの有効度は，「個人概念 b」に「個人概
念 a」と重なる部分がどれだけ生まれたのか，ということによって示され
る．また，誤解や理解不足が起こるとしても，「言語表現」だけではなく，
日頃のコミュニケーションの結果が当事者間に蓄積されていたり，その場
のジェスチャーや声の調子などが"推論"を引き起こしたりすることに
よってコミュニケーションの目的が達成されるのが現実なので，「言語表
現」について考えられる原理的な問題は実際には大概克服されると言える
だろう．しかし，外部化された「言語表現」だけでは情報量が十分でない
ことは常にあり得る．他方，この不十分さの別の面として，一般的な「言
語表現」の一般的な"意味"はコミュニケーション努力が過度なエネル
ギー消費に至らないようにする自然言語の仕組みでもあると言えるだろ
う．また，後でも論じるように，"推論"のルートはそのような点で重要
な役割を果たす．

1.5.　言語能力とコミュニケーション能力の関係

　ここまでで一通り概略を説明した「言語コミュニケーションの概念−意
味相関モデル」は，その名が示すように，"言語コミュニケーション"の
仕組みを説明しようとする理論的枠組みである．その中で，「個人概念」
と「言語表現」の分立，"概念レベル"と"意味レベル"の区別，そして，
それらの関係を話者間のコミュニケーションのレベルで探る記述装置とし
て，従来の言語組織に焦点を当てる文法モデルや言語研究とは一線を画し
ている．これまでの言語記述の提案を大雑把に分ければ，Chomsky (1965,

1986) などの生成文法，Sperber and Wilson (1986) などの関連性理論を含めた語用論，Langacker (2000, 2017) などの認知文法，van Dijk and Kintsch (1983)，Johnson-Laird (1983)，Levelt (1989) などの心理言語学系の理論など，そしてそれらから発展した各種の理論的枠組みなどさまざまなアプローチがあるが，それらはいずれも基本的には言語能力を記述しようとするものであると考えられる．そして，コミュニケーションそのものは学問分野的に少し離れた，社会学，心理学，あるいは工学系で扱われることが多いようである．本書で提案される「言語コミュニケーションの概念‒意味相関モデル」の大きな特徴は，言語能力とコミュニケーション能力の区別を乗り越えようとする点にある．つまり，従来の意識的，あるいは無意識的な区別を捉え直し，言語能力とコミュニケーション能力を一体化して説明しようとする試みである．

　「相関モデル」において「個人概念」と「言語表現」を分立させることは，Chomsky (1965) などの competence（言語能力）と performance（言語運用）の区別を想起させるかもしれない．なぜならば，「言語表現」も performance も現実社会における一回切りの現象を捉えようとし，他方，competence も「個人概念」も，関係する人間の頭の中に装備されていることと考えられるからである．しかし，両者の間には本質的な違いがあり，そのことがいろいろな具体的な違いをもたらす．その基本的な違いは，Chomsky らの生成文法が言語組織を描こうとするのに対して，「相関モデル」は言語コミュニケーションを説明しようとする点にある．つまり，「相関モデル」の目標は，二者あるいはそれ以上の人間の間の言語コミュニケーションの成り立ちを明らかにしようとすることにある．

　生成文法は competence / performance の区別によって，時空間に直接関わらない人間の潜在的な言語能力と具体的な場面における個々の言語行為を分けて扱おうとするのであるが，「相関モデル」はそのような点での言語の二面性に注目する理論ではなく，言語コミュニケーション全体を視野に入れる理論である．つまり，「言語コミュニケーションの概念‒意味

相関モデル」は，言語コミュニケーションによって複数の人間の間に発生
する共通理解がどのように達成されるかに注目する．したがって，背景情
報，顔つきや声の調子などの非言語的要素も“概念”として勘案できる．
その点で，competence/performance の区別よりも広い現象を視野に入れ
ることになる．他方，特定のコミュニケーションに関わる話し手，聞き手
の頭の中で動員される言語知識は，知識一般ではなく，当該コミュニケー
ションの文脈の中でその場の特定のやり取りに関わるものに焦点を当て
る．つまり，「個人概念」の中で活性化されるのは当該のコミュニケーショ
ンに関わる領域に絞られる．

　実際の言語コミュニケーションにおいては，話し手としては何を伝えよ
うとするのかを中心にする自分の「個人概念」，聞き手としては相手の「言
語表現」をどう捉えるかに関わる自分の「個人概念」をオンラインで構築
することが基本となる．言い換えれば，聞き手としては受け取る「言語表
現」の分析を通して，自分の「個人概念」の中で相手，すなわち話し手の
「個人概念」に含まれると思われる“概念”を自分の「個人概念」の中で探
ろうとする．その際，相手の表情や人間関係などの言語以外の要因も勘案
することは自然な成り行きと言えるだろう．両者の「個人概念」の相互連
関作用が進展することがコミュニケーションであり，それを表面的に媒介
するのが「言語表現」である．ちなみに，「言語表現」の“意味”は当該の
言語によるやり取りの集積を土台にその言語社会における共通認識として
抽出されるもので，実際のコミュニケーションに携わるのは「言語表現」
の両端でつながる「個人概念」相互間の概念的やり取りであると考えるべ
きであろう（1.1.1 節参照）．

　このような側面に目を向けると，言語使用の記録に基づき文法を書くこ
とと言語コミュニケーションのメカニズムを説明することは別の次元であ
ることが了解される．「相関モデル」で設定する「個人概念」の中には言語
知識一般も含まれるが，具体的な「言語表現」はコミュニケーションの中
で外面化，客観化され，その点で社会性を帯び，客観的証拠にもなる．そ

して，「言語表現」に結び付く"意味"は言語コミュニケーションでやり取りされる"概念"の一部であり，「言語表現」は特定の時空間において個別的な"意味"を持つ"形式"となる．聞き手はそれに文脈から得られる"概念"を重ね，"推論"も含めて相手の「個人概念」の全体像を推し測るのが言語コミュニケーションであると捉えるのが「相関モデル」論である．

　他方，認知言語学と呼ばれる研究は，文字通りの言語表現だけでは説明できない領域に注目する．それを「相関モデル」の視点から見るとどう位置付けることができるであろうか．従来からの言語学は一般に使用済みの「言語表現」の構成について分析するが，実際の具体的な発話が特定の「個人概念」から出てくることを考えれば，それは「個人概念」の中にある特定の考え（"概念"）に結び付いているはずである．「言語表現」だけを分析しようとする従来の言語学で満たされない部分の考察を深めようとする試みの一つが認知言語学と呼ばれるが，それは，すなわち，「相関モデル」の「個人概念」の中身に考察の範囲を広げようとすることであると言えるだろう．

　認知言語学の全容を浮かび上がらせようとする書物はたくさんあるが，たとえば，Evans (2019: 16) は次のような分析例を用いている：

(1)　He kicked the bucket.（彼は死んだ.）

(2)　He kicked the mop.（彼はモップを蹴った.）

(3)　The bucket was kicked by him.（バケツは彼に蹴られた.）

認知言語学と呼ばれる領域では，たとえば，イディオムと呼ばれる (1) のような表現と (2) や (3) のような文字通りに解釈される表現の両方が成立することに基づき，"認知"の側面を言語理解の考察に含める必要性を説く．

　「相関モデル」の視点からこのような現象はどう説明できるであろうか．結論的に言えば，「言語表現」と「個人概念」を区別する「相関モデル」で

は,「言語表現」の“意味”と「個人概念」の中の“概念”を区別すること
によって,(1)-(3) の違いを次のように説明できる.つまり,(1) の場合,
話し手の「個人概念」の中には,“彼が死んだ”という“概念”があり,そ
れを表現するのに,die という表現ではなく kick the bucket というイディ
オムを使っただけである.それはそれで文体的特徴を持つわけであり,発
話場面における話し手の「個人概念」の中には,文体的特徴に関する“概
念”もあり,それらの“概念”に基づき「言語表現」を選択すると考えら
れる.つまり,「相関モデル」では“言語化”のプロセスにはこのような
文体的選択の側面も含まれると考える.このように捉えると,両表現の印
象の違いなども含め,話し手の「個人概念」にはその事態をどういう表現
で表すかを決める“言語化”に関する“概念”も含まれると考えられる.
つまり,イディオム的な表現を使うか,文字通りの表現を使うかの選択な
ども「個人概念」の中でなされると考えられる.そして,その「言語表現」
を受け取った聞き手は自分の頭の中,つまり,聞き手の「個人概念」の中
でその「言語表現」を“概念化”しようとするのであるが,(1) のイディ
オムに馴染みがあれば,塊としてのその“意味”に基づく“概念化”がす
ぐに実現するだろう.つまり,それに伴って kick the bucket という「言
語表現」が表す“概念”を「個人概念」の中で発生させることができる.
他方,もし「個人概念」の中にこのイディオムについての知識がなければ,
結果的に話し手の意図した“概念”を取り出すことができないことにな
る.また,(1) に対して,イディオムではない (2) や (3) の表現につい
ては,文字通りの解釈,つまりデフォルトの解釈に留まるだけでよいこと
になる.同様に,(1) がイディオムであるという知識が聞き手になければ,
(2) や (3) と同様,文字通りの解釈が生まれるだけであろう.

　このように,当該のコミュニケーションに関わる当事者の「個人概念」
の状態によって,コミュニケーションの成功度がきまる.すなわち,「相
関モデル」の枠組みに立てば,具体的な言語コミュニケーションにおいて
(1) から (3) が生み出す伝達可能性のどの場合もその場の「個人概念」と

「言語表現」の組み合わせで説明することができる．このように，認知言語学的な説明のプロセスは「相関モデル」では本来の言語コミュニケーションの説明そのものに当然のこととして含まれる．

　発話のプロセスをモデル化したものとしてよく参照されるのは Levelt (1993) であろう．後に 3.1 節で取り上げるように，その主な構成要素は概念化装置（conceptualizer）とそれへの入出力となる構文解析装置（parser）と形式化装置（formulator）と言える（3.1 節の図 6 参照）．具体的な表現を作り上げる（＝「相関モデル」では"言語化"）前の段階でまず概念的に発話意図をまとめる作業が必要であるという認識は本書で展開している「相関モデル」と共通する．しかし，Levelt が一人の人間の発話産出と理解を一体化してモデル化するのに対して，「相関モデル」は発話産出と理解を一体化しない．そして，自然言語を使った二者のやり取り，つまり"コミュニケーション"をモデル化するのである．本章 1.1 節冒頭の図 1「相関モデル」に表示されている二者（あるいはそれ以上）の「個人概念」はそれぞれ別人に帰属する．Levelt のように一人の話者の産出と理解を担う装置のモデルではない．また，Levelt の概念化装置が形式化装置の準備的側面が強いのに対して，「相関モデル」における話し手の「個人概念」は特定のコミュニケーション行為の起点，そして聞き手の「個人概念」はその到達点となる別の人間の頭の中にあり，それぞれが当該のコミュニケーションを自分なりにコントロールする地位にあると考える．また，「個人概念」には，「言語表現」のために必要な概念だけではなく，対話の相手についての情報や，その時点に先行する相手とのコミュニケーションから得られたことの記憶なども含まれると考えられる．

　これらの特徴は現実を反映する．人が言語を使う自然な状況としては，コミュニケーションの相手が関わっているのが基本である．モノローグでさえ，誰かに向けて，あるいは他者扱いの自分に向けて言葉を発しているのではないか．何かの記録を文字で残す場合でも，読み手を想定しているのではないか．言語使用の基本はコミュニケーションにあると考えるのが

「相関モデル」の出発点である．つまり，「相関モデル」が明らかにしよう
とするのは，人為的に独立させた“言語能力”だけではなく，“言語能力”
を含む“コミュニケーション能力”なのである．

　哲学的議論として，山口（2013: 12）は「言語をめぐる問題で，私が一
番根本的だと考えるのは，意味の共有の問題である．… 意味の共有がい
かにしてなされるのかが，言語における最大の謎ではないか．つまり，言
語はなぜ通じるのかということである．」と述べ，「声を出すことが伝達の
ための行動である」ことに気づくことが肝心である，とまとめている（同:
25）．「伝達のために声を出す行動」に注目する点で，本書で提案している
「言語コミュニケーションの概念‒意味相関モデル」も同じ方向を向いて
いる．つまり，言語社会における人と人のやり取りにおいて，「言語表現」
を構成する音声などの“形式”に“意味”を結びつけることが“意味”の
やり取りを可能にしている．そして，“意味”が“概念”と異なるのは“形
式”と結びついているかどうか，である．つまり，“意味”は第一義的に
コミュニケーション（伝達）に結びついている．「相関モデル」では，“形
式”を選ぶことによって“意味”を実現させる（＝“言語化”する）働きを
発信者の「個人概念」の中に想定する．そして，「言語表現」に関わる“意
味”のレベルと「個人概念」が扱う“概念”のレベルを区別する二層性に
よって，人間のコミュニケーション能力が言語能力を包摂することを説明
する．

　1.1.1 節（“概念”と“意味”）で導入したように，「相関モデル」で“意
味”と呼ばれるものは，「言語表現」を構成する“形式”に対応する“意味”
に限定する．そして，その源泉が「個人概念」の中にある“概念”である
と考える．その枠組みでは，“意味”は言語社会におけるコミュニケーショ
ンの中でやり取りされる「言語表現」のためのものであり，その活動にお
いて共有される．そしてその中身の厳密さは公共性によって丸められる．
比喩的に言えば，「秋刀魚」も「鯛」も共に「魚」になってしまう可能性が
ある．そして，対象物を細かく分けることができるかどうかは「個人概念」

次第となる．植木屋さんが草木の種類を細かく分類できるのは，仕事を通して分類基準の“概念”を身につけているからであって，それらを“意味”とする“形式”はプロ同士のコミュニケーションにおいてのみ通じる．他方，日常生活で交換される一般的な“意味”は常にアバウトなもの，“非厳密的”なものになる方向に流れようとする．なぜならば，一般的なコミュニケーションを媒介するのが主目的となる「言語表現」は，言語社会のできるだけ多くの構成員に理解されることを目指すからである．人が生活の中のコミュニケーションの経験を通して自然言語を獲得していくと考えるならば，非職業的な一般的な生活において身に付けていく「言語表現」にはアバウトな“意味”を伴うことが基本になるのではないか（前節の議論参照）．言語社会の一員になるには，大きく誤解が生まれないことを確保するのがまず重要である．山口の言う“意味の共有”も日常的なコミュニケーションの現場を意識したものではないだろうか．

　「言語表現」の“意味”がアバウトになる可能性があるのとは逆に，「個人概念」には厳密な“概念”に向かう潜在性もあると考えられる．たとえば，あるプロ野球の投手が直線的に浮き沈みしながら内側か外側かに微妙に不規則に曲がるように投げるボールに名前を付けてもいいが，本人の頭の中に体の動かし方の“概念”がある限り「言語表現」は必要ではない．しかし，見ている人がその微妙に変化する球をアバウトに「魔球」と呼ぶか，「スーパーボール」と呼ぶか，「あの球」と呼ぶかは自由である．ただし，多くの話者に流通するかどうかは別の問題であろう．その点で「言語表現」の社会的定着は必ずしも長期間に渡るわけではないと考えられる．はっきり固定しているのは，ある特定の話者の頭の中にあるそのボールについての“概念”だけであろう．“意味”が“形式”と対応するのは言語社会の中でのことであり，その関係の定着にはその言語社会における“形式”と“意味”の対応の拡がりが必要であろう．また，多義語の存在が示すように，“形式”は固定していても“意味”は一つに固定しているわけではない状態もある．また，“形式”と“意味”の関係の流布の仕方には時の

流れと地域の拡がりが関わると考えられる．

　実際の言語社会ではこのように，厳密な“概念”を目指すことと，流動的な“意味”を許すことの，相反する方向に向く流れが起こり，その時，その場でどちらにも流れ得る．しかし，言語社会全体としては，そのような厳密性と曖昧性の均衡を保っている．このように考えると，「意味の共有」がコミュニケーションから独立して成立することは原理的に難しい．逆に，複数の「個人概念」が個人差を超えて重なる部分を持つことは十分に可能であろう．もっとも，それを検証するには個々の“概念”について調べるしかないので，作業としては極めて困難であるが．しかし，要所毎にそれを個別的に調べることは可能であろう．これはコミュニケーションそのものとは別の次元であって，コミュニケーションの結果もたらされた知識の獲得に関わることであろう．いずれにせよ，人間社会で機能する自然言語には，厳密さと曖昧さの二面があると言えるだろう．細かい意味を共有しないコミュニケーションを可能にすると共に，専門家の対話を可能にするような秩序が自然言語には備わっていると考えられる．

　「個人概念」のもう一つの特徴は，そこに“個人的な概念”の蓄積が含まれる点である．自分自身をどう捉えるか，コミュニケーションの相手に関する情報をどうまとめるか，というような，「言語表現」には直接顕現しないような「個人概念」もある．よく知る相手なら，“こう言えばどう感じるだろうか”，“このことはよく知っているはずだ”，“このようなことはあまり気にしないだろう”などの個人情報的“概念”も相手毎に持っていると思われる．

　“推論”と呼ばれるプロセスは「個人概念」に絡むコミュニケーションと捉えれば自然に説明できる．端的な例はすべてを言葉にしなくてもコミュニケーションが取れる場合であろう．日頃から相手の考え方に慣れておれば，「皆まで，言うな」と言いたくなる状況も自然に出てくる．この点に関し注目したいのは，コミュニケーションの時間的流れである．一般的に，話の方向性に対する聞き手の予想は随時変化するが，その把握によっ

て話の区切りよりも前に全体の理解に達する可能性がある．それはどのようなプロセスなのか．「相関モデル」では，「言語表現」の解釈が時間の流れの中で進展する場合も想定すると同時に，聞き手の「個人概念」に含まれる過去の話し手の言動についての記憶や聞き手の側の論理などに助けられて，発話の区切りが終わる前にその部分の趣旨を先回りして理解することもあり得ると考える．「言語表現」の言語的理解だけでコミュニケーションが進むとすればあり得ない段階で聞き手がその話を理解――あるいは，誤解――するかもしれない．「個人概念」をモデルに組み込むことによって「相関モデル」はそのような理解／誤解の可能性を予測できる．

　遡って考えると，コミュニケーションのモデルとして最も純粋だと思われるのが 1.2 節で検討したコードモデル（図 4）であろう．その特徴は，何をコードとして相手に何が伝わるのかを明示しようとすることにある．歴史的に活躍したモールス符号は長短二種の符号の組み合わせという“形式”で文字という“意味”を表すものであった．言語コードの場合，“形式”は文字なり音形で，それを“意味”に対応させる．しかし，すでに 1.2 節で論じたように，“形式”と“意味”の対応が 1 対 1 でなければならないコードモデルは言語コミュニケーションのモデルにはなり得ない．さらに，“概念”の扱いは，一つの“形式”の“意味”を一つに絞れない以上に難しい．しかし，発信者も受信者も人間であれば“考える”．1.1 節で言及したモデルの“意味”と“概念”の二層性が必須である．Levelt のモデル（3.1 節〈図 6〉）は概念化装置を組み込んでいるが，それは話者が形式化装置へのインプットを準備するもので，対話相手の頭の中を覗くような，総合的な人間の活動を考慮するものではない．「言語表現」を，相手のいるコミュニケーションの状況の中で捉えるならば，それは“言語形式”に付随する“意味”だけで支えられているのではないことを考慮に入れるべきであろう．コミュニケーションは，関与者の頭の中でもっと自由奔放に動く“概念”にも支えられている．そうすると，人間と人間の間のコミュニケーションを捕捉するためには，“概念”の働きを視野に入れることが必

然となる.

　言語コミュニケーションにおける"概念"の働きを視野に入れることは,話し手の頭の中にある"概念"のことを考えると共に,聞き手がどのように"概念"を築き上げていくかを考えることでもある.つまり,発信者の側での"概念"から「言語表現」の産出,受信者の側での「言語表現」から"概念"の抽出のプロセスに光を当てる必要がある.ただ,これは必ずしも当事者に尋ねてわかることとは限らないだろう.しかし,「相関モデル」は,それを外部の証拠から探る装置となる可能性を持っている.

　人間が持っている言語能力とコミュニケーション能力は不可分の関係にあると考えられるが,「言語コミュニケーションの概念−意味相関モデル」は「言語表現」と「個人概念」を対置させることにより,個人内部と人間社会において自然言語が醸し出す秩序を明示化しようとする枠組みと言えるであろう.

第 2 章

"言語化"とは

はじめに

　第 1 章で導入した「言語コミュニケーションの概念 – 意味相関モデル」（再掲〈図 1〉）において，"言語化"は A さんの「個人概念 a」をベースに「言語表現」を産出するプロセスとして導入されている．言い換えれば，それは「個人概念」の部分的"外部化"である．つまり，A さんが自分の頭の中で思っていることを言語社会で通用する「言語表現」に変換する作業である．この説明は「個人概念」，「言語表現」というような「相関モデル」上で位置付けられる術語（1.1 節参照）を使っている．したがって，この議論は「相関モデル」の枠組み無くしては成立しない．「相関モデル」に言及しなくても「考えてから話す」というような表現は従来からいろいろな文脈で普通に使われると思われるが，その「考える」ことは一般的に捉えられているだけであって，頭の中のどのような枠組みの中で考えるのかは明示的に示されるものではなかった．「言語コミュニケーションの概念 – 意味相関モデル」では「個人概念」が発話を取り仕切る場所として特定化される．そして，それがどのような場所であるのかは関わる「言語表現」とそれを聞く相手の「個人概念 b」との関係に基づいて位置づけられ

64

る．このような「相関モデル」特有の術語は「相関モデル」から切り離して単独で定義することはできない．第 1 章で導入した"概念"と"意味"の区別（1.1.1 節参照）もそうであるように，これらの術語の位置づけは，仕組み全体で秩序が成り立っている自然言語そのものの特性を反映するものと考えられる．

（再掲）〈図 1〉　言語コミュニケーションの概念 – 意味相関モデル

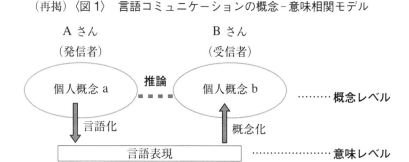

このモデルにおける"言語化"の位置づけ，働きについてはすでに第 1 章で概観している．「言語コミュニケーションの概念 – 意味相関モデル」の「個人概念」の中にある"概念"は，外界の何らかの形式との結びつきを前提とせず頭に浮かぶアイデアである．"意味"を"形式"に結びつける「相関モデル」の考え方では，"概念"には対応する"形式"を想定しない（1.1.1 節の図 2 参照）．しかし，他者とのコミュニケーションを考えれば，"形式"が有用である．「言語表現」は人と人の間のコミュニケーションを支えるための"形式"となる．"言語化"とは，コミュニケーションのために，"形式"を持たない"概念"を，言語という"形式"に対応する"意味"に当てはめることである．そのためには"概念"に何らかのまとまりをつけねばならない．そして，その"概念"のまとまりに，語句や文の"形式"を対応させ，いろいろな"形式"と"意味"のペアを作ることで「言語表現」によるコミュニケーションを確保する．これが図 1 の"意味レベル"が目指すことである．他方，図 1 の"概念レベル"は"形式"を

必要としない．これは，もう一つのコミュニケーションのルートとして
"概念"が直接活用されるルートである．つまり，一般的に"推論"と呼
ばれるルートである．こちらはいろいろな種類の"概念"を直接活用する
ことができる．つまり，単語などの"形式"を必要とする「言語表現」に
頼らないルートである．たとえば，聞き手や状況についての"直観"であ
るとか，コミュニケーション場面によって引き起こされる過去の経験の記
憶に基づく"類推"などをコミュニケーションに役立てることなどが考え
られる．また，言語コミュニケーションの発信者側は"言語化"（＝「言語
表現」ルート）を試みながら，聞き手の表情などから"言語化"の中身が
十分に相手に伝わっているかという自己評価を"推論"することもでき
る．"推論"のさまざまな働きについては，第 3 章以降でも随所で議論の
対象とする．

　本章では，具体例を挙げながら，主として"言語化"のプロセスの諸側
面について論じる．第 3 章で論じる"概念化"と同様，"言語化"も，「個人
概念」と「言語表現」の関係を踏まえることが鍵となる．従来からの文法
理論は「言語表現」の大量のサンプルを一般化して言語組織に法則性を見
出そうとする．しかし，それは「言語表現」の前段階にある「個人概念」
を視野に入れるものではない．ここで考察の対象とする「言語表現」は特
定の話し手が特定の状況の下で表出する表現（1.4 節参照）であって，やり
取り全体についての情報も含めて，どのような個人的な"概念"が関わっ
ているかを具体的に探れる対象である．「相関モデル」は，「言語コミュニ
ケーションの概念–意味相関モデル」の短縮形であるが，その名にあるよ
うに，言語コミュニケーションについてのモデルであり，それは特定の人
間の「個人概念」が具体的な発話場面でどのような主体的な働きをするか
を考察する枠組みである．第 1 章で概観したように，「相関モデル」にお
いては，人間のコミュニケーションにおいて個人 A の頭の中と個人 B の
頭の中に通じ合うものが発生することに注目する．つまり，「相関モデル」
の用語を使えば，A さんの「個人概念」が産出した「言語表現」が B さん

の「個人概念」にどのような変化をもたらすかを考察するのである.（モデルとしては一人対一人を想定しているが，一対多であれ，口頭であれ，書面であれ，あるいは独り言でも原理は共通すると考える.）

2.1. 文法概念の位置づけ

「言語コミュニケーションの概念 – 意味相関モデル」における「個人概念」には，発信者としては「言語表現」の源泉になる"概念"，そして，受信者としては「言語表現」の解釈を通して築く"概念"が含まれると考える.つまり，言語コミュニケーションは「言語表現」を通して「個人概念」の間で"概念"のやり取りが達成されるプロセスであると考えるのが「相関モデル」である.その際，"概念"のやり取りを"裸"でやるのは難しい."推論"は"裸"に近いのであるが，"推論"だけでは細かい意思疎通は難しい.たとえば，目配せだけで通じることがないわけではないが，よほど条件が整わないと難しい.それに比べて，「言語表現」は言語社会において，最も簡便で，最も広範囲の情報を効率よく交換することができるコミュニケーションの手段であると言えるだろう.

第1章で導入したように，「相関モデル」が描く自然言語によるコミュニケーションの仕組みは"形式"と"意味"のセットによって構成される「言語表現」を中心に置く.発信者による"言語化"は「個人概念 a」から"概念"を選択し，それを"形式"と"意味"のセットである「言語表現」として"外部化"するプロセスである.つまり，「個人概念」の中にあった"概念"を基に「言語表現」を既成の"形式"によって構成し，その"形式"と"意味"のセットを伝えることによって「個人概念 a」から「個人概念 b」に"概念"を伝える.このように，言語コミュニケーションを捉える「相関モデル」においては，"概念"は"意味"よりも対象が広く（図2参照），発想が自由である.それに対して"意味"は"形式"によって一定の制限を受ける"概念"である.「相関モデル」の働きを議論する際に使

用される "概念" や "意味" は，したがって，「相関モデル」の枠組みなし
で定義されるようなものではなく，「個人概念」と「言語表現」を関係づけ
る中でその特質が明らかになる．個別の "概念" のつかみ方には原理的に
個人差が発生せざるを得ないことと，他方 "意味" のほうは言語社会の中
で最大公約数的な "意味" に集約されていくことから，言語コミュニケー
ションによって伝えられるメッセージは絶対的に精緻な内容を持つわけで
はない．しかし，そうでありながら，言語コミュニケーションは意思疎通
において重要な役割を果たせている．それは，人間には「言語表現」に含
まれる情報を有機的に自身の「個人概念」に連関させる能力があり，さら
に，"概念レベル" で「個人概念 a」と「個人概念 b」を連絡するもう一つ
のルートである "推論" を活用する能力が備わっているからである．ここ
で「相関モデル」と呼ぶ枠組みは，自然言語をめぐる秩序を維持する人間
のコミュニケーション能力の根幹に迫ろうとする試みと言える．「言語形
式」についての知識を共有する（＝記憶する）能力と "推論" の力とが合
わさることによって人間社会の言語コミュニケーションが成立していると
考えるのである．

　それでは，"文法" と呼ばれるものはどのような "概念" の集まりなの
であろうか．Chomsky（1957, 1965）が提唱した生成文法理論が目指す
文法知識は，「その言語の文法的な文のすべて，そしてそれのみを生成す
る装置」と見なされる．そのような装置の記述に向けた言語学的アプロー
チの枠組みは他にも複数あるが，"文法" の目標は文法的な文のすべて，
そしてそれのみを生成する装置を作ることと考えるのが一般性のある捉え
方ではないかと思われる．それでは，ここで提案している「言語コミュニ
ケーションの概念－意味相関モデル」は文法をどのように位置づけるので
あろうか．「相関モデル」自体は文法理論ではないし，言語理論でもない．
これは言語コミュニケーションのプロセスをどう捉えるのかをモデル化す
るものである．それでは，その中で "文法" はどのように位置付けられる
のであろうか．

　本書のはしがきで述べたように，言語はコミュニケーションのためにあると言えるが，逆は言えない．そうであるならば，言語能力はコミュニケーション能力に含まれると考えるのが自然であろう．詩や小説を朗読したり，楽曲に歌詞を合わせたり，われわれは言語そのものの再現を鑑賞することもある．しかし，基本的には言語能力はコミュニケーション能力の一部であると考えられる．言い換えれば，言語能力は自己完結した能力ではなく，コミュニケーション行為の中で発揮される能力であると考えるべきであろう．他者との交わりの中で何らかの考えや情報を言語表現として相手に伝えることによって自分の考えを共有してもらうことに関わるのが言語能力の重要な使命であろう．

　そして，個別の言語を使用する際にその話者の間で共有される言語表現の成分とその構成方法を記述するのが"文法"である．したがって，言語社会における"文法"の役割は，その言語において有効な表現を規定することにあり，それによって当該言語の使い方を統一化する方向に作用するものであろう．そして，表現の無駄を省きながらも，できるだけ誤解を避けるような言語表現を確保しようとする動きが自然と発生すると考えられる．つまり，"文法"と呼ばれるものは結果的に有効な言語表現の特徴をまとめたものであり，個々の言語コミュニケーション活動の両端で「個人概念」が「言語表現」を産出したり「個人概念」が「言語表現」を理解したりする際の共通の土台として固まってきたものであろう．

　「相関モデル」の視点に立てば，このような文法に対して，それを"知識としての文法"と"概念化された文法"に下位分類できるだろう．前者は参照される概念，つまり，個別言語の文法書に記載されているような情報であり，後者は機能する概念と解釈することもできるだろう．そして，後者の"概念化された文法"は「相関モデル」の枠組みを意識することによってその位置づけを明示化できる．つまり，「個人概念」の中に母語話者が保持している母語の文法と捉えることができる．

"知識としての文法" と "概念化された文法"

　すぐ上で言及したように，"知識としての文法" の具体例は文法書である．一つの言語に複数の文法書（教科書）があるのが普通であるが，基本的にどれも文法の仕組みを一般化した形で記述しており，詳しいものから簡略化されたものまでいろいろあるだろうが，いずれもその言語を使うために役立つはずの情報が盛り込まれている．したがって，母語以外の言語を使いたければまず参照するのはそのような文法書であろう．

　もう一つの，"概念化された文法" は，"知識としての文法" のように世界に関する知識の一部として「個人概念」の中に蓄えられている知識ではなく，"概念" として「個人概念」に盛り込まれていると考えられる．典型的には，母語についての "概念化された文法" は本人が生後自然に獲得したものであり，毎回意識的に使うものではない，というような言い方が可能だろう．母語話者はその言語で「言語表現」を組み立てる基になる "概念" を環境の中で生得的に身に付けていくと考えられる．それは，文法書にまとめられているような，整理された知識の体系ではなく，母語話者が直観的に「言語表現」を組み立てることを可能にする能力と言えるであろう．つまり，母語話者が身に付けていて母語をほとんど意識することなく組み立てる "概念"，というような言い方ができるであろう．そして，使われない知識が「個人概念」から消えていく可能性があるのに対して，"概念化された" 能力は簡単には消えず，また，プロセスとして自動的に活用されると考えられる．ここで脳科学的議論を展開する準備はないが，「相関モデル」の「個人概念」から「言語表現」を産出する "言語化" に自動的なプロセスの側面が含まれる限り，「個人概念」にはそれを可能にする能力が備わっていると考えることは妥当であるだろう．

　もっとも，"知識としての文法" は意図的に学習された言語について言えることであるが，そのような言語でも，長年日常的なコミュニケーションのために使い，習熟度が高まり，母語並みになる可能性もあるので，"知識としての文法" と "概念化された文法" は絶対的な区別ではないと

考えるべきかもしれない．前者から後者への移行は文法知識の“概念化”の進行と捉えることもできるだろう．他方，話す時の流暢度に大きな差があるケースについては，“知識としての文法”と“概念化された文法”の働きを実態として区別することは可能であろう．

これを「相関モデル」の観点から見れば，ある個人にとって第一言語として獲得された“概念化された文法”は「個人概念」の一定の領域を固定的に占有するとしても，毎回のコミュニケーションにおいて“概念化された文法”の参照は自動化されていると考えられる．つまり，一旦習得された母語において毎回のコミュニケーションで検索される文法知識の領域は最小化されるであろう．たとえば，母語話者として英語を話す人が，主語が三人称単数であれば動詞に“s”を付ける，というような文法知識を毎回意識することはほとんどないであろう．単に，“主語”や“数”という“概念”が「個人概念」に埋め込まれていて，“s”を付けるという操作の“概念”が自動的に作動する程度のことであろうと考えられる．

生成文法理論に関する議論の中では“言語能力（competence）”と“言語運用（performance）”が区別されるが，それは，ここで言う“知識としての文法”と“概念化された文法”の区別とは別の軸に沿っている．生成文法では，抽象的な言語知識の体系とその実際の具体的な運用の区別を考えているが，「相関モデル」で区別する“知識としての文法”と“概念化された文法”の違いは，文法知識が「個人概念」にどのように染み込んでいるかの違いである．生成文法では，コミュニケーションから引き離された抽象的な“文法知識”に反映される“言語能力”と，そのような“文法知識”を実際のコミュニケーションの場で活用する“言語運用”の区別に目を向けるが，それに対して，ここでは，馴染みの薄い外国語を話す場合と母語を話す場合の発話努力の余裕の違いに目を向けている．つまり，「個人概念」の中に文法がどの程度染み込んでいるかという定着度の違いを考えている．

このように，「相関モデル」において「個人概念」（頭の中の働き）と「言

語表現」（“外部化”された公共財）を分けて捉えることは“知識としての文法”と“概念化された文法”を区別できる枠組みとなる．つまり，特定の「言語表現」の文法性を判断することは“知識としての文法”によってもできることであるが，母語話者が身に付けている“概念化された文法”は，文法性の判断そのものの可能性に加えて，適切な「言語表現」を直観的に識別し，理解できる能力であると言える．「相関モデル」においては「個人概念」から「言語表現」がほとんど即座に産出される状態，あるいは適格な「言語表現」をほとんど即座に「個人概念」に取り込んで理解できる状態を標準とするが，「個人概念」に含まれるのが“概念化された文法”ではなく“知識としての文法”に留まる場合，つまり，慣れない外国語を扱う場合などは「言語表現」に指令を出す「個人概念」の能力が不足する可能性がある．つまり，文法が“概念化”されていないと，外国語の文法に対応する処理時間が長くなったり，処理が乱れたりするような可能性が出てくると考えられる．

　上で触れたように，典型的には母語話者の「個人概念」には“概念化された文法”が育っていると考えられるが，その場合はコミュニケーション中に文法を知識として意識する必要はないだろう．つまり，母語話者にとっては，直観的に“文法的な文”を産出しておれば，「個人概念」の中の“文法概念”を発話毎に動員して言語処理するエネルギーを節約できると考えられる．これは誰しも，母語と外国語の使い勝手を比較する経験があると直観的に了解できることであろう．つまり，「言語表現」の文法的整理が能力の一部となっている者は「個人概念」の中で文法事項や語彙をわざわざ検索する必要がない状態であると言える．

　このように，言語コミュニケーションを遂行するに当たり，話し手の「個人概念」の中で，“知識としての文法”しか持たない話者が動員する“文法概念”の量は“概念化された文法”を持つ人間に比べて多く，運用プロセスに時間がかかるのが普通と考えられる．つまり，母語で話す場合，“知識としての文法”が必要とする「個人概念」内の“文法概念”の動

員は意識的な領域から省かれると考えられる．そのことは，"言語化"の
プロセスにおける流暢さの違いに影響し，"知識としての文法"に頼る「言
語表現」ではその分内容的充実度が低くなる可能性もある．「相関モデル」
において示されているように，話し手としての「個人概念」からの"言語
化"，あるいは聞き手としての入力「言語表現」からの「個人概念」への
"概念化"の作業に費やされるエネルギー量も「個人概念」における"文法
知識"の"概念化度"を反映するものと考えられる．

　"知識としての文法"と"概念化された文法"の違いを別の視点から見
ると，"参照する概念（referential concept）"と"機能する概念（function-
al concept）"の違いと言えるだろう．前者は，発話時に"知識としての文
法"を文法事項に関する知識として参照していることになる．たとえば，
英語の「受動態」という知識の"概念"は「能動態」の「他動詞」の「主語」
と「目的語」を入れ替えたものという客観視された"概念"で捉えたりす
る．それに対して，"機能する概念"はその働きそのものを実行に結び付
けることができる．つまり，英語であれば，被動作主を主語に置くと共
に，be 動詞の後に動詞派生の形容詞（＝他動詞の過去分詞形）を持って
きて，実質的な行為者を by 前置詞の後に持ってくる，というような操作
そのものと連動している"概念"が"機能する概念"と言える．"概念化さ
れた文法"はその中身を知識として"思い出せる"だけではなく，特別の
自覚なくそのような操作を遂行できる能力を指している．逆に言えば，
"機能する概念"として話者の「個人概念」の中にそのような能力が備わっ
ておれば，"概念化された文法"を持っていることになる．まず計算式を
呼び起こして，それから計算するような操作ではない．このような"機能
する概念"は抽象度の次元が一段高い"概念"とも言える．日本語であれ
ば，"敬語の文法"を参照することなく敬語を使うことができれば，敬語
が"機能する概念"となっている，というような例を挙げることもできる
であろう．言い換えれば，母語話者が意識することなく展開できる機能を
支える"概念"であり，そのような"概念"が「個人概念」の中に豊富に

あると，それだけ「言語表現」産出過程の自動化が進むことになる．

2.2. "言語化" における概念的なまとまり

　1.1 節で導入したように，「相関モデル」においては，話し手の頭の中に
ある「個人概念」を構成するものは "概念" と呼び，話し手から外に出て
社会的記録となる「言語表現」の "形式" に結びついているものは "意味"
と呼ぶ．言語産出の流れとしては，"概念"→「言語表現」という方向性が
基本となる．つまり，まず "概念" が意識化され，そこから「言語表現」
の産出の準備が始まると想定される．

　しかし，実際的な言語コミュニケーションの場面では，「個人概念」と
「言語表現」の関係は同一人物の頭と口の関係であり，発信者が「言語表
現」を産出する際に "概念" を「言語表現」に対応させる働きは直観的，
双方向的になることもある．たとえば，手っ取り早い発話のやり方とし
て，中核的な「言語表現」を先に想起しながら，"概念" をまとめることも
あるだろう．たとえば，A 社が B 社と裁判になっていることを知ってい
て，そのことを誰かに伝えようとする場合，「A 社と B 社が法廷で争っ
ている」と言ってもいいが，A 社と B 社の関係がすでに話題に上ってい
るとすると，「両社は係争中だね」と言うほうが速いし，専門用語的であ
る．つまり，「係争中」という「言語表現」を先に浮かべ，その表現に合わ
せて構文を選び，格助詞を選ぶこともあり得ると考えられる．このよう
に，"言語化" のプロセスは純粋に "概念"→「言語表現」という一方通行
的なプロセスが守られるわけではなさそうである．「法廷で争っている」
よりも「係争中」のほうが語彙的により高次な "概念的まとまり" であり，
「係争中」の "意味" の把握＝ "概念" という関係が成り立ちそうである．
別の例を挙げれば，たとえば，「溶融溶接」という専門用語は "外部から
圧力を加えない溶接"（『広辞苑』）という "概念" を表すが，「言語表現」の
レベルではそれがその表現の "意味" となる．つまり，「個人概念」が「溶

74

融溶接」という「言語表現」を選ぶ場合，その“意味”はこの専門用語の“概念”と同じである．先の「係争中」の“意味”もこの用語が表す“概念のまとまり”と合致すると見做せる．(「相関モデル」に関する議論の中で，「個人概念」が「言語表現」を“コントロールする”という表現を使うことがあるが，それは「個人概念」が源になるという意味であり，必ずしも個々の具体的な語彙情報のすべてを「個人概念」が意識的に決定するという意味まで持たせるものではない.)

　このような概念的なまとまりの一種として，発信者の側で「個人概念」をベースに「言語表現」を作り上げる“言語化”のプロセスにおいてその中間段階となる概念的要素を想定したい．そもそも，外部からも内部からも特定の刺激がない状態の「個人概念」は潜在的にばらばらの概念的要素が集まっているものだと考えられるが，具体的な「言語表現」を設計するためには，まず関連する“概念”を秩序立てる必要があるだろう．たとえば，ある状況において，“問題”，“希望”，“会う”，“次の段階”，… などの概念的要素が A さんの「個人概念」に含まれるとして，どういう「言語表現」を産出できるか．まず，“希望”と“会う”に“一人称”を組み合わせると，「お会いしたい」という「言語表現」が口から出るかもしれない．日本語では，「したい」という表現で“希望”，“一人称”の“概念”を表すことができる．“一人称”という概念的要素については改めて意識しないかもしれないが，“希望”を表明するとなると，当然自分の思いの表明となる．文法的な事項としても，“一人称”の言い方はほとんど自動化していると言えるかもしれない．また，相手との人間関係が「お会い」の「お」で表現されているが，成人の日本語話者であればこのような謙譲表現もかなり自動化しているのではないかと思われる．

　他方，語彙的な選択は意識的な計算の対象になるかもしれない．単に顔を合わせるだけではなく，“話し合い”の“概念”を含みたいという気持ちになれば，「話し合いの機会をいただきたい」という表現になるかもしれない．日本語母語話者としては，「お会い」という表現に含まれる丁寧

さの "概念" を表す「お」に相当する概念を「いただく」という謙譲表現に合体することも可能である．また，単に「会う」という表現を概念的に一段具体的に「話し合い」に変えるならば，それに伴って，「話し合いの機会をいただく」というような謙譲表現を加味した表現を使えばうまく繋がるという表現上の思いつきも "言語化" のプロセスに含まれるかもしれない．どちらの表現にしても，表現の丁寧さ，謙譲に関する "概念" が反映されている．

　このように段階を追って発話形成を分析すると，"言語化" の最終段階から一歩手前でこのように概念的要素をまとめる概念的操作を想定することができる．「相関モデル」では，最終的な「言語表現」のことだけを表示しているが，そこに向けての "言語化" の矢印の中ほどではこのような概念的なまとめが進んでいくと考えられる．これも「個人概念」の働きの一種と見做せる．船山 (2005) では，言語理解のプロセスを "概念的複合体" の観点から分析しているが，そこで議論の理論的骨組みとなっている "概念的複合体" はここで論じている "言語化" の最終段階の一歩手前に相当すると考えられる．

　"言語化" のプロセスにおいては抽象的な "概念" を出発点にしながら，具体的な「言語表現」として口から出るまでにこのようないろいろな特徴を持つ "概念" が関わっていると考えられる．たとえば，瞬間的に「だめだ！」という叫びとなる表現などは，"概念" と「言語表現」の選択が一瞬に重なり合っていると考えられるし，逆に，「え～と」と言いながら言葉が出てこない場合は，"概念" と「言語表現」の間に表現選択の試行錯誤がある場合と言えるだろう．あるいは，上の例にあるように，丁寧表現の選択には対人関係というレベルの社会的概念が作用している．このように，「個人概念」の中にはいろいろな種類の概念的要素が焦点を当てられたり，焦点から外れたり，まとまったり，離れたりすると考えられるが，そのような状態を秩序立てる一段上の概念的要素もあり，それらが落ち着く先が「言語表現」となって "外部化" されると考えられる．（抽象度を一段上げた

「言語表現」に結びつく"概念"については 2.5 節なども参照.）

　上で「話し合いの機会をいただきたい」という表現を例にしたが，それを「話し合いを持ちたい」という表現と比べると，話し手と聞き手の立場が逆転している．社会言語学的にそれらの違いを分析することも可能であろうが，「言語表現」の産出の視点から見ると，このような概念的な違いは，かなり無意識の領域を反映している可能性がある．つまり，提案そのものの中身よりも話し手と聞き手の人間関係の上下，距離を反映していて，それを支えるのも"概念"の一種類であるが，かなり非意識的な反応であると考えられる．「個人概念」に含まれる"概念"の中にはこのような属人的なもの，あるいは癖もあるだろう．そして，この点に関連して注意したいことは，"言語化"のプロセスにおいて検討の対象となる"概念"は必ずしも意識的に計算するものだけではないだろう，という点である．売り言葉に買い言葉で勝手に口が動いてしまったり，話者が意図しない"思わぬ誤解"を引き起こしたり，言語コミュニケーションは必ずしもすべて計算通りではないと考えられる．そして，基本的にアナログ的であると言える．したがって，自然言語を探ることは人間を探ることでもある．そのような点でも，「相関モデル」は実態を反映させる枠組みとなり得ると言えるであろう.

"参照する概念"と"機能する概念"

　2.1 節の最後の段落で，「個人概念」の中での"概念"の働き方として，"知識としての文法"は"参照する概念"であるのに対して"概念化された文法"は"機能する概念"であると述べた．母語話者の文法知識の中で，構文を決めたり，格関係を決めたりすることは，必然的な"言語化"のステップであるが，必然的であることは計算が自動化されていることでもあり，発言中の話者が意識するコミュニケーション課題にはほとんど含まれないと思われる．このような自動化は"機能する概念"の特徴と言えるだろう．つまり，意識的に"参照する概念"に対して"機能する概念"は「個

人概念」の中で自動的に働く場合が多い．母語で何かを表現する場合，メッセージの核となる新情報の内容や話の展開方針などが「個人概念」の働きの中心になるであろう．時に細かい文法知識を模索する場合もあるかもしれないが，通常の流れは発話内容の骨子を軸に進展すると言えるだろう．母語話者の感覚としては，「言語表現」を文法的なものにする努力は，少なくとも意識の中心ではないだろう．発話内容の概念的要素をまとめることが発話プロセスの中心になると考えられる．このような観点に立つと，「個人概念」から「言語表現」に送られる情報を整理する枠組みの中で，主として意識的に計算する必要のあるのは，このようなメッセージの"出し方"と言えるであろう．

　"言語化"のプロセスに入り込む母語の発想については，von Stutterheim and Nüse（2003）の研究などが参考になる．そこでは，無声映画の改作を英語，ドイツ語，アルジェリアアラブ語で作成し，3言語の話者から得られたデータを比較している．その結果として，(a) 話し手は視覚的入力として提示された情報の流れを相異なる基準に基づいて分割した，(b) 所与のイベントをそれぞれの言語で再現する際，体系的に異なる成分を選んだ，(c) ディスコース中のイベントの中核部分を選んだり，つなぎ方を決めたりする際に，相異なる時間的見方を示したことを報告している．"言語化"におけるこのような言語差は，「言語コミュニケーションの概念‒意味相関モデル」の観点から見れば，「個人概念」が「言語表現」を選択する段階で現れる母語の影響，つまり"機能する概念"の特徴として把握できる．各「個人概念」が選択する「言語表現」は，母語の場合は当該言語の文法をほとんど無意識に反映するはずである．それに対して，第二，第三言語の場合には当該言語の文法知識を可能な範囲で"参照する"状態になると考えられる．（外国語使用に関わる非対称性については，4.5節参照．）

　ある言語コミュニケーションが成立するかどうかは「言語表現」だけで決まるのではなく，それを背後で支える「個人概念 a」と「個人概念 b」

の間の概念的やり取りが結果的にうまくいくかどうかによる．たとえば，「言語表現」に文法的に瑕疵があるかどうかというような言語形式のレベルとは別に"推論"が働くこともある．この点では，コミュニケーションに関わる両者が人間であるということが基本的な役割を果たしている．（言い換えれば，機械翻訳の難しさを示唆する．）前節で論じたように，"文法"という名で呼ばれるものには二つの次元を考えることができる．人間の頭の中で文の設計を司る生得的能力そのものの次元（"機能する概念"）と，それを規則の形で記述した"客観化"の試みの次元（"参照する概念"）である．ここでは前者のレベルに注目し，上の段落で述べたように，母語話者にとっては，「統語フレーム」と「語彙」の組み合わせなどはほとんど自動的に決定するのが通常であろうと考える．

　このような「統語フレーム」と「語彙」の組み合わせというような文法の捉え方に対して，たとえば Fillmore（1968）の格文法や Kaplan and Bresnan（1982）の LFG（Lexical Functional Grammar；語彙機能文法）などが連想されるかもしれないが，ここで言う「統語フレーム」と「語彙」の組み合わせはいずれかの特定の文法理論に立脚しようとするものではない．"機能する概念"としての文法を例示するために，述語が提供する枠組み（格表示を含む）を「統語フレーム」と呼び，フレームを埋めるのが語彙項目であることを一般的に表現しようとするものである．つまり，「言語表現」の作成に当たって「個人概念」が与える具体的な意図的指令は，実質的には"語句の選択とその並べ方"にあると考え，それを話し手の「個人概念」が指定すると考えるのである．日本語の場合であれば，述語と格助詞をどう組み合わせるのかが文産出の基本になる．そのことを文法概念的にどう整理するのかは文法理論のアプローチの仕方によって異なる．ここでは，そのような説明の仕方そのものでなく，「統語フレーム」を「語彙項目」で埋める，と呼べるような基本作業の性質だけを見ている．それを換言すれば，話者が概念的まとまりを考える，ということになる．

　込み入った統語構造を持つ「言語表現」の産出に当たっては細かい"文

法的"配慮が必要であり，"参照する概念"としての詳しい文法知識が必要であるかもしれないが，通常の「言語表現」の選択に当たっては，特定の文法理論的枠組みが参照されるわけではないと考えてもいいのではないだろうか．つまり，通常，たとえば「私としては」という表現を出すに際して，「私なら」とか「私の場合は」とかいくつかの候補を考えて，どれが適切であろうか，と選ぶようなプロセスに意識的に入ることはほとんどないであろう，ということである．文章を推敲する場合には，複数の候補を比べてみることはあるだろうが，日常的な会話でそこまで悩むことはないだろうという現実的な捉え方である．逆に言うと，たとえば，なぜその表現を選んだのかと問われても，「自然と出てきた」，「特にはっきりした理由はない」という類の反応しか出てこないような状態である．非文法学者の日常的な語彙選択はほとんどがそのようなものではないだろうか．「相関モデル」の視点から見て「個人概念」が「言語表現」を構築するプロセスにかけるエネルギー効率が良い場合は，このように，"参照する概念"よりも"機能する概念"を働かせるのが中心となっていると言えるであろう．

　人が年数を経て獲得した"機能する概念"としての文法は"直観"的に活用されるようになっているはずであり，それを可能にするのも人間の生得的な能力の一部であろう．時に，たとえば，「その人に関わる」「その人に責任がある」「その人次第だ」…というような具体的な言い回しの間で迷うことがあるかもしれないが，それは「個人概念」において想起された候補からの選択における迷いを反映しているだけであると考えられる．想起自体はほとんど自動的であろう．つまり，生得的な言語能力は"直観"となっているのが普通であり，本人は意識的に文法のことは考えないだろう．"機能する概念"は本来そういう種類の"概念"であると考えられる．第1章でも述べたように，"文法記述"は文法学者が試みることであって，一般の話者は思いついたことを自分なりに言葉にすることによって"文法"を持っていると言われるだけである．そもそも，文法記述のためには，

文法学者は一人の人間の言語能力を観察するよりも，膨大なコーパスや文書を調べる．その結果が，逆に規範的に示されたりする．それに対して，本書で提案している「相関モデル」は1件1件の言語コミュニケーションを説明しようとするものである．

コミュニケーションに関わる人間には，観察に基づく状況把握，個体の識別，時間軸の認識，他人の説得，疑問の解消などいろいろな能力が言語能力に並行して求められるが，それらは幼児期からの経験を通して何らかの頭の中での捉え方，言い換えれば"概念"にまとめられていると考えられる．たとえば，右手と左手の関係を"右"，"左"という"概念"にまとめ，「右側」，「右方向」，「右利き」などの表現の概念的把握に役立てている．他方，文法研究者が発話記録を基に記述しようとする"文法"は，成功したコミュニケーションに貢献した「言語表現」の一般的特性を描き出そうとするものであり，それは「相関モデル」における「言語表現」の大量データに法則を見出そうとする試みに匹敵する．しかし，上でも述べたように，「言語コミュニケーションの概念-意味相関モデル」が描く「言語表現」は特定の1回限り生起する「言語表現」のことを考えており，具体的な言語コミュニケーション記録の一例でしかない．ただ，それは別途一般化を経てまとめられた文法規則に合致することが期待される．基本的に，「個人概念」は「言語表現」の基礎となる概念的まとまりを整理する個人の作業場であると言えるであろう．

2.3. 「個人概念」の"外部化"

日常生活の中で，思っていても言わないことがある．頭の中で思うことと口に出すことは必ずしも同じではない．そうであれば，一人の人間が"思うこと"と"発話すること"を区別して捉えることは現実を見据えることになるであろう．「相関モデル」において「個人概念」と「言語表現」を分けて扱う試みは，単に「言語表現」の前段階を表そうとするだけでは

なく，「言語表現」よりももっと広くて深い"概念"の領域を視野に入れることを目差す．一人一人の「個人概念」の中では，いろいろな思いや考えが，周囲の観察や刺激などを受けて，あるいは独自の世界の拡がりに伴い生まれては消える動きがあるだろう．それを"自己文脈"と呼ぶことにしよう．"自己文脈"は他者に伝えられることはない．ただ，絵を描いたり，詩や小説を書いたり，楽曲を作ったり，創作活動を通して自分の「個人概念」の中にある"概念"を表出することはあるだろう．

　そのような活動に比べて，他者との言語コミュニケーションは，何らかの内容について何らかの目的で特定の相手の「個人概念」に何らかの影響を与えることを目差す．そして，自然言語を使うコミュニケーションは人が採用する手段としては最も効率よくメッセージを伝えることができる．逆に言えば，最も効率の良いコミュニケーションの一般的手段となる仕組みこそが言語と呼ばれているものであろう．

　「相関モデル」における「言語表現」発話のプロセスは，発話を準備する話者の頭の中の状態を出発点とし，話者が「個人概念」の中から選択した"概念"のまとまりを線形化し，"言語化"を受ける「言語表現」の要素に順次音声を付与しながら「言語表現」を 聞き手に伝える．「個人概念」から外に出た「言語表現」は当該の言語社会の中で一般的に通用する"形式"を持ち，そこには"意味"が付随する．この手順を経て話し手が「個人概念」の内容の一部を「言語表現」として音声化することを"外部化する(externalize)"と呼ぶ．話し手の頭の中を"内部"と考えると，言語コミュニケーションにおける発話とは，このように，言語社会のあるメンバーが自身の内部にある「個人概念」の内容の一部を別のメンバーに向けて"外部化"することにあると言えるだろう．そして，次章で論じる"概念化"は，逆に，他人が"外部化"した「言語表現」を受け取った人がそれを自分の「個人概念」に"内部化"（internalize）しようとする，つまり理解しようとすることである，と捉える．

　人間社会のことを考えれば，"外部化"された「言語表現」は話者が責任

を持つべき発言となり得る．政治家などでなければ，「言語表現」がそのようなものであることを日々気に掛けることもないだろうが，“外部化”は責任問題となり得る．「言語表現」が「個人概念」から発せられる枠組みであれば，そのことは当然のことである．「相関モデル」では，「個人概念」との結び付きによって「言語表現」の属人性がはっきり表される．

　一般的に，言語として表現することによって発話者の考えをどれだけ他者にわからせるか，ということの実現の度合いはなかなか測りにくい．また，我々が他者とのコミュニケーションにおいて日常的に期待しているのは，自分が言いたいことを他者がきっちりと把握してくれることであるが，それがどこまで実現しているかは一つ一つチェックできないのが現実である．親しい間柄では相手の頭に何が残っているかを確認できるかもしれないが，一般的には，何らかのきっかけで誤解があることが判明するまで，聞き手の理解を確かめることができないのが普通であろう．また，日常的に話す機会の多い人に関しては，過去の経験から，たとえば，“人の話をいい加減に聞いている人”というような印象を定着させているようなこともあり得る．しかし，実際にそのような印象を与えているにしても，そのことを与えた側が記憶していないかもしれないし，聞いた側もそれほど記憶していないかもしれない．誰かが誰かに発した個々の「言語表現」は“外部化”されているのであるが，それをどう受け止めるかは聞き手による側面もあるだろう．しかし，“外部化”は現実的なことであり，政治家であれば何らかの発言によって職を辞することも起こり得る．このような言語コミュニケーションにおける「言語表現」の産出は発話者から独立して社会的産物となることから，社会学的な問題にもつながる．これは「相関モデル」にとっては当然のことである．

　また，言語コミュニケーションとして話者の側では，相手に自分の気持ちは伝えたはずであるが，相手がどこまで理解してくれたかは定かではない，という不安があることも，それほど珍しくはないだろう．他方，何かについてとことん話をして相互理解に達する（と思える）こともある．つ

まり，言語コミュニケーションを通して自分の気持ちを "外部化" できた
ことを確認できる可能性はある．しかし，その可能性を実現するにはかな
りの手間とエネルギーをかけて具体的な相手と認識を確認し合う必要があ
るだろう．したがって，すべてのトピックについて常時そのような姿勢で
臨むことは現実的には不可能とも言える．また，個人の外部に出た「言語
表現」は，それ自体が話者から独立したものとして客観的に記述すること
ができるとしても，それをどう解釈するか，あるいは解釈できるかには聞
き手側の個人差もあるだろう．たとえば講演会のように一対他の言語コ
ミュニケーションの場合，聴衆の全員に共通して残った印象もあるかもし
れないが，具体的な解釈が聞き手によって異なることもあり得る．また，
話者が「言語表現」に込めた意図を実際に聞き手がどう理解したかを確か
める機会は常にあるわけではないし，話者自身の "言語化" の設計におい
て聞き手の反応をどこまで計算できるかには未知のファクターが多いと考
えられる．

　しかし，他方，現実の言語コミュニケーションの目的と結果の間にそれ
ほどの乖離があるとも思えない．「相関モデル」における "推論" のルー
トには，「個人概念」同士の常識や直観のやり取りも含まれていると考え
られる．「言語表現」のように "証拠" が残るわけではないが，たとえば，
対話の相手の言い間違いを乗り越えるような，人間同士としての共通基盤
に基づいてコミュニケーションを遂行する場合もあるだろう．

　言語コミュニケーションの中には，聞き手の "概念化" をパターン化す
るようなケースもある．たとえば，天気予報で「前線が停滞するため，所
により雨が激しく降るでしょう」と言ったとする．この天気予報の後半に
出てくる「所により雨が激しく降るでしょう」という表現を断片的な "概
念" に分解すると，"地域によって"，"激しい雨が降る"，"可能性がある"
というような要素に分解できるだろう．天気予報の表現にはどの聞き手に
も同様な "概念化" が期待されている側面があると思える．気象庁の説明
によると，「所により」という表現は，「現象が地域的に散在し，複数の地

域を指定して表現することで冗長な表現になる場合に用いる」とされており，「その発現域の合計面積が，対象予報区全体の 50％未満である」（気象庁のホームページ：「地域に関する用語」より）ことを表すようである．気象庁は“個人”ではないが，「言語表現」を発する「個人概念」の例として考えてみたい．気象庁は機関としてこのような“概念”を持っているのであるが，「個人概念」も同じような性質を帯びていると考えられる．つまり，「所により」という「言語表現」を“外部化”する際に下敷きとなる“概念”の例として上で引用した気象庁の説明と同じ“概念”を覚えて使う手もあるかもしれないが，一般的にはもっと大雑把な個人的な“概念”が想定されていると考えられる．そのように幅があるということも「個人概念」の特徴であろう．

　「個人概念」を構成する“概念”は新しいこと，個人的なことを扱うこともできる．つまり，既存の「言語表現」の“意味”では把握できないような“概念”を生み出すこともできる．しかし，言語社会としては無尽蔵に語彙を増やすことは人間の記憶能力の点でも，また，言語社会に流通する語彙を適度な量に維持する点でも難しいと思われる．個人の記憶量としては，忘れる表現が新語のスペースを確保できるかもしれないが，言語社会の中で構成メンバーに忘れられる状況を作らないようにしながら無尽蔵に語彙を増やすことは現実的には難しいだろう．これは人間の記憶容量の問題でもあるし，自然なプロセスを経て社会の中に新表現を流通・定着させることの難しさも絡むと考えられる．また，“意味”を細分化することは語彙選択のプロセスを煩雑にすることになり，言語コミュニケーションのために費やされる労力と時間が増えることになる．1 日 24 時間という限界がある限り，際限なく労力と時間を言語コミュニケーションに振り向けていくことは受け入れられないであろう．したがって，自然言語については，現実的な制約があると考えるべきであろう．つまり，「言語表現」の異なり数は無限とはなり得ない．人間社会の中で流通できる「言語表現」に係る制限は人類の脳の生物的容量にも結びついていると考えられる．

　他方，"意味" と違って "形式" による束縛のない "概念" は基本的に自由であると考えられる．創作活動，特に言語以外の分野での絵画や造形などは意図があれば "形式" に縛られない自由な "概念" を作り出すことができるのではないか．このような側面を考えても，言語コミュニケーションにおける "意味" と "概念" が区別されることは理に適っているように思える．自然言語を操る個人の脳には "概念" を操る容量にまだまだ余裕があるとしても，人間社会における共同作業を支える自然言語の拡張には "形式" と "意味" の新しいセットの定着が必要であるわけで，そのためには社会全体にとっての時間も必要であろう．「個人概念」の創造性を抑制することには何らメリットはないが，その "外部化" となる「言語表現」を限定することは社会としては必然であると考えられる．

「相関モデル」が許容する現実

　ここでの議論は，「個人概念」が個人の自由な思考の反映であるのに対して，「言語表現」は人間社会で流通することに意義がある点に注目している．個人が新しい独自の考えを抱く，という点で「個人概念」の拡張は個人の自由に任されるのに対して，それが "外部化" される「言語表現」は社会のメンバーに共有されることが期待されるので，いろいろな社会的な制約がかかると考えられる．たとえば，コミュニケーションの場面によって表現量はその場に相応しいものになることが望ましい．新しいメンバーで構成される会合で自己紹介が一人 1 分に限られる工夫があるとすれば，「言語表現」を「個人概念」の "外部化" として捉える「相関モデル」においては，「言語表現」に関わるこのような "制約条件" を言語社会側における制約として理解することができる．このような制約を社会言語学という研究領域で取り上げることも可能であろうが，「相関モデル」で説明基盤は整う．

　パーティーに誘う例では，「個人概念 a」の中に，予定のパーティーの日時，場所などの情報が含まれるであろう．"来週またパーティーを企画

したのですが，いかがですか？"という「言語表現」を構成している"来週"，"パーティー"，"企画する"などの表現は「個人概念 a」の"参照する概念"から引き出され，それらを文の形にするのは"機能する概念"としての"概念化された文法"に基づくと考えられる（2.1，2.2 節参照）．相手にパーティーへの参加を促す気持ちをどう表すかには「どう？」，「どうですか？」，「いかがですか？」というような複数の可能性があるが，その中からどれを使うかを決める際には，相手とのこれまでの関係をどう捉えるか，というような"概念"も参照されるだろう．「個人概念 a」の中には"言語化"の途上参照されるいろいろな種類の"概念"が含まれており，適宜それらが"動員"（mobilize）されて「言語表現」の形の中に嵌め込まれると考えられる．つまり，"言語化"の準備としては，"概念化された文法"によって導かれる統語フレームに嵌る"概念"を"動員"する形で最終的な「言語表現」を完成していくと考えられる．「言語表現」の"形式"は"概念化された文法"によって整えられるが，それを埋める"意味"は「個人概念」の中で参照される"概念"に基づいて選ばれることになるだろう．たとえば Levelt（1989）のモデル（3.1 節参照）では，概念化装置のメッセージ生成から形式化装置の表層構造生成へプロセスが順次肉付けされ"派生"していくが，「概念 – 意味相関モデル」では，統語フレームの空所（の可能性）に必要な表現が適宜"動員"されることによって「言語表現」が整えられていくと考えられる．

　「相関モデル」における"言語化"の矢印の長さは，単に努力が向けられる方向を示すだけではなく，最終的な「言語表現」に向けて具体化を完成させていくプロセスを示す．さらに，その矢印の途中で何かが起こっても話者が対応する時間があることを示すものでもある．たとえば，途中で雑音によって遮られたり，聞き手の反論が始まったりすることもあり得る．言いかけて未完のまま言うのをやめることがあるかもしれない．いずれの場合も，相手にも断片が届くであろうから，部分的な情報は耳に入るであろう．コミュニケーションとしては未完ではあるがゼロではない．

「言語表現」を「個人概念」から分離する「相関モデル」はそのような異例
の場合も扱うことができる.

　ちなみに, 聞き手の側でも "概念化" の矢印の長さは, 入力言語表現を
解釈しながら「個人概念 b」に新たな "概念" を増やしていく途上のこと
を勘案させる. "概念化" については, 第 3 章で詳しく論じるが, B さん
の「個人概念 b」に発生する "概念" は「言語表現」の "意味" から抽出さ
れたものだけではなく, 話し手の A さんの姿勢や声の調子, あるいは服
装などの外的要素の観察をすることに基づくことも可能であるし, A さ
んに関する過去の記憶が参照されたりするかもしれない.

　「相関モデル」では, 話し手が統語フレームのスロットを埋めるプロセ
スは常に一定の手順で進むものとは限らないことが想定される. たとえ
ば, 統語フレーム全体を決定してそのスロットを埋めていく場合もあるで
あろうし, スロットをいくつか埋めながらフレーム自体の変更を進める場
合もある, というような柔軟さもあると考えられる. たとえば,「そこで
私が見たことは,」と言い始めながら,「前代未聞と言いますか,」と挿入
句を入れ,「全く想像しなかったことです.」と, 結論部分を先送りしたり
するかもしれない. また, どこかの段階で統語フレームが最終的に決まる
のが通常のことであろうが, 言い直しが起こることもあり得る. そのよう
な柔軟さは "概念" を参照しながら「言語表現」を決めていく中で自然に
発生する現実であると思われる.「相関モデル」は,「言語表現」の産出を
意識しながらも, 途中の変更も許す柔軟な体制と言える.

　文をスタートしてから文法的な展開を調整するような考え方は, 文法理
論では考えられないが,「相関モデル」は言語コミュニケーションのモデ
ルであり, 何をどう伝えるかを "概念レベル", つまり「個人概念」のレベ
ルで決定するメカニズムを含む. 発話行為の変種を文法理論の中で扱うに
は追加的な枠組みが必要になるであろうが,「言語表現」を「個人概念」が
コントロールする「相関モデル」ではすべての動機付けが「個人概念」の
中でなされ,「言語表現」はその "外部化" と捉えられる.

88

2.4. 「個人概念」と「言語表現」を分けることの意味合い

　「言語コミュニケーションの概念－意味相関モデル」における「個人概念」と「言語表現」の位置づけについては第1章で概観し，第2章でもいくつかの観点から論じているが，Aさんが発話した「言語表現」はAさんの「個人概念」によってコントロールされることの意味合いをここでもう少し詳しく考えてみることにする．

　「概念－意味相関モデル」の図において，「個人概念a」と「言語表現」が別の領域として描かれているが，実際は一人の人間に関わる二つの面である．すなわち，それぞれ，頭の中のことと，その人が口から発した「言語表現」を指す．それでは，「相関モデル」は人の発話を二つの領域に分離することによって，何を表そうとするのであろうか．

　一つは，前節で"外部化"として述べたように，人間の内面（"概念"に関わる）と外面（"形式"と"意味"のセットに関わる）の区別である．もう一つは文脈の区別（2.5節および2.6節参照）である．言語コミュニケーションで問題にする「個人概念」はまさしく個人的なものであり，その内容は他人には不明である．それに対して「言語表現」は他人に向けられている．「言語表現」という"形式"は言語コミュニティの中で"意味"を持ち，他人はその"意味"を受け取ることができる．つまり，「個人概念」が話し手の内部にあるだけなのに対して，「言語表現」は外部に公表される．この"内部性"と"外部性"を区別することは言語コミュニケーションの仕組みの実際を理解するために役立つ．言語コミュニケーションにおいて，社会で何を表明するかは「個人概念」が決める．そのことを「個人概念」が「言語表現」を"コントロールする"と言っている．ただし，この"コントロール"は主として，何を表現するかという発言の中身に向けられている．社会に出すためには，ある程度一般的な言い方かどうかを気にしたり，文法的に逸脱していないかどうかをモニターしたりする必要は当然ある．しかし，（たとえ自分が文法学者であっても）日常生活におけ

る自分の母語発話の文法性の判定をずっと気にすることはないだろう．母語話者であれば，内容のあることを話している限り，関心の中心はその "内容" であり，「言語表現」のコントロールはその "内容" に基づくのが当然であろう．

　"内部性" が個人の "自由奔放な発想" を可能にするのに対して，"外部性" は他者との意思疎通を目指す．前者の例として芸術作品がある．芸術作品の発想は個人の内部にある．そして，芸術作品はたとえ抽象的なものでも，見る人に何かを伝える．しかし，それが何を表すかを言葉で説明することは難しい．だからこそ芸術の存在価値があると言えるだろう．つまり，"自由奔放な発想" が前面に出る．それに対して，外部に発信される「言語表現」は "意味" を伝えるシステムである．人間社会においては，他者との交わりを通して何かを伝え合う必要性，集団として合議で意思決定をする必要性，つまり，コミュニケーションの必要性が発生する．そして，そのためには橋渡しの手段が必要となる．その最も有用なものとして人間社会が作り上げてきたのが「言語表現」のシステムである．つまり，A さんが B さんに情報を伝えたい時に，「言語表現」を媒介として A さんの「個人概念 a」と B さんの「個人概念 b」の連絡を実現しようとするのである．言語はアートに比べて，より多様な内容をかなり細かく伝達することができる．

　もっとも，自然発生的な「言語表現」のシステムはそれほど精密ではない．日常生活における基本情報を伝えるには十分であるが，心のひだを伝えるには不足感がある．文学が文学であり得るのは，「言語表現」の使い方に特段の神経が追加されるからであろう．つまり，日常的な「言語表現」の表現力には限界がある．しかし，自然言語は自然に適当なバランスを備えている．たとえば，構文の種類や語彙を今よりもっと増やせばより細かい表現が可能になるように思えるかもしれないが，言語コミュニティのメンバー全員にそれを強いることは難しいと考えられる．能力的な面でも難しいし，表現を細かくすることによってコミュニケーションにもっと時間

がかかるようになることは社会にとって必ずしも好ましいことではない．その状況を把握するのに，専門用語のことを考えてみるとわかりやすいかもしれない．世の中で，専門家同士はその分野独特の用語を使ってコミュニケーションをしているが，そのような状況の数に世の中にある専門分野の数を掛け，しかも日常的に皆がそんな話をすることを想像してみると，とても現実的なやり取りとはならないだろう．そんなことになれば，社会全体がうまく回らなくなる．つまり，「言語表現」は誰しもがアクセスできるシステムではなくなってしまう恐れがある．逆に，もっと簡素な言語であれば，生活上必要な情報を十分に正確に交換できなくなるかもしれない．人間が活動を営む点で最低限必要な情報交換を可能にするような自然言語が自然の摂理として機能していると考えられる．つまり，今以上に複雑になっても，あるいは今以上に単純になっても，生活上のコミュニケーションは乱れるであろう．自然発生的な言語の現状のシステムは，“ほどほど”のところで落ち着いていると考えられる．区別する色の数や時制の立て方など，言語間で多少の表現力の差はあるが，総じて自然言語はどれも“ほどほど”の細かさを持っていると考えられる．そこに自然言語をめぐる秩序の一端が現れている．

　「個人概念」と「言語表現」を分立させる意味合いのもう一つは，「言語表現」の社会性である．すぐ上で述べたような自然の摂理はそれを示している．自然言語は，人間の生得的な能力によって人が獲得しているものであるが，具体的な「言語表現」は社会の中で身に付けたものである．何らかの個別言語が話せる状態で人間が生まれてくるわけではない．日本語環境の中で成長したら日本語能力を身に付ける．具体的な言語知識そのものは普遍的に獲得されるものではない．環境的に与えられる言語刺激をもとに各個人が頭の中に構成したものである．そして，その情報源は社会の側にある．その点で，「言語表現」のボックスを「個人概念」とは別の領域としてとらえることは極めて自然なことである．実際のところ，発話内容は自分で決めるにしても，それをどのように表現するかという段階になれ

ば，話者は聞き手が使う言語で表現しようとする．聞き手が日本語話者で
あれば日本語を使う，英語話者であれば英語を使うのが基本原理であろう
——ずっと日本語社会の中で日本語でコミュニケーションしているとその
ことは意識に上らないかもしれないが．誰にとっても「言語表現」という
行為は基本的には「個人概念」の自由な思考の場とは異なる領域であると
考えられる．逆に言えば，誰かとコミュニケーションする必要性がある時
に「言語表現」を探す．次の予定を忘れていたことに気づいて，「しまっ
た！」と頭の中で明確な思考が発生したとしても，その自分の気持ちを確
かめるために状況のすべてを言語で表現する必要はない．そのような現実
を考えてみれば，「相関モデル」において「言語表現」のボックスを「個人
概念」と分離することは自然言語の社会性を反映する仕組みであると言え
る．

　すでに随所で強調しているように，「概念 – 意味相関モデル」において
「言語表現」が「個人概念」から独立して扱われることは前者が社会の中の
"存在" になっていることを象徴する．そして，社会の中に流通する「言
語表現」の蓄積が当該の言語社会を形成し，その中で特定の「言語表現」
の価値（＝ "意味"）が絞られていく．つまり，話し手の口から出た瞬間に
"独り歩き" する潜在性を持っていて，その "独り歩き" の蓄積が膨大な
量になるにつれて，社会の中で「言語表現」の一般性が高まり，各表現の
"意味" についての共通理解が深まる．この側面を "公共性" と呼ぶこと
ができるであろう．したがって，個々の表現単位の "意味" は通常それほ
ど厳密ではないだろう．しかし，複数の表現単位を連ねることにより "意
味" が絞られていく．つまり，"文脈" が表現単位によって形成され，そ
の "文脈" が各表現単位の "意味" を絞り込む働きをする．"文脈" と捉え
られる現象の多くは "推論" にも関わる．「相関モデル」の図においては，
"推論" は別のチャンネルとして描かれているが，聞き手による「言語表
現」の "概念化" にも貢献するであろう（第 3 章参照）．

　"意味" を詳らかに記述することは難しいが，辞書を作ることはできる．

辞書作りについては，社会の中でどの程度広がれば項目に含めるか，どの意味を中核と見るか，項目なり意味なりがどの程度廃れれば記述から外すか，など細かい問題が付随するが，辞書のユーザーとしては，その時代の辞書を参照することによって流通している語句とそれらの"意味"を要領よく把握することができる．したがって，少なくともその時代に許される「言語表現」の"意味"を有限なものと考えることによって，"意味"を記述することができる．それに対して，あらゆる"概念"を特定することは非現実的であると考えられる（第1章の図2参照）．しかし，「個人概念」と「言語表現」の領域を区別することによって，「個人概念」に含まれるものと「言語表現」で利用されるもの，という違いによって"概念"と"意味"の相対的位置づけをはっきりと示せる．そして，「言語表現」の組み立て方（＝文法）と「言語表現」の内容（＝"意味"）は言語コミュニティのメンバーによって共有されているという点で限定されることになる．このように，「概念–意味相関モデル」において，"概念"と"意味"を区別することは重要な設計理念である．

　ある"形式"の"意味"が何であるかの認識は当該言語コミュニティのメンバーに共有されていることが原則である．この原則がなければ言語コミュニケーションはうまくいかない．しかし，この原則共有は完璧であることを期待することは難しく，"意味"を丸める妥協が必要でもある．この緩さが自然言語が機能するためには必要であると考えられる．他方，「個人概念」を構成する"概念"は産出する「言語表現」の趣旨を構築したり，自分なりに考えをまとめたりするものであるが，直接対応する形式は持たない．"人が直観的に思い浮かべること"程度の言い方しかできないと思われる．日常生活の中で，「あの人の言うことはよくわからないが気持ちはわかる」というような言い方をすることがあるかもしれない．そのような場合の「わかる」対象も"概念"の一例と考えることができるであろう．

　まとめると，「言語表現」と「個人概念」の二層構造が"意味"と"概念"

の二層構造と並行し，自然言語が社会に広まるにつれ"意味"を交換する幅が自然に調整され，「言語表現」の汎用性が高まると共に，個人の"概念"は思考の自由な広がりの可能性を支えることになる．「概念 – 意味相関モデル」はこのような二層性を反映させようとする．「個人概念」は人の頭の中の産物，「言語表現」は社会的産物である．「個人概念」の中に生まれる人の発想，思考が「言語表現」を求める時，「個人概念」は「言語表現」を"概念"に近づけ，その「言語表現」の聞き手は，社会の中で認められている言語形式の"意味"を取り込みながら，自分の頭の中の「個人概念」の場にそれを"概念"として移し替え，理解する．つまり，話し手が自身の"概念"を基に"意味"を表現し，聞き手はその"意味"を担う"形式"を受け取り，それを"概念化"する．この流れは時に「言語表現」の"意味"を拡張し，深みを増し，"概念"として，「言語表現」の両端で結びつく「個人概念 a」と「個人概念 b」の概念的交流を実現していると考えたい．"意味"は"形式"によって輪郭を与えられると共に，両端の"概念"と"概念"を間接的に結びつけ，豊かな，内容の拡がる言語コミュニケーションを可能にしているのである．そして，「概念 – 意味相関モデル」の"概念レベル"ではそのやり取りを"推論"が助けることになる．

2.5. 概念的なやり取り

「個人概念」が「言語表現」をコントロールすることには，「あのね」という表現で話を始めるように，語彙の選択がほとんど自動的と思われる場合もあれば，「明日，お会いできないものかと実は思案しております」のように，「個人概念」で言い方が相手に与える印象も考慮に含めて概念的に効果を計算するプロセスが先行すると思われるような場合もある．そして，「個人概念」が「言語表現」を意識的にコントロールする程度には幅があると考えられるが，言語コミュニケーションの仕組みとしては，A さんの「個人概念 a」と B さんの「個人概念 b」が「言語表現」を通してや

り取りをするのが目標である．本節では具体例を用いて，「個人概念」の
中の"概念"が「言語表現」を形作っていくプロセスの骨組みを考えてみ
たい．

　「言語コミュニケーションの概念－意味相関モデル」では「個人概念」と
「言語表現」が別々に表示される．社会的存在となる「言語表現」には独自
の「個人概念」を持つ複数の特定の人間が話し手，聞き手として関わる．
そして，「相関モデル」が図の中で「言語表現」を独立させているのは，人
の口から出た「言語表現」は社会の中で客観的な存在になることを表して
いる．つまり，言ってみれば，ある地域で言語調査をするなら，そのよう
な「言語表現」がすべて，そしてそれのみが調査の対象になる．聞き手も，
先ず受け取るのは「言語表現」であり，言語コミュニケーションとは話し
手の作り出した「言語表現」の"意味"を聞き手が解釈することから始まる．

　「概念－意味相関モデル」の「個人概念」が担う"言語化"のプロセスに
おいて「個人概念」がまず取り組むのは，「言語表現」の枠組み的なこと，
典型的には「統語フレーム」と「語彙」の認識であろう．ここで，"どこか
らか風船が男の子のほうに飛んできた"という状況を言語表現化する場合
を例に"言語化"の要点を整理しておきたい．

　例示する状況をここで説明するに当たり，まず"どこからか風船が男の
子のほうに飛んできた"という日本語表現を挙げたが，この表現自体，
"風船"に焦点を当てている．"男の子が公園で遊んでいた"という表現で
あれば，"男の子"に焦点を当てている．そうすると，すぐ上で，「統語フ
レーム」と「語彙」の選択に言及したが，たとえばこのような状況描写で
あれば，その前の段階で話者は焦点を定めていることになる．つまり，
"言語化"を一連の連続的なプロセスであると考えれば，「個人概念」の中
では，新規表現産出の初期段階では"焦点"というようなメタ的なレベル
を整えることが踏まえられるかもしれない．もちろん，常にそうであると
は限らないであろうが．たとえば，「危ない！」というような注意喚起の
「言語表現」が発話される場合もあるであろう．（発話状況的にはこれも

"焦点" と呼べるであろうが,「個人概念」の中での順序付が問題になる
のは "焦点" の対象が複数の場合と考えることにする.)「言語表現」を構
成する概念的要素の性質は,結果的には使用言語の標準的語順を反映する
ことになるであろうが,"言語化" の順序としては焦点や注意の対象が先
ず選択されると考えられる.

　そのように考えると,もし話者がまず風船の動きに注目したならば,
"風船が" という表現で話し始めることになるであろう.そして,"近づく"
という述語の選択が続き,「風船が … に近づく」という統語フレームの
"概念" を想起することになるであろう.「近づく」という述語は "何かと
何かの間の距離が短くなる" という "概念" を伴うので,「… と … の距
離が狭まる」という統語フレームも考えられる.あるいは「… が … の方
向に流れる」,あるいは「… が … の方向に飛んでくる」という統語フレー
ムが浮かぶかもしれない.特定の話者の「個人概念」には,そのいずれか,
あるいはその他の統語フレームが浮かぶと考えられる.その中で,「… が
… に近づく」という統語フレームが選択されたとすると,次にそのスロッ
トに移動物と移動の先が明示されることになるであろう.この場合,それ
ぞれを「風船」,「男の子」で埋めることになる.つまり,話者は「風船が
男の子に近づく」という「言語表現」を選択することになる.(もっとも,
それは風船が動いている状況を表している.男の子が地面に落ちている風
船に近づく状況もあり得るが次の具体例 1 では前者の状況を想定してい
る.)

　このように考えると,「統語フレーム」と「語彙」の選択において特定の
順序があるわけではないと言えるであろう.言い換えれば,「統語フレー
ム」と「語彙」の選択というまとめは,特にその順序の指定とは別の次元
であると考えるべきであろう.図 1 において「個人概念 a」から出る "言
語化" の矢印の元の部分では,「言語表現」の構成要素に順序がなくても
問題はない.矢印が全体として象徴するのは,最終的な「言語表現」の産
出に向けてのプロセス全体であり,その内部作業の過程における順序は

「言語表現」そのものに直接関わる必要はないだろう．「言語コミュニケーションの概念－意味相関モデル」が位置付ける「個人概念」と「言語表現」はそのような関係に立つと考えられる．このことを，「個人概念」が「言語表現」をコントロールすると呼ぶ．

　「個人概念 a」は具体的な「言語表現」を発出することによって，「個人概念 b」が新しい情報を取り入れるという変化を引き起こそうとする．

　「個人概念」を構成する“概念”には，「風船」や「公園」や「落下」のような個別の物体や場所や動作をまとめたものだけではなく，起承転結の区切りを示すような“概念”，あるいは一連の話を繋げるような“概念”，抽象度を上げた表現に関わる“概念”なども関わると考えられる．そのような現実に目を向けるために，「風船が男の子に近づく」という事態の前後の状況をもう少し広げて，次の具体例 1 のような一連の状況を「言語表現」と「個人概念」の絡みの例として考えてみたい：

概念的やり取りの具体例 1（「言語表現」と“概念”の絡み合い）

　〈A さんの「個人概念」に視覚的印象として残ったことの概念的把握（その内容を日本語で線形的に表現）〉

　　男の子が公園のブランコで遊んでいた．飛んできた風船を取ろうとしてブランコから落ちた．男の子が泣いた．

　〈状況把握を支える概念的項目〉

　　場所：　公園

　　関連する対象：　男の子，ブランコ，風船

　　事象の概要：　男の子がブランコから落下

　　対象の動き（時系列）：　男の子がブランコを漕いでいる（進行形）→風船がどこかから男の子のほうに飛んできた → 男の子が風船を取ろうとした → 男の子がブランコから落ちた → 男の子が泣いた

　　因果関係の認識：　風船を取ろうとしてブランコから落ちた（観察結

果の解釈）

〈発話に向けての話者（A さん）の「個人概念」における決定事項〉
　・自分が見たことを B さん（聞き手）に話そう
　・状況 1：　男の子がひとりで公園のブランコを漕いでいた
　・状況 2：　風船が男の子の近くに飛んできた
　・状況 3：　男の子が風船を取ろうとしてブランコから手を離した
　・状況 4：　男の子がバランスを崩し，ブランコから落ちた
　・状況 5：　男の子が泣き出した

〈「言語表現」を通した概念的やり取り〉
　A さんが，B さんと次のような会話をしたとする．
　（1）　A さん：「公園の横を通っていた時に，子供がブランコで遊ん
　　　　　　　でいたんだけど，ちょうどその子のそばに風船が飛んできた
　　　　　　　んだよ．」
　　　　　　　（← A さんが B さんに行動を説明し，自分の視点からの観察
　　　　　　　を報告）
　（2）　B さん：「で？」
　（3）　A さん：「手を離しちゃったんだよ．」（← A さんが見たこと
　　　　　　　を報告）
　（4）　B さん：「風船を取ろうとしたのかな？」
　（5）　A さん：「そう．それで落っこちて，泣き出した．」（← A さ
　　　　　　　んが見たことを報告）
　（6）　B さん：「バランスを崩したんだね．一人だったのかな？」

　ここでは，この例を使って，A さんの「個人概念 a」と B さんの「個人
概念 b」の概念的やり取りと「言語表現」の関係を考えてみたい．上で，
「状況 1：男の子がひとりで公園のブランコを漕いでいる」とまとめたの
は客観的視点から描いている．A さんの発話（1）は自分の視点から話し

98

ている．体験を報告するような時はこのスタイルが標準的であろう．「子供」の性別には言及していないが，Ａさん自身は，自分が見たのであるから，恰好から「男の子」という情報は持っているはずであるが，ここで単に「子供」と聞いたＢさんには性別不明である．このように，「言語表現」が情報を意図的であれ，非意図的であれ取捨選択することは一般的であると考えられる．個別の「言語表現」の特徴は，潜在的に情報が選択されている，という点である．話し手は，文法的な文を作ることに配慮すると共に，情報の選択を適宜行う──それは意図的であるとは限らない．「言語表現」の作成者は情報を選択できるが，同時に失念の可能性は常にある．

　"ブランコに乗っている子供のそばに風船が飛んできた"という話をＡさんから聞いて，Ｂさんは (2)「で？」と言って話の展開を催促するのであるが，Ｂさんが話し手になって自分の「言語表現」をコントロールしたこの１語は，そこまでの状況は把握したこと，その後どうなったかを知りたいこと，そして，その続きを話してくれという催促を表している．「言語表現」としては「で？」だけであるが，Ｂさんが何を聞きたがっているかについてＡさんはその督促の中身を概念的に"推論"することは十分可能である．（「概念－意味相関モデル」では発信者と受信者を結ぶ"概念レベル"の"推論"ルートが常に使える．）この"推論"は，Ｂさんが Ａさんに期待していることでもあろう．その催促を受けると，Ａさんは (3)「手を離した」と話を続け，Ｂさんの催促に対応している．また，その際に手を何から離したのかの説明は省いているが，文脈からブランコの鎖と判断できることはＡさんもＢさんも概念的に把握していると思われ，そのことは互いに理解していると思われる．Ｂさんは，それを前提にして，(4)「風船を取ろうとしたのかな」と，手が離れた理由に関心を持ち，自分の推測を提示することまでしている．談話分析という研究分野ではこのような類の談話の特徴を探るのであるが，人間同志であれば因果関係や前後関係など，明示的な表現がなくても談話の流れの中で相互に了解（＝"概念化"）できることがあるのは自然なことである．このように，

描写されている状況の詳細について,「言語表現」の補足を含め,対話者の間には概念的なやり取り,"推論" が発生する.そして,それは「言語表現」を頭越しにする可能性を持っている.「相関モデル」はそのような可能性も組み込める体制となっている.それも,図 1 における「個人概念 a」と「個人概念 b」を結ぶ点線で示されている "推論" の意味合いである.

　このやり取りの例では,さらに,男の子が手を離してブランコから落ちたことが A さんによって確認され (5),「泣き出した」と追加情報を提供している.概念的に状況を把握した B さんは (6)「バランスを崩したんだね.」と解説まで試みている.「言語表現」そのものが脈略の共有を示しているが,同時に両者の「個人概念」が共有する "概念" が拡がっていっていることを示している.

　実際の言語コミュニケーションを観察してみると,「言語表現」には省略されていることがたくさんあり,そして,その省略がコミュニケーションの中で自然に補填されることが多い.ということは,A さんと B さんの間のコミュニケーションに見られるように,発話毎の情報の骨格は「言語表現」で表現されているにしても,互いに独立している複数の「個人概念」の間にはお互いに補填し合う部分も多いのが現実であると思われる.実際のところ,互いに既知の人間同志にとって,「言語表現」の責任は,「個人概念 a」と「個人概念 b」の連絡の一部分を担うだけとさえ言える側面がある.このように考えると,言語コミュニケーションにとって重要なことは,「個人概念 a」と「個人概念 b」(そこで受け取られた「言語表現」を "概念化" した内容と "推論" を含む)の間に共通する "概念" がそれぞれに必要なだけ確保されるか,ということになる.

　しかしながら,社会の中で実際にやり取りされる言語コミュニケーションにおいて,具体的に "言語化" されたものは "推論" にはない重要性を持っている.それは「言語表現」の公共性である.ある「言語表現」の記録や聞き手の証言があれば,そして,そこに何か社会的な問題が問われれば,それは公共的な問題となり得る.さらに,テレビや新聞のニュースな

どは，常に公共性を配慮しているはずである．マスメディアの聞き手は夥しい数に上るが，それはそれだけの数の「個人概念」を相手にすることになる．多様な「個人概念」の中には，価値観や発想においてさまざまな個性も含まれるであろう．そのような場合には一定の"公共性"を努力して保持するための基準が必要になる．当然のことながら，自然言語は人と人とのコミュニケーションを助けるために発生し，進化してきた．笑顔のように，言語以外にもコミュニケーションの手段はあるが，言語コミュニケーションはコミュニケーションの手段としては最も精緻なものになり得ると言えるだろう．そして，放送のようなまさしく公共的な社会活動にも耐え得る――多少ぎこちなさがあるとしても――と共に，個人的な会話のトピックを提供する役割も果たす．そのような社会的要求に対して，一方で公共的な「言語表現」を社会に流通させながら，他方で「個人概念」間の"推論"を活用できるという二つの経路を組み込んだ自然言語は人間社会に必要な情報を提供する媒体となる，人間らしい装置と言えるだろう．

「概念‐意味相関モデル」の図の"言語化"の矢印の先，「言語表現」に近いところでの日常的作業の対象となるのは，統語フレームに具体的な語彙項目がほぼ挿入された状態であると言えるだろう．ただし，そのような状況に到達するに当たり，我々自身の日常会話時の感覚では統語フレーム，語彙の選択を必ずしも意識的に行っていない場合がほとんどではないかと思われる．そこで，言ってしまってから，足りないと思う部分を追加することは珍しくないし，聞き手から内容に関する質問を受けることによって情報不足を補うこともあり，最初から完成した「言語表現」を目指している意識は，個人差はあるものの，それほど強くはないのではないかと考えられる．自分の発話を自分でモニターしながら随時追加や修正を加えるプロセスであるとも言えるだろう．発話時には，伝えたい"概念"をどのような表現にまとめるかについて概略的なアイデアを想起し，その構成素である句を構成する語を浮かべながら文を作るプロセスのようなものが基本であろう．しかし，同時に，話者の頭の中の思考の展開も並行して

進む可能性もあるし，どこまで言葉にしたかのモニターも必要であろう
し，一筋となった"言語化"の順序を想定することは難しい．複数の作業
が並行すると考えるのが現実的であろう．「相関モデル」の"言語化"の
矢印が代表するのは，このような複数の事項が交錯しながら，「言語表現」
を具体化するプロセスであると言えるだろう．

概念的やり取りの具体例 2（「言語表現」の役割が限定的な場合）

　「言語コミュニケーションの概念－意味相関モデル」の基本的な考え方
は，言語使用の根幹をコミュニケーションに求めることである．何を言
い，何を聞くかということは「個人概念 a」と「個人概念 b」のやり取り
であり，媒体として表面化するのは「言語表現」であるが，それを契機と
して両「個人概念」にどのような変化が生じるかがコミュニケーションの
結果であり，目的である．その際，記録として残る客観的な事実と言える
のは「言語表現」であるが，それを産出する側でも受ける側でも，実質的
な効果は「個人概念」の変化に見られる．そして，その効果は「言語表現」
によってのみ引き起こされるとは限らない．互いに「個人概念」の中でい
ろいろな知識や"推論"が働くのが自然であろう．次の例では，"推論"
を含めて最小限の「言語表現」が言語コミュニケーションを実現している．
　この例では，A さんと B さんが同じ部屋の中で別の仕事をしている．
ある時点で A さんに次のような思いが起こったとする．

　　　A さんの「個人概念 a」の中の状況把握と"推論"：室内が暑くなっ
　　　てきた．窓を開けたい．でもこの書類作成は急いでいる．そのこと
　　　は B さんも知っているはずだ．B さんに窓を開けることを頼もう．

　A さんから B さんへの「言語表現」：「窓を開けてくれない？」
|ケース 1|
これに対する B さんの「個人概念 b1」：A さんが自分に対して「窓を
開けてくれない？」と要請した．自分も暑いと思っていた．A さんは今

はあの急ぎの件で手一杯なはずだ．了解．

「言語表現」：「いいよ．」

行動：窓を開ける

ケース2

これに対する B さんの「個人概念 b2」：A さんが自分に対して「窓を開けてくれない？」と要請した．今の室温は適当だ．外は寒いのではないか．少し開けると言うことか？ どれ位開けてほしいのか，尋ねよう．

「言語表現」：「どれ位？」

ケース3

これに対する B さんの「個人概念 b3」：A さんが自分に対して何か言ったような気がする．確かめよう．

「言語表現」：「何か言った？」

　具体的，個別的な状況の中での実際の言語コミュニケーションとして，そして，共に既知の間柄にある人間同志のやり取りとして，A さん，B さんの立場，状況の認識にはすでにたくさんの知識が含まれていると考えられる．両者のいる部屋がどのような環境の中にあるのか，両者はどういう立場でどのような関係を持っているのか，それぞれどのような仕事をしているのか，今何時なのか，この部屋の周りは木々に覆われているのか工場が密集しているのか，… など．

　このような個別の状況はその場に居合わせる参与者にとっては改めて問題にすることでもないであろうし，言葉で確認することでもないだろう．環境，状況の認識として参与者の頭の中に具体的な概念的把握があるはずであるが，それらのことについて共通認識を一つ一つ言葉で表現する必要はない．A さんと B さんの状況認識は両者の「個人概念」にすでに含まれていると考えられる．このような背景的なことは「言語表現」そのものの言語的分析の対象には通常含まれないであろうが，現場のコミュニケーションを観察する視点には背景的な状況の理解も含まれねばならない．別

の言い方をすれば,「個人概念 a」と「個人概念 b」とのやり取りは「言語表現」だけで遂行されるわけではない. この具体例 2 の短い各やり取りが成立しているとすれば,それは状況の理解と互いの "推論" を踏まえているからであろう. つまり,「言語表現」そのものを解剖することによって言語コミュニケーションの内容を確かめるよりも,「個人概念」の反応を考慮に入れて言語コミュニケーションの意味合いを確かめるほうが現実的である.

　具体例 1 は具体的な状況を「言語表現」で詳しく説明する必要がある場合,具体例 2 はほとんど「言語表現」を使わなくても言語コミュニケーションが成立する場合である. このように,「概念 – 意味相関モデル」は,「個人概念」と「言語表現」という言語コミュニケーションを構成する別個の対象を認識することによって,実際の言語コミュニケーションを総合的に捉えることを可能にする枠組みと言えるだろう.

2.6. "言語化" における文脈

　文脈 (context) と呼ばれる対象はいろいろな視点から捉えることができ,その議論にもいろいろな種類のものがある. たとえば, *What is a Context? Linguistic approaches and challenges* と題した Rita Finkbeinr et al. (eds.) (2012: 1) がその序文で述べているように,「文脈という概念の諸側面を説明しようとする夥しい数の試みがあるが,その試みは極めて多様で,文脈の統一理論にたやすく収斂しない」(拙訳) 状況である. その中で,「相関モデル」における「言語表現」と「個人概念」の分立は文脈の多様性を整理する一つの枠組みを提供すると考えられる.

　「言語コミュニケーションの概念 – 意味相関モデル」(図 1:本章冒頭に再掲) では「言語表現」はその話者の「個人概念 a」から "言語化" と呼ばれるプロセスによって作り出されると考える. そのことに関連して,"文脈" にも「言語表現」のレベル (= "意味レベル") の文脈と「個人概念」のレ

ベル（＝"概念レベル"）の"文脈"を区別したい．前者は従来から「言語表現」によって構成される"文脈"として聞き手，あるいは読み手の側で蓄積されていくものであり，その内容は順次後続する文の解釈に対して"文脈"の役割を果たしていく．後者の"概念レベル"の"文脈"は，"意味"と"概念"を区別しない従来の文法観には含まれない考え方である．

「相関モデル」において，「言語表現」の源となる発信者は自分の「個人概念」に含まれる"概念"の中から相手に伝えたいものを「言語表現」の材料として選び出し，その"概念"を基に「言語表現」を構成する．その際，その「言語表現」の"意味"が「個人概念」から抽出する"概念"をうまく反映するように努める．そして，その「言語表現」を生み出した話し手の頭の中にあると考えられる"概念"を聞き手はその「言語表現」を解読することによって，また同時に，"概念レベル"で話し手の意図を探ることによって理解しようとする．

実際の具体的な状況としてはいろいろな場合分けをすることができるだろう．まず，今自分が話しかけようとしている人は以前から知っている人かどうか，知人であれば自分とどういう関係にあるか，言語コミュニケーションが進行，あるいは展開しようとしているなら，それはどういう場であるのか，話題は決まっているのか，…というようにさまざまな要素が考えられる．ここでは，例として，次のような具体的なケースを想定してみる：話し手 A さんと聞き手 B さんは職場の同僚でよく一緒に帰る．二人ともそろそろ帰宅する時刻である．そういう状況の中で，A さんが B さんに「ちょっと話があるんだけど，どっか寄って帰る時間ある？」と言ったとする．見ず知らずの人の間でこのような声掛けがあるとちょっと引かざるを得ないが，B さんは，よく知っている A さんが言ったことであるから，「話」とは何であろう，とか，「どこ」へ寄るかなどの具体的な中身はわからなくても，A さんの意図は大体掴める．

「相関モデル」では，A さんも B さんもそれぞれの「個人概念」を持っていること，このケースでは，B さんが今聞いた「言語表現」は一般的に

は情報不足であるが二人の間ではコミュニケーションが成立していること，さらに，B さんの頭には「あの話かな？」という類のことが浮かんでいるかもしれない，というようなことが具体的な考慮の対象となる可能性がある．言い換えれば，具体的な「個人概念」の間の"概念レベル"のやり取りが可能な"文脈"である．つまり，「言語表現」そのものに関わる文法的組み立てや語彙の選択に目を向けた"文脈"だけではなく，話し手がその「言語表現」をどのような概念プランの下で聞き手に向けているかという点での"概念レベル"における"文脈"も視野に入れることができるであろう．そこには，お互いが相手の「個人概念」の中身について，ある程度推測できる関係を持っていることも大きな助けとなるであろう．「相関モデル」はそのような要素も視野に入れている．

　図 1 に示されるように，「言語コミュニケーションの概念 – 意味相関モデル」の中では"言語化"は左側の A さんの「個人概念」から「言語表現」を作り出すプロセスとして描かれている．しかし，同時に，A さんの「個人概念 a」の中には右側の B さんの「個人概念 b」との過去の共通体験の記憶が残っている可能性が考えられる．（この"可能性"の実態は当事者のみが知っていることであり，観察者は推測するだけであるが，A さんの記憶の中で B さんと一杯飲みに行ったことがあるなら，その事例が B さんの記憶に残っている可能性は高いだろう．）つまり，A さんがいきなり「どっか寄って帰る」という「言語表現」を使ったとしても，日頃の A さんと B さんの個人的交流，そして両「個人概念」に含まれる過去の共通の記憶という"概念的"な"文脈"がこの「ちょっと話があるんだけど，どっか寄って帰る時間ある？」という A さんから B さんへの誘いの背景にあると考えられる．「相関モデル」が「言語表現」の自然さを両側で支える「個人概念」を想定していることは，言語コミュニケーションの"文脈"を「言語表現」の"意味レベル"だけではなく"概念レベル"でも捉えることのできる現実的な枠組みとなることを示唆している．

　このように"意味レベル"と"概念レベル"という縦方向に分かれる二

つの次元で文脈を捉えることは図 1 の右側，すなわち"概念化"のプロセ
スにも関わるが，その側面は次章 3.5 節（「"概念化"における文脈」）の中
で論じることにする．

　従来の議論，つまり，「相関モデル」の視点を持たない議論では，発話
の文脈として「相関モデル」で言う「言語表現」そのもの，およびその"意
味レベル"に注目するのが中心であろうが，当該のコミュニケーションが
成立する"環境"を文脈として考慮する状況もあり得る．たとえば，共通
の知人の子供が出る小学校の運動会の場で愛の告白を受けたことについ
て，「運動会を見ている時にそんなことを言うんだよ.」と言った場合，そ
の発言が運動会の場でなされたという"文脈"の捉え方に言及している．
このような広い解釈としての"文脈"の使い方は，「相関モデル」ではコ
ミュニケーションの"環境"という最も広い意味での"文脈"の一部と見
なすことができる．

　現実のコミュニケーションには「言語表現」以外の情報伝達手段も関わ
る．たとえば，話し手の顔の表情が「いいえ」という「言語表現」に取っ
て代わる場合もある．匂いが情報を持つこともある．本書で使っている
「相関モデル」は「言語コミュニケーションの概念 – 意味相関モデル」の短
縮形であり，"言語"によるコミュニケーションを扱うモデルであるが，
"推論"による"概念レベル"も包含している．そもそも，「言語コミュニ
ケーションの概念 – 意味相関モデル」の骨組みは「コミュニケーション一
般の概念 – 意味相関モデル」（1.3 節参照）を言語コミュニケーションに絞っ
たものである．つまり，人間社会の中での現実的なコミュニケーションの
媒体の一つとして言語という"形式"の特殊性を反映させているだけであ
る．表面的には音声でない手段を使うにしても，コミュニケーションの
"概念"レベルこそが人間にとっては必須であると考えるべきであろう（第
5 章で触れる手話はその具体的な現れの一つと位置付けたい）．

　そこで，「言語コミュニケーションの概念 – 意味相関モデル」では，"言
語化"の産物となる「言語表現」を産出する前の「個人概念」に含まれる

情報も「言語表現」の "文脈" として捉える．つまり，「個人概念」は「言語表現」を設計するに当たり，「個人概念」の内部にあるいろいろな種類の概念的資源を備えている．たとえば，これまでの B さんとのやり取りの経緯，A さんが知っている B さんの社会的活動の範囲や関心事，B さんの関心を惹くためにはどの程度の情報が必要か，などを考慮に入れながら，A さんの「個人概念」の中からどの "概念" を "言語化" するかの検討がなされるであろう．このような "概念" がすべて「言語表現」の "意味" に直接反映されるわけではないが，A さんの頭の中にこのような "概念" があることにより，相応しい表現が選択されるであろう．また，そのような，事前に考慮された "概念" も含めて，B さんの返答を A さんなりに解釈することができ，そのようなやり取りを経て言語コミュニケーションが深まると考えられる．「真意をはかる」という言い方があるが，B さんに対する A さんの発話に対して B さんがどのように対応したかの A さんの評価には A さん自身の「個人概念」を自分で参照することもあるだろう．1.1.3 節で「来週またパーティーを企画したのですが，どうでしょうか？」という A さんから B さんへの問いかけの例を出したが，それに対する B さんの返答（「言語表現」）を解釈するのに際して，A さんの「個人概念」には，たとえば，A さんと B さんの人間関係についての A さんの "概念"，前回 B さんが参加してくれた記憶などが参照されるだろう．また，「ああ，あれね」と B さんが発したことばの調子だけで，B さんの返答を "推論" する場合もあるだろう．このように，「言語表現」に関わる文脈には「言語表現」のレベルものだけではなく，発信者側の「個人概念」のレベルにおける "文脈" も関わると考えられる．

　この，B さんの返答に対する A さんの解釈は，発話を産出した B さんにとっても関心がある．話者交替の末 B さんが発話して A さんが理解するプロセスは上で述べてきたことと同様であり，方向が反転するだけである．しかし，話者交替は全く鏡像関係にあるだけではない面もある．その点については，次章 3.5 節で考える．

　「相関モデル」におけるこのような文脈の捉え方は，ほぼ同様に聞き手の側についても言える．今示した「来週またパーティーを企画したのですが，どうでしょうか？」という A さんから B さんへの問いかけの例は B さんにとっても同様な，しかし独自の事態である．つまり，B さんの立場から見れば，「来週またパーティーを企画したのですが，どうでしょうか？」という A さんからの「言語表現」を受け取って“概念化”することになる．B さんの「個人概念」の中には以前 A さんから聞いたパーティーの記憶はあると思われる．それは「ああ，あれね」（＝「言語表現」）という B さんの返答で示されることもある．しかし，この文字化ではそれ以上のことはわからない．現場では，それを B さんがどのような口調で言ったかによって A さんにはある程度出欠状況が把握できるかもしれない．いかにも残念そうな口調であれば，A さんは欠席と判断するかもしれない．他方，返事がまだだったけれど，予定には入れているよ，という状況を表すような口調であれば，出席と判断するであろう．いずれにせよ，B さんがその後にどう言ったかで A さんにも返事の内容ははっきりするだろう．

　このように，A さんにとっては，「ああ，あれね」という B さんの返答を受け取り，それを理解する（＝“概念化”）することになる．そのようなプロセスは B さんも経るのであるが，A さんの「個人概念 a」と B さんの「個人概念 b」の中身は異なる．このように「言語コミュニケーションの概念‒意味相関モデル」は言語コミュニケーションをその関与者の「個人概念 a」と「個人概念 b」の変化として把握する．そうすると，このやり取りにおいて A さんと B さんが把握する中身は異なるが，共有する“文脈”には共通する“概念”が含まれることになる．

　言語コミュニケーション活動のこのような側面を談話分析，あるいは社会言語学的な枠組み，あるいは語用論で分析するアプローチもあるが，具体的には，ある個人がどのような状況の下で，どのような相手に対してどのような「言語表現」を使うかにもともと関わっている事柄である．した

がって，「相関モデル」において「個人概念」と呼ばれる要素を探求することは，そのようなこれまでは別分野で一般化されている知見を内部に取り込むことになる，と言えるだろう．この知見は，現状としては独立した研究分野の光を当てることになるけれども，人の発話のプロセスの中にももともと組み込まれている要素であると考えられる．「言語コミュニケーションの概念 – 意味相関モデル」はその全体像を浮かび上がらせるような枠組みとなる潜在性を持っている．また，言語コミュニケーションにおける「個人概念」の関わりは，一般的な「言語表現」の"意味"が表すことの不足を補う可能性を示唆する．つまり，公共性優先の「言語表現」では丸められる内容に対して不足を予想して埋め合わせをするのは話し手の「個人概念」である．言い換えれば，話し手の A さんが設計した「言語表現」について B さんから何らかの質問が出た場合の答えはすでに「個人概念 a」の中にある可能性が大きい —— もし A さんが自分の発言に対して責任が取れるだけの準備を十分しているならば，であるが．

　「言語コミュニケーションの概念 – 意味相関モデル」が描く「個人概念」は「言語表現」の作り方を調整することにも関わる．「相関モデル」の視点に立てば，言語コミュニケーションを支えるのは「言語表現」のやり取りそのものだけではなく，"推論"も含め，当事者間に発生する概念的交流にもよると考える．言い換えれば，「言語表現」は言語コミュニケーションの表面的記録でしかない．「言語表現」を生み出すのは A さんであるから，その内容，つまり，A さんが B さんに伝えたいことは A さんの頭の中，つまり「個人概念」の中にあるはずである．聞き手の B さんも，A さんが発した「言語表現」は重要な情報ではあるが，それを理解することは A さんの「個人概念」の関連部分を推論することと一体であるはずである．このように考えると，「個人概念」にも「言語表現」にもそれぞれの"文脈"があると捉えることは自然なことであろう．

第 3 章

"概念化" とは

はじめに

　第 1 章で導入した「言語コミュニケーションの概念 – 意味相関モデル」（再掲〈図 1〉）における "概念化" は，A さんが発した「言語表現」を受け止めた B さんがその内容を「個人概念 b」を構成する追加的 "概念" として取り込むプロセスによって達成される．つまり，入力された「言語表現」の "意味" を基に新たな "概念" の形成，あるいは既存の "概念" の修正や強化を実行することによって「個人概念 b」に変化が生じることが言語コミュニケーションの実現であると考えるのである．

　（再掲）〈図 1〉　言語コミュニケーションの概念 – 意味相関モデル

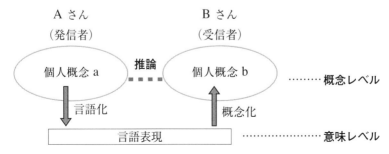

　「相関モデル」における"概念化"のプロセスは，前章で考察した"言語化"と真逆のプロセスなのであろうか．つまり，"概念"を「言語表現」に変換することと，「言語表現」を"概念"に変換することは対称的なプロセスであろうか．この問題は次章で総合的な観点から検討するが，ここでは，"概念化"のプロセスに何が含まれるかを確認しておきたい．

　まず，3.1節では，言語処理のモデルとしてよく取り上げられる Levelt (1989, 1993) のモデルと，ここで提案している「言語コミュニケーションの概念‒意味相関モデル」の基本的な違いを確認し，後者が何に注目しようとしているのかという議論を深めたい．その後，3.2節では「相関モデル」における"概念化"のプロセスが"言語理解"にどのような光を当てるのかをまとめ，3.3節ではメンタル・モデルや状況モデルが対象とする現象を確認し，「相関モデル」で位置づけられる「個人概念」の特質を掘り下げたい．3.4節で状況モデルと「相関モデル」の関わりを探り，その後，3.5節では産出前の"概念"，つまり図1の左側の"言語化"に先立つ"概念"の捉え方を示す．

3.1. 言語処理のモデル vs. 言語コミュニケーションのモデル

　本書で提案している「言語コミュニケーションの概念‒意味相関モデル」が"言語コミュニケーション"のモデルであるのに対して，Levelt (1989, 1993) のモデルは，人間の言語処理能力を構成するコンポーネントについてのモデルであると言えるだろう．端的に言えば，複数の人間の間のコミュニケーションをモデル化の視野に入れるかどうかが両者の基本的な違いであると考えられる．Levelt の言語処理モデルは，ひとりの人間について，どのような機能が発話を産出するプロセス，そして他者の発話を理解するメカニズムを支えているかを一般化して一つの図で表示しようとするモデルであると言えるだろう．まず，Levelt の言語処理モデルを概観し，その特徴をまとめておきたい．

Levelt の言語処理モデル

Levelt（1989: 9）の Figure 1.1 は下で図 6 として引用している Levelt（1993）の図よりも概略的な部分があるが，趣旨の基本は図 6 と同じであると言えよう．その概略的な部分とここで呼ぶのは，図 6 で言えば，左側の FORMULATOR（形式化装置）と対置される右側の PARSER の部分である．Levelt（1989）の図では，その枠には単に SPEECH-COMPRE-HENSION SYSTEM（発話理解システム）と書き込まれているだけであり，そのことは，その Levelt（1989）の図に A blueprint for the speaker（話し手の青写真）という表題が付けられていることでも示されるように，左側の発話生成のプロセスが主要なモデル化の対象となっていると言えるだろう．ここでは，Levelt（1989）のその図が改訂された Levelt（1993: 2）の Figure 1.1 を以下に図 6 として示す．

114

〈図 6〉　Levelt（1993）の言語処理モデル

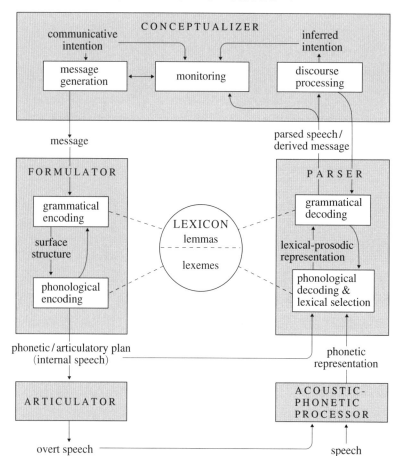

　図 6 に示した Levelt（1993）のモデルは産出と理解を実現させる人間の機能をひとつのモデルとして表しているが，これは一人の人間の言語処理能力をまとめて図式化しているだけであって，本書で提案している「相関モデル」のように言語コミュニケーションに参画する話し手側と聞き手側の区別を示すものではない．（図 6 の導入前に上で Levelt（1989）のモデルとの比較に言及したのはこの点を明確にするためでもある．）このこ

とを象徴的に示すのは，図 6 の右下に配置されている ACOUSTIC-PHO-
NETIC PROCESSOR（音響‐音声処理装置）には左側からの overt speech
（外部化された自身の発話）と共に speech からの矢印が入力されることであ
る．この speech は一般的な発話，つまり，他者の発話を指すと考えられ
る．このことは，人間の言語処理能力一般を構成するコンポーネントを抽
出することが Levelt のモデルの目的であり，「相関モデル」のように 1 回
毎の言語コミュニケーションの内容を流れとして表そうとするものではな
いこと示していると言えるだろう．すなわち，speech という言語行為を
処理する "能力" に言及しているだけである．この点については次の "言
語処理モデルと「相関モデル」の本質的な違い" と題したサブセクション
（pp. 121-126）でまとめるが，論点としては，時間軸を考慮に入れるか入
れないかの違いと言えるだろう．

　ここでは，まず，図 6 の Levelt のモデルの概要を整理しておく．図は
全体としてループになっているので，どこから始めてもいいのだろうが，
Levelt（1993）でもそうしているように，上部の CONCEPTUALIZER
（概念化装置）の中の左上にある communicative intention（伝達意図）から
から始めるのがいいだろう．その下の小さな白抜き四角形の中に示されて
いるように，message generation（メッセージの生成）が発話そのものの出
発点と思われる．CONCEPTUALIZER の真ん中に monitoring（モニタリ
ング）の箱が置かれている点については，後で述べるように，その位置づ
けに疑問が残る．

　メッセージは左側中央の FORMULATOR（形式化装置）に入り，gram-
matical encoding（文法的コード化）を経て surface structure（表層構造）が
形成され，それが phonological encoding（音韻的コード化）を経て internal
speech（心内発話）となり，ARTICULATOR（調音装置）に入り，発話
として顕現する．FORMULATOR における作業は図中央の LEXICON
（語彙目録）を参照する．Levelt の発話処理モデルでは，このように図左側
で出力された overt speech（外部化された発話）が右側の ACOUSTIC-

116

PHONETIC PROCESSOR（音響‐音声処理装置）に繋がっている．その
ボックスには，上でも触れたように，speech（発話一般）も入力となる．
overt speech と一般的な speech が共に ACOUSTIC-PHONETIC PRO-
CESSOR への入力として扱われるということは，この装置の一般的能力
を示していると考えられるが，上で述べたように，本書で提案している
「相関モデル」の話し手と聞き手を区別する観点から見れば，これは利点
というよりも弱点になると思われる．ちなみに，図の右下角にあるこの
speech は 1989 年のモデルにはなかった．自分が話す行為を自分の発話
処理にもどすことのほうが問題であるように思えるが，この概念図は特定
の発話対理解についてのものではなく，言語処理能力一般をまとめて記述
したものと考えるべきなのだろう．そのこと自体も本書で提案している
「言語コミュニケーションの概念‐意味相関モデル」の立場と異なる点に
つながると言えるだろう．

　図 6 の説明に戻ると，ACOUSTIC-PHONETIC PROCESSOR から出
力される phonetic representation（音声表示）は PARSER（構文解析プログ
ラム）に入力される．そこでは，LEXICON を参照しながら phonological
decoding & lexical selection（音韻的脱コード化及び語彙選択），grammati-
cal decoding（文法的脱コード化）を経て parsed speech / derived message
（解析後発話／派生メッセージ）が出力され，それが discourse processing（談
話処理）と monitoring の入力となる．discourse processing からは in-
ferred intention（推論された意図）が導かれ，それも monitoring の対象と
なる．

　このように，Levelt のモデルは発話処理のプロセスを構成するコンポー
ネントの相関関係をまとめたものであり，具体的な要素の"潜在的"な可
能性を示したものと考えられる．つまり，機能の連関と具体的な情報処理
の流れを重ねて表していると考えられる．したがって，たとえば，parsed
speech から discourse processing への矢印は，処理の段階を理念的に示
すと共に，具体的な情報の流れを表す可能性もある．つまり，この図は，

処理の段階を順序付けて図式化し，具体的な特定の情報の流れの可能性を表していると捉えるべきであろう．そして，これは発話処理のステップのモデルであって，実際の特定のコミュニケーションにおける情報処理の流れを個別的に表しているわけではないと考えられる．つまり，このような言語処理モデルは「言語コミュニケーションの概念 – 意味相関モデル」のように具体的な言語コミュニケーションを直接対象にしているものではないと捉えることができる．「相関モデル」が話し手と聞き手の「個人概念」を分けているのはコミュニケーションの実態を反映する．この点から言えば，下で論じるように，一人の頭の中の働きを整理してもコミュニケーションの分析にはならないことになる．複数の話者が関わって初めてコミュニケーションが実現する．

　図 6 の Levelt（1993）の発話モデルで示されているように，モデルの右側は発話理解に関連させている．しかし，「相関モデル」の「個人概念」に近い位置づけがされている CONCEPTUALIZER は発話産出（左側）にも発話理解（右側）にも関係付けられている．つまり，Levelt の図ではCONCEPTUALIZER が一つにまとめられ，これが理解と産出の両方を担当する言語能力の部品となることを表そうとしている．これを「相関モデル」の視点から見れば，二つの「個人概念」に分けて捉えられるべきところが一つの“概念化”の“領域”が担う図式となっている．つまり，Levelt にはコミュニケーションの視点は含まれていない．それに対して，「相関モデル」では二つの「個人概念」が区別されていて，図 1 に示されているように，A さん（発信者）が B さん（受信者）に「言語表現」を送る（口頭で述べる）コミュニケーションにおいて，「言語表現」を作り上げるのは左側の「個人概念 a」であり，その「言語表現」を受け取って理解するのは右側の「個人概念 b」であり，「個人概念 a」と「個人概念 b」はそれぞれ別の人間を代表する．一人の人間が発信側に立つことも受信側に立つこともあることは時間の流れの中で役割交替するとみなされる．これに対して，Levelt のモデルは言語コミュニケーションではなく，一人の

人間の発話と理解のメカニズムをまとめて考察の対象としている．現実を見れば，通常の言語コミュニケーションでは複数の人間が関わる．教室におけるコミュニケーションのように，一人の教師が伝えようとすることが複数の人間に届く場合もある．しかし，そのような教室の状況が典型的に示すように，一つの話を聞く複数の頭の中に生まれる"概念"がそっくり同じになることは想定し難い．「言語コミュニケーションの概念 – 意味相関モデル」はそのような現実を表すことができる．

　すでに何度か強調しているように，「相関モデル」は特定の1回の言語コミュニケーションを扱う．つまり，誰から誰へ何を伝えるのかの具体的で特定のプロセスをモデル化している．そして，社会の中では「個人概念a」と「個人概念b」は別人の頭の中にある．「発話」のモデルであるLeveltのモデルは，一人の人間の頭の中をモデル化しており，他人に話し，他人から話しかけられるCONCEPTUALIZER（概念化装置）は他人の発話をモニターすることと他者へのメッセージを生成すること両方のプロセスを合わせて描こうとする．しかし，実際にはそれは同じ場面で"同時に"行われるわけではないはずである．現実には時間の流れの中での処理であり，話し手としてコミュニケーションに関わっている時と聞き手としてコミュニケーションに関わっている時とは重ならないのが普通である．激しい言い合いになると話し手と聞き手が重なりながらその状況は乱れるのであるが，そのような状態をも説明しようとしているものではないだろう．落ち着いた雰囲気の中では，特定の「言語表現」を発する側と受け取る側の役割交替が進む中で言語コミュニケーションが進展する．「言語コミュニケーションの概念 – 意味相関モデル」はそれぞれの「言語表現」についてのコミュニケーションの成否を跡付けることができるが，Leveltのモデルでは特定のメッセージを発する側と受け取る側を区別する軸は埋め込まれていない．つまり，個人の言語使用の一般的プロセスを示すだけであって，具体的な時間軸上で展開するコミュニケーションを特徴づけるものではないと言えるだろう．

　それに対して,「相関モデル」は A さんの概念把握と B さんの概念把握が同じではない可能性を示せる. そして,「個人概念 a」の中にある意図によって「個人概念 b」の中に何らかの変化を生じさせようとする, つまり, この刺激と変化のペアこそが言語コミュニケーションの要諦であろう. そして, 刺激と変化の中身が A さんの意図通りになる可能性もあるが, そうならない可能性もあり, そこが人間の間の言語コミュニケーションの現実である. そのように考えると, Levelt のモデルはやはりコミュニケーションのモデルではなく, 人間の言語処理装置の時間軸を抜いた図式化を示すものでしかない.

　「相関モデル」において,「言語表現」を中心に置いて, その産出を目指す「個人概念」とその理解の立場に立つ「個人概念」を別のボックスとして表示していることは, 発話毎のプロセスを考えると自然なことである. 二人の対話であれば, 話者交替が起こるのが普通で, "言語化", "概念化" の矢印は発話毎に向きが変わることになる.「相関モデル」の表示はそのような言語コミュニケーションのプロセスを捉えることができる. 個々の発話の装置を考察するのに Levelt のモデルは有効であっても, 言語コミュニケーションのプロセスを説明をすることからは距離があると考えられる.

　上での概観では communicative intention から論評をスタートしたが, CONCEPTUALIZER には inferred intention (推論された意図) も含まれている. これは他者の発話に対する聞き手の推論である. 言い換えれば, 他者自身の意図は所与のものとして考察の外に置かれている. つまり, この図では, 理解は視野に入っていても, それが "誤解" である可能性は入ってこない. しかし, 実際の言語コミュニケーションにおいては, 誤解の可能性は現実的である. コミュニケーションの実態を捉えるには誤解の可能性も視野に入れるモデルが必要であろう.「相関モデル」では「個人概念 a」と「個人概念 b」が食い違う可能性は当然視野に入る.

　多少技術的な側面に言及するならば, Levelt のモデルでは, FORMU-

120

LATOR（形式化装置）の中の phonological encoding（音韻的コード化）と
ARTICULATOR（発話装置）が別のボックスで処理される流れになってい
る（図6参照）が，この考え方を動機付ける現象として，たとえば，英語
を話しているときに，play と well がまず話者の頭に浮かんで，実際には
way が口から出る例（Levelt（1989: 7, 231-232）など参照）などが視野に入っ
ていると思われる．しかし，そのような現象を発話産出の時間的ステップ
の中に反映させることは，すぐ上で述べたように，産出と理解の両方を説
明しようとする次元に留まる図6には基本的に組み込めないのではない
かと思われる．他方，「相関モデル」では，調音の指令（ARTICULATOR）
を「個人概念」に含めることになる．そして「言語表現」は物理的音声（あ
るいは文字）として外部に出る．「言語表現」が独り歩きする可能性を考
えれば，話者の内部にとどまっているプロセスと外部に現れた事象との区
別は本質的に必要であると考えられる．研究対象としての頭の中のこと
は，まだまだ基本的にブラック・ボックスの部分が大きいが，「言語表現」
が話者を離れて客観的な存在となる性格を帯びていることは明らかであ
る．このような点からも，言語コミュニケーションを分析するには，言語
表現を産出する側とそれを理解する側を対置させるモデルが必要であると
考えられる．Levelt の言語処理装置は，話し手と聞き手を合体して言語
処理のコンポーネントを関連付けようとするが，そのように発話時の時間
経過を超越した構想でありながら，ARTICULATOR を FORMULATOR
から分立するように，発話の段階分けには細かい時間的配慮をしようとす
る面がある．しかし，自然言語が異なる人間同士の間のコミュニケーショ
ンを助けるものである限り，そのモデルも時間の現実的な流れを反映でき
るものであることが必要であろう．

　発話は通常誰かに向けられているが，コミュニケーションは単に言語表
現が相手に届くことだけではなく，相手の何らかの変化（＝相手の「個人
概念」の変化）を目指している．Levelt は言語メッセージの発信，受信が
言語で行われることは，言語を処理する機構を持ち合わせねばならないこ

とを認識し，言語処理の機構を考える．しかし，一歩進んで，発話の意図
が伝わるということ，つまりコミュニケーションが成立するということ
は，意思疎通上，一段上のレベルのことである．つまり，文字を読むこと
において字面だけ追うことと内容を理解することの違いのように，他者の
発話を理解することは聞き手の「個人概念」の中に変化が起こることと考
えられる．「相関モデル」ではその働きの担当部署を「個人概念」と呼ぶ
が，要するに，話し手の意図が相手の「個人概念」に組み込まれることが
伝達の達成と考えられる．「相関モデル」はまさにそのレベルでの「個人
概念」間の交流を考える．言い換えれば，言語的解読のレベルを超える
「個人概念」間の交流を言語コミュニケーションと呼ぶ．

言語処理モデルと「相関モデル」の本質的な違い

　Levelt の言語処理モデルが自然言語を扱う個人の能力をその処理の段
階を追って描こうとするのに対して，本書で提案している「言語コミュニ
ケーションの概念–意味相関モデル」は，「言語表現」を介して話し手と聞
き手という当事者がそれぞれの頭の中に持つ「個人概念」の中にどのよう
な変化を発生させるかを跡付けようとする．つまり，Levelt のモデルが
個人の言語処理能力を描こうとするのに対して，「相関モデル」は複数の
人間の間に展開される言語コミュニケーションを描こうとする．共に自然
言語の仕組みに関心を寄せるのであるが，前者は一人一人の頭の中で展開
される作業を説明しようとするのに対して，後者は言語そのものの振る舞
いの自立性と，言語を使ってコミュニケーションを実現しようとする人間
の能力を区別した上で両者を関係づけることによって，その全体を明らか
にしようとする．従来，言語学は言語の振る舞いの自立性を明らかにしよ
うとしてきたが，コミュニケーションに言語を使う能力については心理学
のほうが関心を示してきたように思える．しかし，言語処理能力をコミュ
ニケーションとの関わりを視野に入れて考察することについては，言語学
も心理学もまだ十分でないように思える．その点で，本書の試みはその狭

間を埋めようとする試みと言えるかもしれない．つまり，Leveltの言語処理モデルが言語コミュニケーションのダイナミズムよりも個体としての人間の言語処理に関わる能力に注意を向けるのに対して，「言語コミュニケーションの概念−意味相関モデル」は，「言語表現」と「個人概念」を分立させ，そして「言語表現」を通して相手の「個人概念」を互いに参照し，働きかける営みを言語コミュニケーションと呼び，そこで展開する「個人概念」間のやり取りに注目する．

　「言語コミュニケーションの概念−意味相関モデル」では，複数の「個人概念」と「言語表現」を原理的に切り離すことによって，時空間的に特定化される個別的なコミュニケーションの成果を確かめることができる．つまり，たとえば誤解が発生した場合，当該の「言語表現」のどの部分について「個人概念a」と「個人概念b」の間にどのような食い違いが発生したかを，それぞれの「個人概念」の概念的背景を含めて探ることができる．その際，「相関モデル」を枠組みとして活用することによって，「個人概念」が「言語表現」を産出したり，理解したりするプロセスを具体的に跡付けることができる．また，逆に，最小限の「言語表現」でどれだけのことが伝わるかを「個人概念」の中身を把握することによって確認することもできる．「相関モデル」のように「言語表現」につながる「個人概念」を説明の道具に加えれば，それを媒介として話し手の発話意図と聞き手の理解が一致することを目差すのがコミュニケーションであると捉えることができる．そして，コミュニケーションの両当事者の"概念"の一致を実現できるかどうかは「言語表現」を各「個人概念」がどのような"概念"に結びつけるかによることになる．

　各々の「個人概念」は異なる人間の頭の中にあるので，一つの「言語表現」にどのような"概念"を関連させるかがそれぞれの「個人概念」で異なる可能性は常にある（本書における"概念"と"意味"の区別については1.1.1節の図2参照）．話し手と聞き手は「言語表現」を交わすこと（＝コミュニケーション行為）によってそれぞれの頭の中にある「個人概念」に共通す

る "概念" を作ろうとする．つまり，「相関モデル」の捉え方では，「言語表現」を通して「個人概念」間のやり取りをするのが言語コミュニケーションである．Levelt のように一人の人間を中心に考えれば，話す能力と聞く能力がどのように関連するのか，自分の発話にしても他人の発話にしてもそれをモニターする機構はどのようなものであるのか，が関心の中心になるかもしれないが，基本的に言葉はコミュニケーションのために必要なものである．その観点から見れば，Levelt のモデルは他者との言語コミュニケーションに関わる諸要素を十分に考慮していないと思われる．言い間違いの現象に関心を持つ Levelt は，self-monitoring（自己モニタリング）や repair（修復）の現象を言語処理モデルに含めようとするのであるが，コミュニケーションを視野に入れると別の方向に注意が広がる．

　たとえば，日常生活の中で，話し手による言い間違いが聞き手の側で勝手に修復されることがある．言い間違いの修復は心理言語学にとって興味あるトピックではあるが，言語コミュニケーションの視点に立っても，相手による修復は興味ある現象である．また，「相関モデル」においてはどちらの問題も「個人概念」に関わることとして捉えることができる．「言語表現」のうっかりミスは発話者の「個人概念」が「言語表現」を整える段階の最後のほうで起こるものであろうし，聞き手による修復は聞き手の「個人概念」に相手の "概念" が取り込まれる段階で文脈の理解が先行する場合と言えるであろう．いずれも，「相関モデル」のような「個人概念」と「言語表現」を分立させる枠組みでは言い間違いは話し手自身の「個人概念」と「言語表現」の狭間で発生する可能性があり，そうすると，本質的に「言語表現」のみに関わる現象かどうかは疑わしいことになる．

　前章で論じた "言語化" にしても，本章で論じる "概念化" にしても「個人概念」と「言語表現」の関係を踏まえることが鍵となる．ただし，"推論" については，"概念化" のプロセスのほうが活用の度合いは大きくなると考えられる．たとえば，「やっぱり雨になったね」という A さんの発話を "概念化" するに当たって，B さんは「やっぱり」という表現に結び

124

つく過去の会話なり事例を想起し，A さんもそのことを踏まえているのであろうと"推論"するような可能性が大きい．"言語化"においても，相手が知っていることを前提に話したりすることはあるので，"推論"の経路を使うことはあり得るが，後で論じるように，一般的に，"概念化"における"推論"のほうが聞き手の理解への直接的な関わりが強いと思われる．

　「言語コミュニケーションの概念‐意味相関モデル」は，言語コミュニケーションの理論であるから，一つの「言語表現」に関係する話し手と聞き手がそれぞれの「個人概念」に同じ内容を持つことを必ずしも想定しない．話し手と聞き手の間で話の飲み込み方が異なることもあり得る枠組であると言える．図1に示されるように，一つの「言語表現」を送り出した「個人概念」とそれを受け取った「個人概念」の中身が一致しないことを示せるのが「相関モデル」であり，それは現実の姿を反映していると考える．

　Levelt（1989: 12 章）は発話時の自己モニターの対象として次のような項目を挙げている：

- ・このメッセージ／概念はこの時点で表明したいのか？
- ・これが自分の望む言い方か？
- ・自分が言っていることは社会的基準に合っているか？（言語使用域の適切さ）
- ・語彙的誤りをしていないか？
- ・統語論的，形態論的に正しいか？
- ・音形式の間違いをしていないか？（発音の間違い）
- ・声の速さ，大きさ，精確さ，滑らかさは適切か？

　そして，Levelt（1993: 2.5 節）では，自己モニターが実行され得るコンポーネントとしては，図6の message, internal speech, overt speech の3か所が考えられている．この3か所はいずれも図6の左側にある．このことは，図1の「言語コミュニケーションの概念‐意味相関モデル」

における「個人概念 a」の領域に含まれる．「個人概念 a」は他者に向けて「言語表現」を産出する主体として位置づけられている．この特徴は Levelt のモデルと「相関モデル」に共通するように見える．しかし，Levelt（1993: 同節）では，自己モニターの対象となる internal speech は直接 PARSER に入るルートもあるし，ARTICULATOR を経由した overt speech は ACOUSTIC-PHONETIC PROCESSOR を経て PARSER に入るルートもある．つまり図の右側で処理される．右側は Levelt のモデルでは，他者からの発話を処理する部門である．これは，Levelt の言語処理モデルが話者と発話の関係に特化しており，言語コミュニケーションを扱ったものではないことを示す．つまり，「相関モデル」では，「個人概念」は時間的流れの中で聞き手の立場に立つか話し手の立場に立つかのどちらかである．つまり，Levelt の用語を使えば，A さんが発話するときは A さんの FORMULATOR が稼働し，B さんは PARSER を稼働させ，話者が交替すれば，逆に B さんの FORMULATOR が稼働し，A さんは PARSER を稼働させることになる．（「相関モデル」では CONCEPTU-ALIZER に相当する機能は「個人概念」の中にあり，受け取った「言語表現」の"意味"を"概念化"する．）つまり，「相関モデル」では，「個人概念」の内部で，FORMULATOR と PARSER に相当する機能は話者交替に合わせて出番が変わり，それに連動して CONCEPTUALIZER が協働するサイドが変わる．つまり，同じ頭の中にある機能でも話す立場に立つ時と聞く立場になる時とで活用の焦点が変わることになる．もっとも，コミュニケーションにおいて話すことと聞くことが常にきっぱりと別れるものでもない．しかし，それぞれの機能が向けられる先が自分であるか他者であるかは，コミュニケーションに伴う個人の属性，生活環境，立場，背景などの違いに絡み，「言語表現」の解釈にもそれらが影響する．一言にまとめれば，言語コミュニケーションは単に音声を出すか他人の音声を聴取するかだけではなく，もっと幅の広い活動であると考えるべきであろう．

126

　「相関モデル」において言語とコミュニケーションのどちらが主要関心
事かと言えば，やはりコミュニケーションを主要関心事と考える．その点
で Levelt の考察そのものは幅広いとしても，モデルとしては言語表現を
中心に置き過ぎているのではないかと思われる．本書ではコミュニケー
ションの枠内での自然言語の振る舞いを捉えたい．大部の Levelt（1989）
が *Speaking: From Intension to Articulation* と題されているように，
彼の最大の関心事は"話す"ことに関わると思われるが，本書で提案してい
る「言語コミュニケーションの概念－意味相関モデル」では"話す"こ
とと"聞く"ことが，時間の流れの中で交替し，それに応じて別の個人に
属す「個人概念」によってコントロール，あるいはモニターされると考え
る．まとめれば，「相関モデル」は，Levelt のモデルの中の CONCEPTU-
ALIZER に"人格"を持たせようとする，と言えるだろう．

　人間の言語処理能力の本質は言語コミュニケーションを成立させること
にある．その点で Levelt の言語処理モデルが二次元的だとすると，「相関
モデル」は三次元的であると言えるだろう．つまり，Levelt のモデルは二
次元的に言語能力を分解し，その構成要素を平面上に並べる．それに対し
て，話し手と聞き手を分けて考えることができる「相関モデル」が想定す
る「個人概念」と「言語表現」は時間の流れを組み込んでおり，時間軸を
含む．その点で，機能の平面に時間軸が加わり，三次元的であると言える
だろう．

3.2. "概念化"という"理解"の幅

　「言語コミュニケーションの概念－意味相関モデル」において「言語表
現」を"概念化"するプロセス（図1では「言語表現」から「個人概念 b」
に入り込む矢印によって示されている）とは，その内容を聞き手が自分の
「個人概念」の中に取り込むこと，すなわち，"理解する"こととなる．そ
して，これは"自分なり"に理解することである．「言語形式」の"意味"

は，辞書などに表されているように，一般化によって社会性を与えられている．「言語表現」の客観性は言語社会の維持のためには不可欠である．しかし，コミュニケーションがすべて予定調和的に"形式"と"意味"のペアで表現されることは人間の想像力を否定することになる．だからと言って，好き勝手にコミュニケーションを図っては相互理解が難しくなる．そのような相矛盾する方向性にどのようにして秩序を与えるのか．「相関モデル」においては，「個人概念」がその矛盾を収める装置として働いていると考える．「個人概念」は"自分なり"の理解に走る可能性を持っているが，それでいて，コミュニケーションの秩序を確保することに貢献する姿勢を備えている．つまり，言語社会を構成するメンバーは，「個人概念」間のやり取りを通して「言語表現」の"理解"の幅と深さを限定し，「言語表現」の安定性を高めようとする姿勢をコミュニケーション能力の一部として生得的に持っていると考えられる．それは，他者を意識することとも言えるだろう．

「個人概念」は，「言語表現」の（言語的）"意味"を理解するだけではない．「相関モデル」の枠組みに立脚すれば，従来，語用論と呼ばれる領域で議論されるようなことや，「言語表現」そのものの背景にある状況的要因も，言語コミュニケーションに伴う事柄として「個人概念」の視野に入って来る．そのことは，自然言語によってもたらされる秩序の実現でもあり，「言語コミュニケーションの概念‒意味相関モデル」はその実態を表す枠組みと言えるであろう．

[1] A さん（発信者）が発した「言語表現」の中身に対する B さん（受信者）の推論

当該の「言語表現」によって A さんが B さんに伝えようとする「個人概念 a」に含まれる意図や狙いを B さんが"推論"で探るような場合，たとえば，A さんの「考えておきます」という発言を"実質反対"という"概念"で捉えるべきかどうかを B さんが検討するような場合のことであ

る．これは，図1で示されているような「個人概念 a」と「個人概念 b」
の間の“推論”のルートを B さんが活用することとして捉えられる．図
の中で“推論”を示す点線には矢印が付いていないが，これは随時どちら
方向へも作用することが考えられるし，また，特に方向性を考えなくても
よい側面もあるからである．A さんの「考えておきます」にしても，その
表現を選んだ A さん自身が，'B さんにはこの言い方で自分の意図が伝わ
るだろう' というような“推論”の活用を意識していたかもしれない．ま
た，いずれの側でもそのような“推論”を自分勝手な“推論”と自覚して
いるかもしれないし，確実さにしても必ずしも 100％の確信を持っている
わけではないかもしれない．「言語表現」として表に出ないことについて
は，他者には確固とした証拠は残らない．もっとも，もし発信者が意思疎
通の確度を上げたければ，ウインクをしたり，顔や声の表情で何らかの示
唆を与えたりするかもしれない．「相関モデル」の視点に立てば，どの可
能性も考慮に入れることができる．

[2]　A さんの考え方，表現スタイルについての B さんの馴染み加減

　日頃から接触する機会が多い A さんと B さんの間のコミュニケーショ
ンであれば，その場の状況などに基づいて B さんは A さんが発した曖昧
さのある「言語表現」の意味合いを期待通り理解する可能性が高くなる．
たとえば，A さんが B さんに「二回戦を突破したのは立派だったね」と
いう「言語表現」を使った場合，「立派だったね」が称賛か揶揄かは，“い
つも一回戦で敗退しているのに”という気持ちが A さん，B さんに共有
されているか，それとも “優勝候補だったのに”という気持ちが両者に共
有されているかによる．つまり，B さんがどのように解釈するかは，B
さんが日頃から A さんの考え方，表現スタイルにどれほど馴染みがある
かに関わる．このように，「個人概念 b」に発生する“概念”は，その時の
「言語表現」の情報だけではなく，日頃から聞き手と話し手がどの程度接
触しているかにも依存する．「相関モデル」における“概念化”は，当該

のコミュニケーションに関わる者それぞれの「個人概念」について"推論"する可能性があることから，BさんがAさんの「個人概念」に目を向ける可能性もある．それによって，Aさんの「言語表現」が称賛か揶揄かを自分なりに判断することができるであろう．

[3] Bさんの人間分類の反映

Bさんに向けられた発話の解釈に当たって，発話者がAさんであるかCさんであるかによってBさんの対応が変わる可能性がある．すぐ前の[2]でも，日頃のAさんとBさんの接触による相手の考え方の把握について言及したが，複数の異なる相手が発した「言語表現」を理解する点でも，同様な過去の対応への参照があるであろうし，もう少し一般的な人間の"性格分類"のような面もあるだろう．たとえば，Bさんの見立てとしてAさんは"とても真面目な人"であるとするなら，たとえば，そのAさんが自分に対して「今日は若く見えるね」と言ったとしたら，'この新しい服のせいかな'とか，'顔色がいいのかな'とか思うかもしれない．他方，冗談の好きなCさんが同じことを言っても，'冗談が好きだな'と思うだけかもしれない．このようなBさんの反応は，Bさんの「個人概念」の中で，Aさん，Cさん，…などのパーソナリティについての捉え方に関する"概念"が動員されていることの現れと考えられる．このような捉え方は，他人の性格を一般化したBさんの人間分類を反映すると言えるだろう．

[4] Bさんの経験に基づくコミュニケーション行為の評価

AさんとBさんは長らく交流があり，Bさんの頭の中にはAさんとの過去のやり取り，あるいはその蓄積から一般化しているAさんの話し方に対する一定の印象があるとすると，Aさんの新しい発話の受け止め方にもそれが影響する可能性が考えられる．たとえば，いつも丁寧な口調で話すAさんが「おかしいんじゃないですかね！」ときつい口調で話し

かけてきたとすると，それだけで B さんは身構えるかもしれない．このような，いつもと違う発話パターンに遭遇すると，B さんの「個人概念」に蓄えられている過去の記憶が揺さぶられるかもしれない．一般的に，口調も発話の属性の一部で，それなりの解釈を引き起こすが，過去のパターンとの比較は受信者の「個人概念」の中での話になる．「相関モデル」はこのような受信者の反応も"概念化"のプロセスの一部として跡付けることができる．

　このように，「言語コミュニケーションの概念‐意味相関モデル」における"概念化"は一般的に"言語理解"と呼ばれることに相当するが，「相関モデル」が扱うことのできる対象は広く，「言語表現」の"意味"を取り込むことに限定されない．それは現実のコミュニケーションでは当然のことである．従来は文法的事象からはみ出る現象を扱う語用論，社会言語学，心理言語学などに任されていたことも，「相関モデル」の下では一連の現象として整理できる．上記 [1] のようにコミュニケーションの相手の「個人概念 a」を"推論"で探ること，[2] のように，話し手の考え方や表現スタイルに対して聞き手に馴染みがあることや，[3] のように聞き手の人間分類がコミュニケーションの遂行に反映されること，[4] のように，話し手の口調の変化をその人に対する過去の観察記録を基に解釈できること，などが「個人概念」という領域を設定することによって言語コミュニケーションの場面毎に説明される．同じ「うれしいですよ」という「言語表現」でも，それに伴う顔や声の表情，発話のイントネーションや力強さが聞き手に与える印象が重要な意味合いを持つことが，それらの基にある「個人概念」を理解しようとする聞き手の姿勢によって聞き手の「個人概念」の中に自然に浮かび上がる現象であることが説明できる．一般的な口調の意味合いだけではなく，過去のやり取りに情報を求めることは個人的な反応を考慮することにもなる．このようなことは，「個人概念」に蓄積される．それは社会言語学的に一般化されることの個別的源泉とも言える

だろう．また，「相関モデル」は，手紙などの書き言葉に比べて物理的に
相手に直面することが理解の深さに影響することも説明できる．「相関モ
デル」は，「言語表現」の"形式"に直結した"意味"だけではなく，当該
のコミュニケーションに関わる人間について互いに抱ける"概念"を動員
することができる枠組みである．そしていろいろな種類の情報を"概念"
としてまとめる人間の"理解"全体を反映すると考えられる．

　言語組織の中に組み込まれている代名詞，たとえば日本語であれば，
「あれ」「そこ」などの代名詞に加えて，普通名詞が代名詞の役割を果たす
ことがある．対話者の間で特定の教授であることが了解されている人を
「先生」という表現で指したり，生まれ育った町のことを「田舎」という表
現で指したりする場合である．このようなケースを"アドホックな代名詞"
と呼ぶことにすると，その特徴はある特定のコミュニケーションの中での
み有効に機能する点である．（もし有効に機能していなければ，そのコ
ミュニケーションは未完である．）つまり，話し手が使った「先生」や「田
舎」という表現が具体的に何を指すかが当該のコミュニケーションに関わ
る聞き手の頭の中にも浮かんでいるかどうかを問題にできる．このような
状態は，"概念化"が，聞き手の側だけではなく話し手の側でも起こるこ
とを示唆する．この"概念化"はさらに広く解釈することもできる．たと
えば，今の例で，聞き手の頭の中に「先生」＝「○○先生」と具体名が浮
かんでいなくても，話の流れから話し手にとっては間違いなく特定できる
人物であることが了解できればそれで解釈は成り立つ．あるいは，「田舎」
が具体的にどこを指すかを知らない聞き手にとっても，「田舎」で言及す
る"概念"が了解できればコミュニケーションは進行する．つまり，聞き
手の側で「先生」や「田舎」という表現が指す対象を直接知らなくても，
何らかの"概念"が浮かべばそれなりにコミュニケーションは進行する．
「言語コミュニケーションの概念−意味相関モデル」の「個人概念」はこの
ような，具体的なコミュニケーションに直結するいろいろな特徴を説明す
ることができるのである．

3.3. 「個人概念」の働き

　この節では，「相関モデル」が説明しようとする言語コミュニケーションにおいてその秩序を保つ根幹となる「個人概念」の働きを先行研究に照らして位置づけてみたい．ここで取り上げるのは，主として Johnson-Laird (1983) と van Dijk and Kintsch (1983) の提案であり，彼らの視点から，「個人概念」の捉え方を掘り下げてみたい．それぞれの提案として，前者は"メンタル・モデル"，後者は"状況モデル"と呼ばれる枠組みに注目する．

　"メンタル・モデル"の議論は三段論法のような抽象的な論理を人間がどう扱っているか，というような話から始まるが，わかりやすい例を考えれば，次のような領域に関心があると言えるだろう．たとえば，田中さんがオフィスを出るのは午前中，鈴木さんがオフィスに来るのは 13 時以降だと聞いた人の「個人概念」は，そうするとこの 2 人は顔を合わさないことになる，と理解するであろう．人はこの結論をどのようにして導いているのであろうか．頭の中で時間軸を考え，"午前中"と呼ばれる時間帯と"13 時以降"という時間帯を並べてみると，その間に隙間がある．この隙間と，時間の流れの中での人間の動きを重ねると「2 人は顔を合わさない」という結論が出てくる．つまり論理的な思考が背後にある．Johnson-Laird らはこのような頭の中での事態の把握を"メンタル・モデル"として説明しようとする．その試みは次のようにまとめられる．

> Mental models emerged as theoretical entities from my attempts to make sense of inferences, both explicit and implicit. ... It is now plausible to suppose that mental models play a central and unifying role in representing objects, states of affairs, sequences of events, the way the world is, and the social psychological actions of daily life.
>
> (Johnson-Laird (1983: 397))

（メンタル・モデルは，明示的，非明示的な推論を理解しようとする私の試みから理論的存在物として生まれた．対象，事態，一連の出来事，世界の有り様，そして，日常生活の社会心理学的行為を表示する際にメンタル・モデルが中心で統一化する役割を果たしていると想定することが妥当と思われるようになっている．）（拙訳）

　他方，人間は上で述べたような事態を，たとえば日本語では，"すれ違い"あるいは"行違い"という"概念"でまとめることもできる．"すれ違い"という"概念"を論理的に説明すれば，その一つは，まさに上で例示したような時間軸上の論理が支えている．人間によるいろいろな推論を抽象的に整理して明確にすることは人の頭脳の論理的な機構を明示することになるので，それはそれで有意義な試みであることは確かである．しかし，日常言語との関わりの視点に立てば，"すれ違い"という"概念"で処理できる「個人概念」の仕組みを探求することも意義深いことであるように思える．

　"すれ違い"という"概念"は，上で述べたように，時間の流れや時間的ずれを捉える論理を組み合わせる点で高次な論理を反映している．メンタル・モデルはそのような論理を確認しようとするのであるが，人間の言語能力を支える生得的な論理は，"すれ違い"のような，論理構造的にいくつかの計算を踏まえた"概念"を自然言語理解の中で処理しているように思われる．メンタル・モデルの理論はそのような論理を整理しようとしているのであるが，「言語コミュニケーションの概念 - 意味相関モデル」における「個人概念」の領域にもそのような"計算力"が備わっていると言えるだろう．この節では，「個人概念」の中で，自然言語の表現に直結する"概念"がどのように理解され，保持されているかに注目することによって言語コミュニケーションを支えている「個人概念」の構成要素について考えてみたい．「個人概念」が扱う"概念"には"すれ違い"のようなまとめ的な表現に相当するものだけではなく，いろいろな種類の"概念"

134

が関わると考えられる．

"メンタル・モデル"に比べると，"状況モデル"は「言語表現」にもっと近いレベルで"状況"を捉えようとしていると思える．その点で「相関モデル」と親和性が高いと言えそうである．Kintsch が Tapiero（2007）の序文（p. xvi）で述べているように，「テキスト理解は語で始まるがその結果は純粋に言語的ではなく，言語的，非言語的な表示を巻き込むメンタルなモデルである．（しかし，）*mental model* という用語はさまざまな目的のためにさまざまな使われ方をしているので，van Dijk と私（Kintsch）は状況モデル（*situation model*）という用語を作り上げた（拙訳）.」本書で提案している「言語コミュニケーションの概念‐意味相関モデル」においては，「言語表現」を受け取る「個人概念」がそれをどのような概念にまとめる（＝"概念化"する）かに関心があるので，"メンタル・モデル"よりも"状況モデル"の視点に近いと考える．つまり，"状況モデル"は「個人概念」の中身を探る作業と親和性を持つ．

ここでは，まず，発話理解において聞き手にはどのような種類の作業が求められるかについてまとめておきたい．聞き手が対処すべき事柄として van Dijk and Kintsch（1983: 333-334）は次のような項目を指摘するが，その整理の仕方に従えば，「相関モデル」の枠組みにおいては，「個人概念」が担う作業をどのように説明することができるであろうか．まず，van Dijk and Kintsch の指摘をまとめると次のようになる．

〈1〉 入力音源を音素，形態素，節として解釈する．それらの構造に意味を付与する．語彙項目毎の処理は最速 100 〜 200 msec.

〈2〉 同時に，句を文に結合し，文間に首尾一貫した結合を確立し，断片のトピック／テーマを決めるためにマクロ構造を導く．

〈3〉 これらの解釈は一般的／エピソード的な世界の知識に依存する．それらを探り，選択的に活性化し実例化する．局所的および全体的な首尾一貫性を確立するために知識ベースの推論が必

要.

〈4〉 さらに，聞き手は，典型的な社会状況，話し手，相互行為のタイプ，発話行為条件に関する多様なデータを求めてコミュニケーション文脈をスキャンする．これらのデータの解釈は記憶に依存する（たとえば，話し手に関するエピソード記憶）．

〈5〉 これらの解釈の多様なレベルは互いにリンクされねばならない．表面的なシグナルは，標準的な語彙的，統語的解釈に関係するだけではなく，マクロ構造，発話行為のタイプ，およびさまざまな相互作用の特性を表現するためにも使われる．同じことは，統語論，意味論，語用論間の他の関係にも当てはまる．

〈6〉 これだけでも忙しいのに，聞き手は解釈プロセスをコントロールするのに必要なさまざまな情報要素を追って行かねばならない：たとえば，相互行為の枠組み（'これは授業'，'これは裁判'），マクロ発話行為，意味的マクロ構造，スキーマ的な超構造，そして，文体的，修辞的包括的な他の全体的素性．

〈7〉 これらのプロセスを実行するには，知識を活性化するだけではなく，談話の内容や意図を評価するために，自身の意見，態度，価値観，情動などが活性化されていることも必要であろう．

〈8〉 最後に，しかし，これも同時に，聞き手は自分の願い，関心，目標，プランを追って行かねばならない．それらは，理解プロセスの他のすべての成分をモニターする機能も果たす．

　それでは，発話理解にどのようなプロセスが関わるかについてのこのような van Dijk and Kintsch の捉え方を「言語コミュニケーションの概念－意味相関モデル」の視点から整理すればどのようになるであろうか．

　〈1〉と〈2〉は音声，統語，談話構造の処理として，「個人概念」の中の，「言語表現」を取り込む辺り，つまり図1で言えば，"概念化"の矢印が「個人概念 b」に入り込む辺りで行われる処理と言える．「相関モデル」で

は，この部分も「個人概念 b」の一部と考える．Levelt（1993）の言語処
理モデル（図6，p. 114）では，右側の PARSER のボックスから CONCEP-
TUALIZER の中の monitoring のボックスにかけての働きが「相関モデル」
の "概念化" の初期段階に相当すると考えられるが，Levelt のモニター機
能は message generation に関わる度合いが強く，他者の発話の理解（＝
本節で問題にする "概念化"）に十分注意が向けられているとは思えない
（Levelt, Roelofs and Meyer（1999）等も参照）．たとえば，3.1 節（p. 120）で
言及したように，Levelt（1989: 2）が例示する，play と well が way と
して誤って発音されるような T of T（tip of the tongue）の現象はそれ自
体，心理言語学的な問題として興味深いが，「言語コミュニケーションの
概念−意味相関モデル」の視点から見れば，T of T の現れにかかわらず適
切に概念的把握がなされることのほうがコミュニケーションにとって重要
なのであって，聞き手の側での「言語表現」の "概念化" についてもっと
深く考察する必要があると思われる．

　〈3〉はディスコース理解とその背景となる知識の不可分な関係を指摘し
ている．「相関モデル」にとっても，「個人概念」に含まれる知識はその個
人がそれまでの人生で獲得した経験を基盤としており，当面の入力「言語
表現」の字義的な解釈に留まるものではないと思われる．状況モデルでも
世界に関する知識を考慮に入れているが，「相関モデル」では聞き手の個
人的な経験も含めることになる．実際の日常的なコミュニケーション場面
では単に百科事典的な知識だけではなく，話し手との個人的な接触の蓄積
も発話の理解を支えると考えられる．そのような個人的な経験の蓄積は
「言語表現」を産出するにも理解するにも不可欠な要素となると思われる
が，「相関モデル」の「個人概念」には文字通り "個人" 的な経験の記憶の
蓄積が含まれていると言える．

　〈4〉は，〈3〉が百科事典的，一般的な知識に目を向けているのに対して，
特定の個別的状況を取り込んだり，話し手との個別的接触に関する経験を
中心とした個人的記憶を調べたりすることに目を向けている．「相関モデ

ル」の「個人概念」は「言語表現」の産出と共に属人的であり，基本的に
個別，特定の現象を扱う.[1] 状況モデルは事象を一般的なものとして扱う
ことを目指しているが，「相関モデル」はそのような一般的な事象も扱う
と共に，日常的には主に特定の場面での特定の言語的やり取りに注目す
る．したがって，話し手の情報にも属人的な部分も含み，同一の話し手と
の過去のやり取りもエピソード記憶に含まれる．ただ，そのような性質を
一般化，パターン化して記憶していることはあり得るであろう．たとえ
ば，日常的に繰り返される挨拶を，字義通りではなく，"定形の" 挨拶の
一例と捉えることによって "データベース" の構築につなげ，"概念化"
の処理努力量を最小化する方策も含まれるであろう.

　〈5〉「言語表現」の理解には発話のさまざまなレベルが関わるが，「相関
モデル」の「個人概念」は，当該の「言語表現」の特定の背景となるあら
ゆる側面を情報源として捉える．したがって，たとえば，語用論と呼ばれ
る領域の事柄も話し手，聞き手のどちらの側でも「個人概念」の中で処理
される．つまり，文法や辞書のような言語の統語論や意味論の領域で扱わ
れる事柄と同様に語用論的な情報も「個人概念」で扱う．このような個別
的情報は，「言語表現」によって連絡される「個人概念」にもともと含まれ
るものであって，それらが絡むことは言語コミュニケーションとしては当
然のことである．聞き手の「個人概念」が話し手の「個人概念」の中身を
探るプロセスには，語用論的なことも当然含まれる．「個人概念」対「個
人概念」のやり取りにおいては，一般的に "語用論" とよばれる事柄も
「言語表現」と一体になっていると考えられる．「個人概念」という考え方
の具体的な設計はこの後の議論においてさらに展開しようとするものであ
るが，その中で，従来語用論的な領域に関わるとされている事柄が「個人
概念」の中で自然に関係づけられる（4.4 節参照）．このように，「相関モデ

---

　[1]「相関モデル」において「言語表現」そのものは話し手から離れて公共性を帯びるが，
特定の話者による産物であることに違いはない.

ル」が特定の個別的な「言語表現」を考察の対象とすることは，従来語用論と呼ばれる領域も理解のプロセスの最初の段階から言語理解に関わることを意味する．言い換えれば，「言語コミュニケーションの概念－意味相関モデル」は従来の文法と語用論の区分けを必要としない枠組と言える．

〈6〉自分が今どういう場面にいるか，ということは発話行為全体を覆う特徴であり，聞き手としても常に状況を意識することになる．この点についても，特定のコミュニケーションを対象とする「相関モデル」では状況の特性を踏まえることは前提条件となる．たとえば，何らかの講義を担当する側に立つか受ける側になるかは当人達のコミュニケーション行為全体を性格づける．講義する側として話す時には，対象者のレベルを考えながら，わかりやすい表現，提示の順序などをコントロールすることになるだろう．「個人概念」の中でそのような表現スタイルについての“概念”も重要な地位を占めると考えられる．

〈7〉前項の状況で講義を受ける立場にある「個人概念」には当該のコミュニケーションの場面の特質などの情報も含まれているはずである．その場における自身の意見，疑問点，価値観などの活性化も当然連動すると考えられる．講義に関する質問が浮かんできたとすると，自分の考え方をまとめるような要素も「個人概念」の中で準備されることになるであろう．

〈8〉聞き手が自分の願い，関心，目標などを頭の中で押さえながらコミュニケーションに関わることは極めて自然な姿である．そのような要素を背景として具体的に受け取った「言語表現」の解釈が「個人概念」の中で自身の視点と照合されることは極めて自然なことであり，現実の姿を反映していると考えられる．つまり，「個人概念」も入力「言語表現」の意味合いを評価する働きをする．

このように，状況モデルにおいて聞き手に期待されるポイントは，まさしく「相関モデル」において「個人概念」によってカバーされることが期待される対象でもある．このような要件を満たそうとする状況モデルの考

え方は「相関モデル」の考え方と親和性を持つと考えられる．ただ，言語
コミュニケーションの理論という視点を持つ「相関モデル」が具体的な
「言語表現」の"概念化"を考えるのに対して，状況モデルの考え方は，
発話理解の最適性を探る自立した概念体系としての状況モデルを組み立て
ることを目指しているように思える．特に教育関係では，テキスト理解に
おいて学習者がどのような要素に注意すべきかを状況モデルが示唆するこ
とが大きな役割とされる．それは全く否定すべきことではなく，人の談話
理解の能力を見極めることに関わるが，さまざまなコミュニケーションに
応用できる一般性には十分な注意を払ってはいないと言えるのではないだ
ろうか．

　「相関モデル」は基本的に言語コミュニケーションの理論を目指してお
り，「言語表現」という，人の頭から離れたものが社会の中でどのように
コミュニケーションを助けているかの実態を明らかにしようとする．そし
てそのような「言語表現」の働きを支えるのが各人の「個人概念」である
と捉える．その見方の基本は，「言語表現」と呼ばれる社会的流通物だけ
を見ていても，その「言語表現」を"言語化"する前の話し手の"概念"
の集まりと，その「言語表現」を受け取った聞き手の「個人概念」の中に
生まれる"概念"の集まりを視野に入れなければ言語コミュニケーション
の全体像は把握できないのではないか，という点にある．言い換えれば，
"言語化"や"概念化"のプロセスは「言語表現」の"意味"と，「個人概
念」においてそれらに対応する"概念"をイコールの関係で結ぶものでは
ない，と考えるのである．状況モデルにこの点がどう関わるかについて，
次節でさらに議論を展開したい．

3.4.　概念的まとまりを整理する状況モデル

　これまでの議論の中で，「個人概念」を構成する"概念"のグループを
"概念的まとまり"というような一般的な呼び方で言及してきたが，この

140

捉え方は，Kintsch らが論じる“状況モデル”の捉え方に通じるところがある．「言語コミュニケーションの概念 – 意味相関モデル」の「個人概念」を構成する“概念”は無秩序に漂っているわけではなく，関連し合ったり，まとまったりしているのが現状であろう．正しく，「相関モデル」の「個人概念」は状況モデルのレベルの“概念”が大きな役割を果たす領域となる．そして，「個人概念」は，その名称が示すように，コミュニケーションの時空間の共有という側面に加えて，個人毎にコントロールされている．したがって，A さんから B さんへのあるコミュニケーション行為は，A さんの「個人概念」に含まれる個人的な“概念”に相当する“概念”をB さんの「個人概念」の中に喚起する結果を目指す行為であると言える．

　“概念”を扱う人間の頭は極めて自由であり柔軟であると考えられる．第 1 章で導入した図 2 で“意味”と“概念”の関係を模式図的に表しているが，“意味”に対して“概念”のほうを大きく描いている．直観的に，芸術作品が自由な“概念”を表現しているように，言葉で表せないことがいくらでもあるように思える．たとえば彫刻や絵画は言葉のようにかなり限定された“概念”ではなく，個性を発揮したさまざまな印象を醸し出すことができると言えるだろう．他方，自然言語はコミュニケーションという目的に沿って存在している．逆に言えば，コミュニケーションに役立たない言語表現は自然には成立しないと考えられる．つまり，自然言語の仕組みは個人的な思いを表現するものであると共に，人間同士の社会的交流を支える仕組み，つまり，社会的に通用するかどうかが問われるような存在でもある．

　子供が言語を身に付けていく過程で，電車もバスも自転車も「乗り物」であることを理解していく．そのような理解を支えるカテゴリー化の能力が“概念”の階層的把握につながっていく．大きく捉えると，“概念的まとまり”は「言語表現」のやり取りのどの段階にも関わっていると言えるだろう．そのような視点から見ると，“状況モデル”は“概念的まとまり”を構造的に捉えようとする試みであると言えるだろう．そうすると，“状

況モデル”は「個人概念」の中で“概念”にまとまりをつける操作を反映するもの，と言えそうである．「相関モデル」が捉える言語活動において，言語前概念（次節参照）のまとまりに「言語表現」を付与することが“言語化”と呼ばれ，「言語表現」から言語前概念を再構することが“概念化”と呼ばれるように，コミュニケーションとは，“概念”を「言語表現」の“意味”や“状況モデル”のような捉え方を通してやり取りする活動であると言えるであろう．

　このような“概念のまとまり”を意識するアプローチを理解するためには，“状況モデル”の考え方がわかりやすい．広く議論されている“状況モデル”は文章理解モデルという意味合いが強いが，「相関モデル」の「個人概念」の中で他者の「言語表現」を理解するプロセスにおいて概念的まとまりをどう見つけていくかにも深く関わると考えられる．また，聞き取った「言語表現」のミクロ構造だけではなく，マクロ構造を作るかどうかという聞き手の「個人概念」による判断は，“状況モデル”を視野に入れると変数の一つとして捉えやすくなるだろう．

　「なぜ状況モデルは必要か」と題した van Dijk and Kintsch（1983）の10.1 節（pp. 338-342）では 14 項目にわたって状況モデルによって何が可能になるかが列挙されている．ここでは，それらの中で状況モデルと「相関モデル」の関連を考えるに当たって重要であると思われるいくつかの項目について，彼らの議論と「相関モデル」との関わりをまとめておきたい．（各項目の記述の仕方：第 1 段落（冒頭に☆印）で彼らの主張をまとめ，第 2 段落（冒頭に★印）で「言語コミュニケーションの概念‐意味相関モデル」との関係をまとめる.）

〈Coreference（同一指示）〉
　　☆同一指示の理解には状況モデルが不可欠である．たとえば John という名の個人について，my brother とか the lawyer というような表現で言及することができる．それぞれの表現は異なる“意味”を

持つが，状況モデルはこれらの表現で同一人物を指すことができる．もしテキスト表示と状況モデルをつなぐ能力がなければ，同一指示を理解することはできない．

★「言語コミュニケーションの概念‐意味相関モデル」の「個人概念」も当然同じような処理能力を備えている．日本語では，さらに，主語のない文で聞き手が主語を補うことも可能であるし，同一人物の呼び方の言い換えは英語のように頻繁ではないが，逆に，「あの人」なら「あの人」でずっと同一人物のことを指し続けることも普通であろう．さらに，「相関モデル」は話し手，聞き手双方の「個人概念」の間のやり取りを概念的文脈にすることができ，それによってそれまでのやり取りの記憶や相手の個性に関する知識を動員したり，先行する実際の個別的なコミュニケーション場面を振り返ったりする可能性もある．

〈Perspective（観点）〉

☆ディスコースには，いろいろな見方，視点が含まれている．同じ事実でも人によって描き方が異なる．それでも，同じ事実が描かれていることがわかる．この直観は実際の観察から幾分抽象化された状況モデルを考えることができるからであろう．

★「相関モデル」では，発話者が自身の「個人概念」に基づき産出した「言語表現」を聞き手が受け取り，それを自身の「個人概念」に取り込むと考える．その際，両者の「個人概念」の中身が完全に一致するには「言語表現」だけでは難しいだろう．しかし，互いに相手の過去についての知識や，置かれている環境などに基づく情報を「個人概念」の中に蓄えているとするならば，交わされる「言語表現」の"意味"だけではなく，「個人概念」の中に蓄えられているそのような記憶や認識や過去の共通体験などを踏まえて共通の視点を持つことは現実的となる．そのように「言語表現」と「個人概念」

の両方に含まれる情報を活用することによって言語コミュニケーションの成功度が高まると考えるのが「相関モデル」である.

〈Individual differences in comprehension（理解における個人差）〉
　☆二人が同じ情報を受け取ってもそこから異なるメッセージを導く場合があることはよく知られている. しかし, 解釈の違いはテキスト表示のレベルではなく, 状況モデルのレベルのことと考えられる.
　★「相関モデル」では, テキスト表示は「言語表現」として, 状況モデルは「個人概念」で捉えられることが一般的であると考える. 前者は表現を文字通り, つまりミクロ構造として解釈する傾向がある. それに対して, 他者からのメッセージは「個人概念」で処理されるので, 聞き手独自の価値観などが反映される可能性もある. たとえば, "彼は反省していない" というような結論が聞き手の「個人概念」の中で個人的に引き出される可能性がある. 一般的に, なぜ人によって「言語表現」の解釈に違いが生じるのか, という疑問は, 解釈が「個人概念」毎になされると考えれば, 自然な現象と考えられる. 状況モデルよりも「個人概念」の枠組みのほうが理解における個人差を素直に説明できる.

〈Memory（記憶）〉
　☆一定の条件の下で, 人は状況モデルは記憶するがテキスト表示は記憶しないということを示す明確な実証が心理学文献の中にある. 状況モデルは典型的に読みやすく単純である. たとえば, 「鷹は熊より賢く, 熊はライオンより賢く, ライオンは狼よりも賢い」を覚えることは簡単である. しかし, 項がいろいろに組み合わされた比較文の束を覚えることはほとんど不可能である.
　★これも, 「相関モデル」では「言語表現」と「個人概念」の差に相当する. 「鷹」＞「熊」＞「ライオン」＞「狼」が「賢さ」の順に並んでいると, これを "概念レベル" で記憶することは可能であるが, 動

144

物の組み合わせも賢さの順もバラバラになっている「言語表現」を
そのままを覚えることは不可能に近いだろう．「言語表現」を丸ご
と記憶することは難しくても，「個人概念」の中では，4種の動物
をイメージし，何かの特徴によって頭の中で並べることは可能であ
ろう．つまり，状況モデルで実現される記憶作業は「個人概念」の
中の作業に相当する．このことは，5.2節で触れるように，同時通
訳を可能にするのは，"意味レベル"の記憶ではなく，"概念レベル"
の記憶であるとする考え方に通じる．

〈Updating and relating（更新と関係づけ）〉

☆これらは，状況モデルが利用されるに当たっての最も重要な機能の
二つである．どのテキストの断片もが新規の別個の状況モデルの構
築に繋がるわけではない．むしろ，既存のモデルが新規のテキスト
に基づいて修正されることが多い．ニュース報道に基づいて知識が
更新される場合：たとえば，米国のウォーターゲート事件の報道
は頻繁に更新され，しばしば修正された状況モデルの例と言えるだ
ろう．多くのさまざまな種類のエピソードを統合し，説明だけでは
なく，意見，姿勢，感情，倫理などが含まれていた．

★過去の出来事を説明する状況モデルが更新されたり，別のモデルと
関係づけられたりすることは報道でしばしば見られることである
が，日常生活でも同様に起こりそうなことである．何らかの"その
後の展開"を以前の状況モデルの更新や関係づけとして説明するこ
とは自然に発生することでもあると思われる．個人間で交わされる
話の展開に状況モデルを活用することも自然なことである．「相関
モデル」における「個人概念」にも過去の出来事や個別の人間関係
に関する過去の記憶も含まれ，van Dijk and Kintsch の状況モデル
を組み込むことができる．更新と関係付けは，「個人概念」の中で
進行することに他ならない．つまり，「相関モデル」を構成する「個

人概念」はまさに状況モデルが生起する場所と考えることができる．さらに，「相関モデル」の「個人概念」という領域は個別の話し手，聞き手それぞれの頭の中のことであり，言語コミュニケーションにおいても状況モデルが個人レベルの属性として捉えられる側面が認められる．

　なお，van Dijk and Kintsch の translation（通翻訳）のポイントは本書の第 5 章「同時通訳はなぜ可能か」の議論にも深く関わる．本書で提案されている「言語コミュニケーションの概念−意味相関モデル」は言語コミュニケーション全般を説明しようとするものであるが，個別応用的に同時通訳と呼ばれる特定の言語コミュニケーション・モードを取り上げるのは，「相関モデル」の考え方には通訳一般，特に同時通訳の可能性をうまく説明できる要素が含まれているからである．そして"状況モデル"の考え方も通訳行為の現実を理解する助けになる．

　同書は通訳の実例にも言及しているが，状況モデルの捉え方は翻訳にも通訳にも適用できる．そして，さらに同時通訳にも特別の意味で適用できる．原発話と通訳がほぼ同時に流れる"同時通訳"においては訳出にかかる時間的制約が大きな特徴となるが，その点についても状況モデルの捉え方は「相関モデル」の「個人概念」の働き方に通じる面があり，言語メッセージを"状況"の表現として捉えることによって，表面的には言語 A の表層構造から言語 B の表層構造への言語変換と見える現象の本質に迫ることができる（詳しくは第 5 章参照）．

　「相関モデル」の「個人概念」を構成する"概念"には単語の"意味"と結びついているものも多いという点で「言語表現」との結びつきが強い印象を与えるかもしれないが，話題となっている目前の世界の限定や，状況モデルによる談話内容の記憶は「個人概念」にとって重要な概念的処理対象である．状況モデルで表されるこのような概念的まとまりの処理は，そもそも談話の理解という点で大きな役割を果たすものであり，「相関モデ

146

ル」では「個人概念」内の作業に自然に取り込まれている働きでもある.

3.5. 「相関モデル」における文脈の捉え方

「個人概念」を「言語表現」から分立させて扱う「相関モデル」においては，「個人概念」における文脈の扱いを「言語表現」における文脈と区別して扱うことができる．そして，それによって“概念的文脈”という視点を提起することができる.

“文脈”とは，一般的には，「文中での語の意味の続きぐあい．文章の中での文と文との続きぐあい．比喩的に，筋道・背景などの意にも使う」（『広辞苑』）というような理解がなされる．そして，このような説明が，語から文，筋道・背景へとスコープを広げていっているように，“文脈”は幅広く捉えられている．他方，「相関モデル」の枠組みでは，このような“文脈”を，大きく二種類に分けることができる——「言語表現」に付随する“文脈”と「個人概念」に関わる“概念的文脈”である．前者の“文脈”には，使用された「言語表現」を構成する語句，構文，文体などに関する，一般的に言語表現上の“文脈”と呼ばれるものが中核として含まれるであろう．後者の「個人概念」に関わる“概念的文脈”としては，話し手の「個人概念 a」と聞き手の「個人概念 b」それぞれが独自に概念的に把握している要素が考えられる．広い意味でこのような“概念的文脈”も“文脈”の一種であると考えられる．『広辞苑』の項目の後段で「比喩的に，筋道・背景などの意にも使う」と言及しているものも，「相関モデル」の視点から見れば，「個人概念」に含まれる“概念的文脈”と捉えることができる.

「言語コミュニケーションの概念−意味相関モデル」において，発話された「言語表現」は個人から離れて存立する言語社会の共有物と見なされるのであるが，それが表現不足や同音異義のような曖昧性を含むことがある．その際に参照されるのは「言語表現」が顕在化させる“文脈”が主であろうが，それが“概念的文脈”である場合もある．たとえば，A さんが

B さんに「セイカをあげるのが一番」と言ったのを B さんが「成果をあげ
るのが一番」と解釈し，A さんは「生花をあげるのが一番」と思っていた
場合，そして，お互い自分の解釈以外のことが思いつかなかった場合，
"誤解"を引き起こすことになる．つまり，背景的な"概念的文脈"のず
れである．言語コミュニケーションが進行するどこかの段階でその"誤解"
が"判明"したり，あるいは，"判明"しないまま両者の記憶から忘れ去
られたりする．しかし，発信者の「個人概念 a」と受信者の「個人概念 b」
を分ける「相関モデル」の枠組みではそのような"誤解"の可能性を一般
的な現象として説明できる．つまり，その時，A さんの「個人概念」に
"成果"の"概念"は浮かばず，B さんの「個人概念」に"生花"の"概念"
は浮かばなかったという状況が「セイカ」の受け取り方のずれを引き起こ
したと考えることができる．これは決して特殊な出来事とは言えないだろ
う．そして，「個人概念」というコンポーネントが特別な装置ではなく，
通常の言語コミュニケーションを支えるコンポーネントとして常に関わっ
ていると考えれば，特殊な現象ではないことも理解できる．もっとも，原
理的にはあり得ても，共起するほかの表現を参照することによって実際に
誤解につながる頻度はそれほど多くはないだろう．しかし，「個人概念」
の中でどの"概念"を参照するかは基本的にはその「個人概念」の主が思
いつくことである．

　そして，なぜこのような"誤解"が生じたのか，という疑問には，「個
人概念」の性質故であると答えることができるであろう．「個人概念」の
中で想起される"状況モデル"が個人的なものである限り，個人間のずれ
が生じることは避け難い．つまり，「個人概念」の中の"概念"はまさし
く個人的なものであり，その人の考え方や生活環境や過去の経験などが反
映する側面もあるし，時間の流れに伴い変化することもあるし，その組み
合わせは人の数だけの異なりがあるだろう．「相関モデル」に基づけば，
すぐ上で触れた例において「個人概念 a」と「個人概念 b」の間で「セイカ」
の解釈が一致することも，一致しないことも起こり得ることである．しか

も，当人たちがすぐには同音異義語の可能性に気づかず，受け取り方に違いがあることすら脳裏に浮かばなくても不思議ではない．要するに，「言語表現」の解釈はその時々に「個人概念」の中で想起される“概念的文脈”に依存する．また同時に，ある「言語表現」の解釈にはその前後に生起する別の「言語表現」が“概念的文脈”を提供する．たとえば，「あの人の花好きを考えれば，セイカをあげるのが一番」というように「言語表現」が続いていたならば，それが「セイカ」の解釈を助けるだろう．ただ，今度は，Ｂさんが「個人概念ｂ」の中の“あの人”についてどのような“概念”を持っているかが問題になる．たとえば，Ｂさんが“あの人”が花をもらって大変喜んでいる以前の光景を覚えていたら，Ａさんの「言語表現」を正しく解釈する確率が大きくなる．このように，「相関モデル」の「個人概念」という領域には，「言語表現」そのものの語彙的，統語的，意味的解釈に関する知識と共に，いろいろな経験を反映する“概念”を“文脈”として参照する仕組みがあると考えられる．そして，そのような“概念的文脈”は「個人概念」に個別的に結びついている．「相関モデル」はこのような個人性に光を当てることができる．

　今の例の場合，Ａさんの「個人概念ａ」には花のイメージが浮かび，Ｂさんの「個人概念ｂ」には成果を挙げる話が浮かんでいたわけである．そして，それぞれが，直接的な「言語表現」の文脈がないところで，「セイカをあげるのが一番」をほとんど自動的に処理した結果，異なる解釈が浮かんだ，ということになる．ということは，「個人概念」の中にそれぞれの解釈を促した要因があったのであろう．たとえば，「生花」を想起したＡさんの「個人概念」では類似の状況で誰かが誰かに花を贈っていい雰囲気になった経験なり話なりが浮かんだのかもしれない．他方，Ｂさんの「個人概念」には“成果”という概念が最近の自分の考え方の中でキーワードになっていたのかもしれない．どちらも，「個人概念」の中の“文脈”を参照したと思われる．他方，もしこの表現が「あの人の花好きを考えれば，セイカをあげるのが一番」のような言語的文脈を伴っていたならば，

B さんも「セイカ」を「生花」と解釈したことであろう．このように，「言語表現」の文脈を明示化することに注意すれば曖昧性を除去することができる．同時に，言語的文脈を含めて文脈情報を取り込むのは「個人概念」であるから，話す側も相手の「個人概念」の状態を視野に入れようとするほど，曖昧性を減らすことができるであろう．

　さらに，「個人概念」に関わる"文脈"として考慮すべきことは，話し手側の"概念的文脈"と聞き手側の"概念的文脈"のどちらもがコミュニケーションにとって意味を持つ，という点であろう．また，話し手の「個人概念」の中の"文脈"には，どのようなトピックを取り上げるか，取り上げる話題の背景，話の展開の仕方などの，「言語表現」の設計に関わる"概念"も含まれるであろう．関連情報としては，聞き手の性格についての話し手の捉え方や過去のやりとりの記憶が含まれ，それが役に立つかもしれない．聞き手の「個人概念」の中には，不明瞭な話し手の意図を探る疑問の"概念"や，聴取した「言語表現」に関する文脈的疑問が発生するかもしれない．また，相手が取り上げたことが"文脈"となって，その話題について自分の知識を参照したり，自分なりの評価をしたりしながら話を聞くかもしれない．そして，「言語表現」に含まれないことについても，"推論"で埋めようとするかもしれない．つまり，「相関モデル」図の"概念レベル"における「個人概念 b」から「個人概念 a」への"推論"である．"推論"がうまく働かない場合には，B さんは「言語表現」の形で質問を出すかもしれない．

　上の例では同音異義語に依存したことが話し手と聞き手の"概念的文脈"のずれを発生させたことになるが，共起する副詞表現がそのようなずれの発生を抑えることもある．

　次の例の場合，(1) のように，「パスする」という表現だけで A さんが B さんに試験の結果を報告しようとした場合，"概念的文脈"が不足する可能性がある．

150

(1) 「進級試験，パスしたよ．」

　大きな“文脈”として，この発話より前の時点で，話し手の A さんがある進級試験を受ける予定であることを B さんに伝えていたとすると，その背景情報としての“文脈”は二人に共有されている．それを踏まえると，A さんの報告は B さんにうまく伝わったであろうか．実際の発話には声の調子やイントネーションが被さるので，「言語表現」(1) だけで結果がうまく伝わるかどうかを断定することはできないのであるが，取り敢えずここでは，“文脈”の働きを探るために音声面は考慮に入れないとする．それでも，(1) の表現は，次の (2), (3) に比べて“文脈”不足であることになる．

(2) 「進級試験，やっとパスしたよ．」（「パスする」＝合格する）

(3) 「進級試験，やむを得ずパスしたよ．」（「パスする」＝今回は受けない）

　この (2), (3) を (1) と比べてみると，「やっと」や「やむを得ず」という追加表現のない (1) はその点で表現不足であることが認識できる．(2), (3) では，「パスする」という表現と共起する副詞（句）が「パスする」の意味を選ぶ“文脈”となっているのであるが，(1) の場合に聞き手が「パスする」だけで“合格する”と理解したとするならば，上で注釈をつけたように，その“文脈”は A さんの声や顔の表情であったと考えられる．あるいは，進級試験そのものの難易度や，試験に向けての準備度などについて A さんから聞いていた知識が B さんの「個人概念」に含まれていて，それが理解につながったかもしれない．そういう準備が整っていたら (1) だけでコミュニケーションが成立することもあり得るだろう．
　このような状況，そしてすでに上で検討したような状況を考慮に入れると，“概念的文脈”が他の表現と組み合わさることによって，特定の“概念”を支える可能性が説明できる．これは，「相関モデル」における「個人

概念」の位置づけによって表されていることでもある．つまり，言語コ
ミュニケーションの実態を説明するのに，「言語表現」と「個人概念」を分
立し，対話関係にある「個人概念」間に"推論"のルートを設定すること
によって，「言語表現」の重要さと不十分さの両方を浮かび上がらせるこ
とができる．(1) の「言語表現」だけで B さんに「合格」が理解される場
合は，B さんの「個人概念」の中には「パスする」だけで「合格」を理解
できるに十分な"概念的文脈"が備わっていた場合であると言えるであろ
う．「やっと」という言語表現上の"文脈"のほかに，顔や声の表情が"文
脈"として役立ったのか，いつ受験したのかを知っていたのか，その他の
情報が働いていたのか，それは B さんの「個人概念」の中身であるので
改めて確かめてみないと確実なことは言えない．しかし，「個人概念」を
分立させる「相関モデル」であれば B さんの理解の根拠が「個人概念 b」
の中にあるという説明が可能である．言い換えれば，一般的な"文脈"で
はなく，個人的な特定の"概念的文脈"を計算に入れることによって，"試
験を受けて合格した"のか"試験を受けなかった"のかを区別できるよう
なモデルなのである．

"概念的文脈"と語用論

　関連性理論では「文脈は心理的な構成概念で，世界についての聞き手の
想定の部分集合をなす」(Sperber and Wilson (1986: 15)，内田ほか (訳) (1999:
18)) とされるが，そこで言われている"聞き手の想定"は「相関モデル」
の「個人概念 b」に含まれる"概念的文脈"に相当すると考えられる．そ
うすると，関連性理論における"文脈"の捉え方は「相関モデル」の中で
も所与のものと扱えることになる．"文脈"については，さらに，「その場
の物理的環境やすぐ直前の発話だけに限らない．将来に関する期待，科学
的仮説，宗教的信仰，逸話的記憶，一般的な文化的想定，話し手の心的状
況に関する確信，がすべて解釈の中で役割を果たす可能性がある」(同:
18) とする．"文脈"一般の潜在的な幅の広さを強調しているのであるが，

「相関モデル」では特定の聞き手の「個人概念」という枠を設定するので，一般的な可能性ではなく当該の個人が持っている知見の幅を現実のコミュニケーションの状況に合わせて絞り込むことができる．

　「言語コミュニケーションの概念–意味相関モデル」では，個別のコミュニケーションの両端にある「個人概念」とその間にある「言語表現」の関係を通して，つまり，ある特定のコミュニケーションに関わる両「個人概念」に含まれる個別の"概念"とそこで交わされる「言語表現」の"意味"が関わる"言語化"と"概念化"を通してそれらの相関が位置づけられることから，"概念的文脈"が当該のコミュニケーションにどう関わるかが示される．つまり，個々の「言語表現」の"意味"を「個人概念」の中の"概念"としてまとめながら，そして互いの"推論"も付加しながら「個人概念 a」と「個人概念 b」がどう連絡されるかを示せる．当事者から独立した一般的定義による説明ではなく，どの「個人概念」とどの「個人概念」を橋渡ししているのかという，トークンとしての"概念"を踏まえる特定の"概念的文脈"を把握することができるのである．

　言語コミュニケーションには，「言語表現」の字義的解釈だけでは伝わらない推論（inference）や推意（implicature）が関わるとされるが，「相関モデル」にはそれらの働きを位置づける仕組みも備わっている．つまり，「言語表現」そのものだけではなく，コミュニケーションを構成する成分として，発信者の「個人概念 a」が"言語化"を通して「言語表現」を産出する過程，そして，受信者が他者の「言語表現」から"概念化"を通して「個人概念 b」に新規の"概念"を構築（あるいは，目標としては，「個人概念 a」に含まれていた"概念"を復元）しようとする過程が含まれている．また，"概念化"の過程には"推論"も関わる．このような装置を包含することによって，「相関モデル」は"語用論"と呼ばれる領域で議論されることも「相関モデル」の働きの一部として自然に組み込めることになる（4.4 節参照）．

　言語コミュニケーションについての理論である「相関モデル」としては，

伝達されるメッセージの概念的側面を送り手，受け手の両方について考える必要がある．模式図の中の「個人概念 a」と「個人概念 b」は別々の人間の頭に宿っているので，それぞれが独自の "概念的文脈" を持っている可能性が大きい．そして，両者の間でコミュニケーションを成立させようとすれば，"文脈" の共有も期待される．ただし，これは期待であって，絶対的なことではない．つまり，独立した "文脈" を持ち得る複数の人間の間には "誤解" が生じる素地もある．そして，"誤解" の可能性は「言語表現」で使われている表現固有のことに関するだけではない．たとえば，「それでは駅で」という A さんの表現で使われている「駅」がどこにあるか，どの駅を指すかが正しく伝わるかどうかは，聞き手の B さんの知識に依存する．そして，A さんが B さんの知識の有無を知っているかどうかにも関わる．このような議論は語用論として追加的に議論されることもあるが，4.4 節で「タイムズ紙」と「タイムズ社」の例で示すように，話し手と聞き手の「個人概念」に含まれる "概念的文脈" の違いによって説明できるのが「相関モデル」である．

　さらに，「相関モデル」では "うっかり" ミスの原因も同定できる．たとえば，「それでは駅で」の例の場合，聞き手がいつもバスを使っていることを話し手が知っているならば，鉄道の「駅」の所在を知っているかどうかを確かめたほうがいいことは論理的に浮かんでくることであるが，"うっかり" することがあり得る．つまり，「個人概念」の中に含まれていることでも "うっかり" 失念することはあり得る．「個人概念」が個人的なものである限り，"うっかり" は起こり得ることであり，かつ，人間のことなので絶対起こらないという保証はできない．「相関モデル」は「個人概念」のそのような性質も計算に入れることができる．

　「個人概念」の中身という "概念的文脈" は A さん，B さんに固有のさまざまな属性の違いを計算に入れることを可能にする．同じ年頃の人なのか，同じ会社の人なのか，同じ国の人なのか，親戚関係にあるのか，もっと具体的に言えば，仕事上の上下関係があるのか，年齢差のある同窓生な

のか，道ですれ違っただけの人なのか，…そして，さらに，そのような属性が，一方的にＡさんが知っているだけなのか，Ａさんが知っていることをＢさんは知っているのか，…ＡさんとＢさんはさまざまな関係に立ち得るのであるが，同時にその関係を両者が互いに正確に知っているかどうかも不確かである．そういうことが誤解の可能性も示唆する．しかし，どのような状況であれ，具体的な言語コミュニケーションを理解するために必要な情報が対話者間に共有されていたら，すなわち両者が"概念的文脈"を共有していたならば，コミュニケーションを成功させることができる．言語コミュニケーションがその時その場で必要とする要件は多様であるが，まとめると，"概念的文脈"を共有することはコミュニケーションの成功に貢献する．

　言語コミュニケーションにおける多義性の影響は基本的に話し手，聞き手の「個人概念」に関わることであって，その解釈が一致することもあれば一致しないこともあり得る．これは，言語コミュニケーションだけではなく，コミュニケーション一般について言えることであろう．また，文脈によって聞き手が最初の解釈に違和感を持ち，修正することもあり得る．結果的に，"概念化"のプロセスは自動的，半自動的に多義性を解消していることも多いのではないだろうか．そのような無意識裏の多義性の解消は，「言語表現」の"概念的文脈"を配慮する「相関モデル」の"言語化"，"概念化"のプロセスに自然に組み込まれていると考えられる．それが「個人概念」の環境がなせる業であるとするならば，「相関モデル」は無意識の多義性処理をも想定していることになる．

　ところで，言語コミュニケーションのプロセスにおいて，話し手の側で「言語表現」を産出する前に想起する"概念"と聞き手側で発話理解の結果として想起される"概念"との異同は最小化されるのが望ましい．しかし，そのような異同は「言語表現」の抽象性とは性質を異にすると考えるべきであろう．たとえば，「一心に仕事に励むこと」という表現の仕方と「勤勉さ」という名詞ひとつで表現することは「言語表現」の"形式"の点

では異なるが言語コミュニケーションの「個人概念」に含まれる "概念"
としては区別し難い．このような視点は，言語コミュニケーションの理論
を目指す限り，当然のことと思われる．つまり，「言語表現」自体の抽象
度を "概念的文脈" の中身の判定に加える必要はないであろう． "概念的
文脈" を構成する "概念" は具体的な言語表現と直結させる必要のないも
のである．別の例を挙げれば，"抽象性の階層" などの概念的組み立て方
の特徴に目を向ける Langacker（2000: 362）は downward trajectory（下
向きの軌跡）という名詞表現による動きの描写の例を挙げているが，「飛行
物が下向きの方向に動いていること」と表現することと「下向きの軌跡」
と表現することを概念的に区別することは，コミュニケーションの目的そ
のものとは別のことである．このような具体的な「言語表現」の違いは，
発話の産出／理解というオンライン上のやり取りとは別のレベルにある語
彙の組織化の事柄と考えるべきであろう．つまり，言語毎に固定化してい
る概念把握の語彙化の問題である．理解そのものに "概念" の階層性が絡
んでくることもあるが，これはコミュニケーションのプロセスにおいては
捨象されると考えていいだろう．

　「言語コミュニケーションの概念–意味相関モデル」では "意味" が「言
語表現」という "形式" に対応し，"概念" は「個人概念」の中で，後に "意
味" となる "概念" も含め，自由に活用される．つまり，1.1.2 節で触れ
た「相関モデル」の "二層性" である．人間が世界を把握する能力は，言
語から自由な "概念" のレベルと，"形式" と結びついた "意味" のレベル
の二層からなると考えれば，"意味" のレベルで細かく概念的に細分化す
る必要はなく，つまり，語彙項目を際限なく多様化する必要はなく，大ま
かな "概念" の括りをそのまま大まかな "意味" としてコミュニケーショ
ンに使うことができる．このような特性は発話産出の際にも関わる．「個
人概念」の中にはこのようにさまざまな思いが駆け巡り，誰かに対して何
かを語る場合にはそのような "概念" の海から "概念" のまとまりを意識
し，「言語表現」につないでいくと考えられる．非言語的な周囲の状況と

いうような“文脈”も意識しながら，その概念的まとまりを表す「言語表現」を模索し，発話に繋げていくことによって際限なく語彙項目を増やす必要には迫られない仕組みになっていると考えられる．

　言語の“形式”は言語社会の中に出回っているので，基本的に言語“形式”は固定している．（「半端じゃない」という表現形式が短期間に「半端ない」というように変化することもあるが．）それに対して，特定の“形式”に複数の“意味”が併存することは普通であり，“文脈”によってどの“意味”かが限定される．たとえば，「受ける」という表現が「ボールを受ける」という“文脈”の中にあれば，何らかの物体の動きを止めて支えるという“意味”になるし，「喝采を受ける」，あるいは「会長職を受ける」という“文脈”であれば，それぞれ，「授かる」，「承諾する」という“意味”になる．なぜこれが可能なのか，と言えば，聞き手が概念的に話し手の“文脈”を保持しているからであると考えられる．“文脈”が共有されるから言語“形式”の“意味”の変容はコミュニケーションの支障にはならない．伝達されるべき内容は“文脈”に基づき概念的に選択される．「相関モデル」の模式図は，「言語表現」を経由したコミュニケーションを表しているが，複数の「個人概念」の間の概念的つながりは「言語表現」の“意味”のつながりよりも強いと考えられる．そのことは，たとえば，他人の発言の趣旨は記憶していても具体的な表現を逐一記憶していることは少ないという体験に反映される．また，“文脈の共有”の対象となるのも両者の「個人概念」に含まれる共通の“概念”であると考えられる．時間的に細かく観察すると，「言語表現」の“形式”を受け取ると，まずその“形式”のまま保持する段階があるかもしれない．そして，中心的“意味”をしばらくそのまま保持するか，あるいは，何らかの概念的まとまりの下で概念的要素として頭の中に保持しておくと考えられる．さらに長期の記憶はもっと高度なレベルの抽象的な“概念化”に支えられるであろう．「相関モデル」においては，「言語表現」の“言語化”と“概念化”を通して繋がる以上に「個人概念 a」と「個人概念 b」は“文脈”の共有という点でコ

ミュニケーションを支えていると考えられる.

　別の視点から見ると, 言語コミュニケーションの成立は「言語表現」の
ストックによって保証されるものではないだろう. 話し手と聞き手の「個
人概念」に共通の "概念" が含まれる状態になることが必要であると考え
られる. それは辞書と文法でまとめられる知識だけで可能になるわけでは
ない. たとえば,「駅まで迎えに行くよ」という表現だけでコミュニケー
ションが成立するには「駅」がどの「駅」であるかの了解が話者間で共有
されねばならない. そのことは "ディスコース" の把握に関連付けられる
こともあるだろう. 言語コミュニケーションの理論としての「相関モデル」
はそのような「駅」についての共通認識が当事者の「個人概念」に含まれ
ることがそのコミュニケーションを成立させる条件である, という言い方
で説明する. そして, そのような認識の共有は辞書には当然取り込めな
い. 特定の場面で「駅」という "表現" を使うだけで当事者にとっては十
分な情報が提供される状態を "目に浮かぶ" 状態と言うこともできるだろ
う. 互いに日常的に親しい間柄であればそれで通じる. 実際のコミュニ
ケーションであれば,「駅」と言うことによって駅のどこであるかも同時
に伝わる場合もあるだろう. 文法書と辞書でカバーできないことがなぜ伝
わるのか.「言語表現」そのものが自律的にコミュニケーションを可能に
するのではなく, それを作り出す「個人概念」, それを聞き取る「個人概
念」の両者にいろいろな背景知識が "概念" として含まれているから可能
になるのであろう.「相関モデル」では, このようにコミュニケーション
を実質的に支えている装置を「個人概念」と呼んでいる.「個人概念」は人
類という種に備わった能力によって支えられている.

　別の例を挙げれば,「駅の周りには商店が集まるものだ」の「駅」の "概
念" が同じように一般名称であることについても言える.「今使っている
"駅" は具体的にどの「駅」ということではなく, 一般的に「駅」とよばれ
るものを指しています.」とわざわざ言わなくてもそのように理解される
だろう. この「駅一般」の "概念" は共起する「言語表現」に支えられて

聞き手の「個人概念」の“文脈”に合った“概念”を呼び起こすと考えられる．

　このように，「相関モデル」の「個人概念」に保持される“概念的文脈”は，“語用論”と呼ばれる言語コミュニケーションの側面を説明する理論的枠組みを支えるものであると考えられる．

第4章

言語化と概念化の非対称性

はじめに

「言語コミュニケーションの概念 - 意味相関モデル」の図1（下に再掲）は構成的に左右対称であるが，"言語化"と"概念化"の矢印の向きが逆になっている．これは両者の基本的な働きを象徴している．さらに，ここまでの議論で使っている図1は代表であり，実際の言語社会におけるコミュニケーションは一人対一人に限られるわけではない．"言語化"と"概念化"の非対称性を考えるに当たって，この2点を考慮に入れておくことが必要である．

（再掲）〈図1〉　言語コミュニケーションの概念 - 意味相関モデル

　まず，"言語化"と"概念化"の向きについてであるが，第1章ですで
に導入したように，"言語化"は発信者の「個人概念 a」に含まれる多様な
"概念"から特定の"意味"を（要約的に）選び出し，その結果を"外部化"
する「言語表現」を産み出すプロセスである．他方，B さんによる"概念
化"は，発信者の A さんから送られたその"要約的"な「言語表現」の
"意味"を「個人概念 b」に取り込んで自分の"概念"の集まりの一部に加
える．つまり，「個人概念 a」から「個人概念 b」に伝えられる"概念"は，
「言語表現」を媒体として一旦「言語表現」の"意味"を経由して"概念"
に戻されるので，発信者の"概念"の集まりと受信者の"概念"の集まり
が結果的に完全に一致することが保証されているものではない．当該の言
語社会で認められている「言語表現」の"形式"と"意味"のペアに関す
る知識は発信者と受信者によって共有されているはずであるので，大きな
食い違いは生じないと思われるが，それでも，理解のずれや誤解や早とち
りが発生する可能性はある．ただ，第1章でも触れたように，"推論"の
ルートもあるので，「言語表現」の情報を推論で補う可能性もある．つま
り，突拍子もない言語コミュニケーションが成立してしまうことはまずな
いと考えられるが，誤解や曲解の可能性が全くないわけでもない．しか
し，「言語表現」を通して「個人概念 a」が「個人概念 b」に移るような仕
組みは，冷凍保存した食品を解凍するようなものではないと考えるほうが
いいであろう．言語コミュニケーションの視点から見た「言語表現」その
ものの表現力は限定的であり，源泉となる「個人概念 a」がその「言語表
現」に託そうとした"概念"の主要部分を表現するだけであると考えるほ
うが無難であろう．つまり，「言語表現」に託された「個人概念 a」の部分
がそっくりそのまま「個人概念 b」に再現されることは期待できない．そ
の現実をここでは"言語化"と"概念化"の非対称性と呼ぶ．つまり，「言
語表現」は必ずしもコミュニケーションの内容すべてを表しているわけで
はない．
　もう一つの，言語コミュニケーションは一人対一人に限られるわけでは

ないという点も今述べたことに関連する．図 1 は A さんと B さん二人の間の言語コミュニケーションを典型として示しているが，実際には，教室での授業や講演などのように，一人対多数のコミュニケーションもある．あるいは座談会や交渉のような多対多のコミュニケーションもある．「相関モデル」は特定の話者の間の特定な時空間でのやり取りを模式化している．したがって，たとえば，受信者が B さん一人ではなく，10 人いるとすると，10 通りのモデルを書けることになる．つまり，その場合であれば，A さんの "言語化" は同じであるとしても，B1 さん，B2 さん，…，B10 さんの 10 通りの "概念化" を想定する必要がある．厳密に言えば，A さんにしても，一人に対して話す場合と 10 人に話す場合には "言語化" に違いが生じる可能性がある．また，話者交替の際には 10 人対 1 人（皆が口をそろえて同じことを言う？）ではなく，実質的には 1 人対 1 人になるだろう（＝質疑応答のような場合）．グループで会話する場合には複数の話者が交替し，時に声が被さったりすることもあり，実際にはいろいろな変則的な状況が考えられるが，本書では 1 人対 1 人を議論の基本とし，話者交替では "言語化" と "概念化" が入れ替わると捉えている．

　このように考えると，"言語化" と "概念化" の非対称性は，"概念" と "意味" の対応のずれが "概念レベル" と "意味レベル" を行き来することによって発生する，と説明できることになる．"意味レベル" に位置する「言語表現」の "意味"，つまり，「言語表現」の "文法的" な解釈については，発信者と受信者の間でかなり一致しているはずである．しかし，「言語表現」を産出した「個人概念 a」とその「言語表現」を取り込んだ「個人概念 b」の当該部分の "概念" が全く同じであるかどうかは定かではない．たとえば，職場の同僚がいきなり「フランスには行きたくない」と言ったとすると，その「言語表現」の一般的な言語的 "意味"，つまり特定の文脈に支えられていない言語的 "意味" については発信者と受信者の間でほぼ共通の理解が得られるであろうが，実際の言語コミュニケーションでは通常 "概念レベル" と "意味レベル" の両方が絡む．そうすると，その「言

語表現」を聞いた B さんはその言語的意味は解っても，まず，「え，フランスに行く話があるのかい？」とか「え，新婚旅行のことかい？」とか，「何の話？」という類の反応をするだろう．つまり，突然「フランスには行きたくない」という発話をすることはコミュニケーションとしては不適切であり，言語的意味はわかっても，概念的背景はわからない場合も想定できる．特定のコミュニケーションに関わる話し手と聞き手の間には"背景"なり"文脈"が概念的に共有されているのが普通である．「相関モデル」では，それは両者の「個人概念」の中身の共通部分のこととなる．実際のコミュニケーションにはそのような"概念レベル"のことが関わる．一方通行的な"アナウンス"でも，「ご来店のお客様にお知らせします」のように，発話の"概念"的枠組みが下敷きになっているのが普通である．この例であれば，"買い物をしてこの店でお金を使ってくれる（かもしれない）人々に"という"概念"がアナウンスをする人と来店者の間で共有されていて，それに言及することによってコミュニケーションの枠組みが確認されると考えられる．アナウンスを聞いた来店者の側での"概念化"の中身を想定してみると，"まず自分に関わる情報であるかどうかを確かめよう"という"概念"が想起されるのが普通かもしれない．このように，言語コミュニケーションには通常"概念レベル"のことも絡む．言い換えれば，発信者と受信者の立場の違いがそこに反映される．そのような側面を考慮に入れると，"言語化"と"概念化"の非対称性は常に発生する可能性があると言えるだろう．

　言語能力は生得的と言われ，実際そうであると考えられるが，コミュニケーション能力のほうがもっと基本的に生得的であると思われる．むしろ，コミュニケーション能力が言語能力の土台となると考えるべきであろう．その逆は考えにくい．つまり，言語データはコミュニケーションの中で与えられる．そのデータは音声であるのが基本であろう．たとえば，筆者は小さいとき，童謡「赤い靴」の歌詞に出てくる「イージンさんに連れられていっちゃった」の「イージンさん」が「異人さん」とは知らなかっ

た．単に人の名前として憶えていた．しかし，人が誰かを連れて行く，と
いう状況は理解していた．このようなことは幼児に一般的に見られること
ではないだろうか．言語形式の記憶の中で，「さん」という音の印象をベー
スに人であることを推定し，それが誰かは知らなくても誰かが何かをする
という状況をパターンとして記憶できるような能力が言語能力の開花につ
ながるのではないだろうか．つまり，音声の示差的特徴を覚えると共に，
さまざまな状況で使われる同一の音声形式の“意味”を次第に身に付けて
いくと考えられる．「イージンさん」が別の文脈で出てくることがなかっ
た間は「イージンさん」は「イージンさん」という人の名前でしかなかっ
たのであろう．人間の頭の中に定着する音声的印象という音声形式に“意
味”を連動させる，という「相関モデル」の捉え方はそのような刺激の受
け止め方を反映するものでもある．

4.1.　言語産出と言語理解の一般的非対称性

　「言語コミュニケーションの概念 – 意味相関モデル」の“言語化”は「言
語表現」を産み出す点で，一般的に言語産出，あるいは発話と呼ばれるプ
ロセスに対応する．また，“概念化”は受け取った「言語表現」を，自身の
「個人概念」に取り込んで“概念”を抽出し，“理解”する．本章ではその
プロセスについて見られる“非対称性”を議論するのが中心であるが，一
般的に，“産出と理解の非対称性”と呼ばれている現象がある．たとえば，
受動語彙と能動語彙の獲得に時間差があることなどである．しかし，それ
は「相関モデル」の視点とは異なる文法観の中で議論されていることと捉
えることができる．つまり，「相関モデル」に則った議論ではなく，言語
獲得と呼ばれる現象を切り離して観察している面がある．他方，そうであ
ると共に，「相関モデル」にとっての非対称性の議論と関係する側面もあ
るので，本節でまずその概要をまとめ，言語コミュニケーションの問題と
絡む点を中心に議論の骨子をまとめておきたい．「相関モデル」では「言

語表現」を産出／理解する「個人概念」という領域を分けて示そうとする
点で，一般的に言われる言語産出／理解とは様相を異にする面もある．その点を本節で明らかにし，次の 4.2 節で「相関モデル」特有の非対称性の
問題を論じることにする．

　心理言語学の中で，言語獲得に関する"産出"と"理解"の非対称性が
一つのトピックとなっている．一般的に，幼児の言語獲得のプロセスにおいて，当該言語の文法知識に則った産出（production）ができるように
なっているのに，その表現を他者が使った時にその理解（comprehension）
ができないことはあり得ないと考えられる．つまり，幼児がある文法を身
に付ける順序としては，まずその与えられた表現を支える文法規則が理解
できるようになり，その後にそれに基づく産出ができるようになると考え
られる．ところが，その逆は考え難いにもかかわらず，産出が先と言える
ケースが Bloom et al. (1994) などで報告されている．そのような現象が
産出と理解の非対称性（asymmetry）と呼ばれる．

　本章冒頭で述べたように，言語産出と理解の関係は，「相関モデル」に
おいては発信者の"言語化"と受信者の"概念化"という二種類の関係と
して把握される．これは，一人の頭の中の文法知識を問題にする心理言語
学のアプローチとは大きく異なる．しかし，心理言語学のこのテーマを議
論の俎上に載せることによって，「相関モデル」の特徴に光を当てること
ができる面もある．まず，文法知識に関する言語産出と理解の非対称性の
議論を確かめることにする．

　幼児の自発性発話を調べた Bloom et al. (1994) は，英語を話す 2，3 歳
児が代名詞 me と再帰代名詞 myself を成人の文法通り使ったことを観察
した．つまり，"John hit me"とは言ったが"John hit myself"とは言わ
なかったのである．このことは，代名詞を使う場合と，再帰代名詞を使う
場合の区別がわかっていることを示す．さらに，"I hit myself"とは言っ
ても"I hit me"とは言わなかった．再帰的に人を指すには一般的な代名
詞ではなく再帰代名詞を使うべきであることも知っていた．このような観

察から，すでにこの年齢で代名詞と再帰代名詞の正しい使い方の知識を身に付けていることがわかる．他方，Hendriks (2014: 80) は，5 歳の子供が The elephant hit him. という表現の中の him が象自身を指す可能性を許容したことを報告している．つまり，状況の理解はできているが，代名詞／再帰代名詞の使い方の理解は遅れていることを示している．また，このような"産出に先行する理解"という逆転現象は代名詞／再帰代名詞の区別だけではなく，有生／無生名詞を主語／目的語の選択に絡ませた実験などでも理解が産出に先行する結果が報告されている（同書 2.2 節）．

　このような研究の特徴は，産出と理解を制御する文法知識が一つであることを前提とする点にある．つまり，1 人の個体がコントロールする文法知識が産出と理解でどう表れるのかの時間差を問題にするのである．しかし，その前提は正しいのであろうか．問題は，観察された産出と理解の状況は全く同じ状況の裏返しとみなせるのか，ということである．この疑問は，「相関モデル」的な考え方があって初めて出てくる疑問であろう．つまり，産出と理解に影響を与える要因は文法規則の知識だけであろうか，という疑問である．「相関モデル」の考え方に立てば，産出でも理解でも，実際のコミュニケーションでは文法知識だけで表現の形が決まるのではない可能性がある．つまり，「相関モデル」の考え方では，産出時に自分の「個人概念」の中で顕現する文法知識と，他者の「言語表現」を理解する時に聞き手として自分の「個人概念」の中で参照する文法知識とが必ずしも等価ではない可能性を許容する．片や「個人概念」が「言語表現」を産出する"言語化"のプロセスと，他方「個人概念」が他者の「言語表現」を理解する"概念化"のプロセスにおいて，参照される文法知識，あるいは活性化される脳の働きが必ずしも同じではない可能性がある．典型的には幼児期に現れるこのような現象は，言語使用がコミュニケーションのためであることを考えればあり得ることであろう．しかし，個人の文法知識が成人に向けて社会規範的側面を重視するようになっていくと，そのような現象の影響力は小さくなっていくと考えられる．

「言語コミュニケーションの概念 – 意味相関モデル」では産出と理解の対比はコミュニケーションにおける関与者の立場の違いとして捉える．つまり，単に一人が行う二種類の活動ではなく，言語コミュニケーションにおける役割交替の意識が個人の発達の中で高まり，各々がその時その時に産出する側と理解する側どちらの役割を果たすかのコントロールが強くなるのではないかと思われる．図1に示されているのは，産出を実行するのは発信者のAさん（左側）であり，それを理解するのが受信者のBさん（右側）である場合である．そのことは"言語化"の矢印が出てくるのがAさんの「個人概念a」であり，"概念化"の矢印が入り込むのがBさんの「個人概念b」であることによって示されている．そして，話者が交替して，Aさんの発言からBさんの発言に移行すると，"言語化"と"概念化"の作業が入れ替わる．「相関モデル」の枠組みにおいてその転換に対する個人の対応が発達と共にどう変化するかを調べることは興味深い研究となるのではないかと思われる．

このような言語コミュニケーションのやり取りを媒介するのが「言語表現」であるが，コミュニケーションとしての両「個人概念」間のやり取りには"推論"も関係し，"不完全"な「言語表現」がすべてを担っているわけではないだろう．つまり，「個人概念」対「個人概念」のやり取りには「言語表現」の"意味"以外のことも関わるだろう．上で参照した，心理言語学で扱われる産出と理解の非対称性は，文法知識の獲得時期に関して観察される現象であり，問題とされる発話における非対称性そのものは成人になる前に消えてしまうのが普通であろう．しかし，本章で取り上げる非対称性は「相関モデル」の視点から捉えると，もっと幅広い現象であり，文法能力の獲得に限られるわけではないと考えられる．次節では，言語コミュニケーションにおける"言語化"と"概念化"の非対称性の問題をより広く，かつ深い視点から検討するが，その際のキーワードは"コミュニケーション"である．

Hendriks（2014）は，最後にはコミュニケーションのシステムに触れ，

話し手と聞き手が互いに相手の視点（perspective）を考慮に入れる側面にも触れ（p. 192），言語獲得時の産出と理解の非対称性を乗り越えた成人は対称的なコミュニケーションに至る（p. 193: 18），と述べている．そのような捉え方は，ここで論じている「相関モデル」が説明しようとする話し手，聞き手両方の"情報"や"概念"や"立場"などが言語発達に伴い相互に予め勘案されるようになる可能性を示唆し，それらが発達につれて"言語化"と"概念化"の非対称性を緩和する可能性がある．このように捉えると，「相関モデル」には相応の柔軟性があり，コミュニケーションの現実に近い可能性を表すことができると考えられる．同時に，そのことは，「相関モデル」が，社会的産物である「言語表現」の体系を通してコミュニケーションの社会的秩序を実現する仕組みを表す理論であることを反映している．後で論じるように，自然言語をめぐる秩序はコミュニケーション管理のレベルで維持され，文法規則で維持されるようなものではないと考える．

4.2.　「相関モデル」における非対称性

　前節で取り上げた Hendriks の議論や第 3 章で論じた Levelt のモデルなどとは異なり，「言語コミュニケーションの概念‐意味相関モデル」は一人の人間の産出と理解を同一能力の別の側面として時間軸を外して記述することはしない．つまり，繰り返し述べているように，「相関モデル」では，言語コミュニケーションとしての「個人概念 a」から「言語表現」への情報の流れ，そして「言語表現」から「個人概念 b」への情報の流れをコミュニケーションと呼ばれる事態の中核として捉える．少なくとも二人の人間が関わっている事態をセットにして考察の対象としている．つまり，各人それぞれの役割は，コミュニケーションという具体的に進行する事態の中で果たされているのであって，一人一人が勝手に動いているわけではない．あるコミュニケーションに関わっているのが二人だとすると，

そのコミュニケーションの進行は二人の共同作業である．つまり，それぞれの行為を単独で描くことはできない．つまり，二人一緒に実現している事態を一人では実現させることはできない．そして，何らかの内容のあるやり取りが実現しないとコミュニケーションとは言えない．これらのことを必須の土台にしようとするのが「相関モデル」である．そして，「言語表現」ですら，コミュニケートされることをすべて表現しているわけではない．第1章で図1を導入して以降繰り返し言及しているように，"推論"も人間同士の言語コミュニケーションにとって，不可欠の要素である．

　このような視点に立つ「相関モデル」において重要な意味を持つ"非対称性"は"言語化"の前（＝Aさんの「個人概念a」の中）と"概念化"の結果（＝Bさんの「個人概念b」の中）の間の違いとして現れる．両者は一つの「言語表現」によって媒介されるだけであって，その源にあるAさんの"概念"と届いた先にあるBさんの"概念"が過不足なく一致することは必ずしも期待できない．伝達される「言語表現」の言語的"意味"にしても，その発話に至った状況，日頃の人間関係，発話時の両者の状況などに影響され，話し手と聞き手の受け止め方が全面的に一致するとは限らない．さらに重要なことは，Aさんがその「言語表現」に盛り込めなかったが，「個人概念」の中にはあった"概念"，そして，Bさんがその「言語表現」を受け取った際に独自に膨らませた"概念"があるとすれば，その「言語表現」によってもたらされた変化には「言語表現」の"意味"以上のものがあることになる．「相関モデル」において問題になるのはそのような非対称性である．そして，コミュニケーションに付随するこの"概念"の非対称性こそが言語コミュニケーションの本質を明らかにすると考えられる．「言語表現」は発信者と受信者を繋ぐものであり，外部的，客観的な"証拠"とは言えるが，「言語表現」だけでコミュニケーションの全貌が見えるわけではない．

　このように，AさんからBさんへのコミュニケーションに関わるAさんは「個人概念a」に基づいて「言語表現」を組み立てるプロセスを担い，

ＢさんはＡさんが表出した「言語表現」に基づいて「個人概念 b」の中に
新たな概念群を形成するプロセスを推し進める（それぞれ，図 1 の左側と
右側）．それぞれが別の個人によって遂行され，そのプロセスの中身が互
いの言語コミュニケーションの充実度を決めていく．実際のコミュニケー
ションでは話者交替による“言語化”／“概念化”の交替を契機にそのよう
な往復関係のプロセスが続く．上で紹介した心理言語学における産出と理
解の議論が文法規則の獲得に関するものであるように，第 3 章で検討し
た Levelt の発話モデルも，一人の話者について，文を作り出すこと（産
出）と理解することの両方に関わる文法知識の組織を考えている．その視
点は一人の話者が持つ文法能力の全体像に向けられているだけで，前節で
述べたような，言語発達における“理解に先行する産出”と呼ばれる問題
が前提とするアプローチに通じる．それらはコミュニケーションと呼ばれ
る状況の全要素を描き出すものではないだろう．

　図 1 に示されているように，言語コミュニケーションの理論である「相
関モデル」においては，産出と理解は言語コミュニケーションを構成する
発信者側と受信者側二者の共同作業として描かれている．つまり，「相関
モデル」では，一人の人間の能力として認められる産出と理解の側面を個
体が属す種の能力として比較するのではなく，特定の個人が絡むコミュニ
ケーションのプロセスの中で扱う．つまり，「個人概念 a」からの“言語
化”（産出）と「個人概念 b」が処理する“概念化”（理解）の両者を別の人
間に帰属させる．これはコミュニケーションを捉えるには必然的なことで
あろう．「言語コミュニケーションの概念−意味相関モデル」が注目する
のは，あくまでも A さんと B さんの間のコミュニケーションにおける両
者間の「個人概念 a」と「個人概念 b」のやり取りである．そして，それ
を媒介するのが「言語表現」と“推論”である．「言語表現」は社会的な産
物であって，組織として中立的である．ただ，話し手にとっては自分の視
点から語るであろうし，また，聞き手側では自分の関心によって「言語表
現」の取り込みにバイアスがかかるかもしれない．つまり，実際のコミュ

ニケーションにおいて自分の「個人概念」と相手の「個人概念」の受け取り方が互いに異なることはあり得る．このずれはモデル全体が表す非対称性として表される．この非対称性は「個人概念」の差となり，したがって，やはり"概念"的である．そしてそのことが言語コミュニケーションの本質を明らかにする．「言語表現」は発信者と受信者を媒介するものであり，客観的な"証拠"とは言えるが，「言語表現」だけでコミュニケーションの全貌が表されるわけではない．コミュニケーションとしては両「個人概念」の差が問題であり，両者間での"推論"もそのような概念的側面において「言語表現」の不十分さを補おうとする「個人概念」の働きと言えるだろう．

　このように，「相関モデル」が描く言語コミュニケーションでは，図1の基本図が示すように，「個人概念」に基づいて「言語表現」を組み立てる"言語化"のプロセスと「言語表現」に基づいて「個人概念」の中に新たな概念群を形成する"概念化"のプロセスがそれぞれ独立した役割を果たす．そして，それぞれのプロセスの中身が相俟って当該の言語コミュニケーションの充実度を決めていく．実際のコミュニケーションでは話者交替による"言語化"/"概念化"の交替を契機にそのような往復関係のプロセスが続く．言語コミュニケーションをこのように捉えると，図1の左右の「個人概念」の非対称性は自然な状態であると共に，その非対称性を乗り越えようとする営みこそがコミュニケーションの目標であると言えるだろう．

言語コミュニケーションの社会的側面

　文法のモデルが目指すこととコミュニケーションのモデルが目指すことは次元が異なる．まず，「個人概念 a」と「個人概念 b」を別人の頭の中に想定することは，それぞれに異なる立場や価値観や情報が反映されることを表せる．たとえば，職場における上司と部下の関係であれば，そのことがコミュニケーションに影響を与える可能性がある．社会の中でのコミュ

ニケーションにそのような側面が関わることは不可避である．また，話し手と聞き手の間に共通の経験や知識があり，それを互いに知っている場合もあれば，インタビューのように片方だけが一方的に知っている場合もあり，また，たまたま同席しただけで，お互いに知らない場合あるかもしれない．そして，発信者は具体的な「言語表現」を作り出し，そのような背景的な事情を反映させながら，伝えたいメッセージが相手に伝わるような形で発話する．聞き手の側でも，背景の知識やいきさつの知識を持っておればそれを活用する場合もあるであろう．聞き手の「言語表現」の処理は，言語的な解読だけではなく，そのようないろいろな背景の知識や予測に基づく解釈も含まれると考えられる．言語コミュニケーションの基本的な媒体は「言語表現」であるが，人と人とのコミュニケーションには，対面であれば顔の表情が何かを伝える可能性もあるし，電話であっても声の調子が大きな情報源になるかもしれない．そのような側面は「相関モデル」では"概念レベル"で処理される．このような側面の探究を社会言語学や語用論という分野に任せることは，言語コミュニケーションの全体像を見失うことにつながるかもしれない．

「相関モデル」が説明しようとする"産出"と"理解"の間には本質的な"非対称性"が予想され，それは幼児の文法獲得よりもはるかに広い領域の事柄に関わると言えるだろう．言語コミュニケーションのモデルにはそのような広範囲の対応が組み込まれるべきである．また，「相関モデル」において「個人概念」間に設定されている"推論"のルートは，「言語表現」が表していないメッセージを送ったり，受け止めたりする可能性を持っている．すぐ上で触れた，顔や声の表情も扱われるし，ルーティーン化されたやり取りや以心伝心的なやり取りも可能にする．理詰めで伝えるよりも人間性を生かしたコミュニケーションを目指すことも視野に入るだろう．"推論"と呼ばれるに相応しい論理的なことだけではなく，"産出"側と"理解"側に立つのが生身の人間である限り「言語表現」を超えて心のレベルで豊かなコミュニケーションが成立する可能性もある．

「相関モデル」は言語コミュニケーションそのものを中心に位置づけている．"言語化"は発話者の頭の中にある"概念"を外部向けに表したものであり，"概念化"はそれを聞き手が頭の中に持っている"概念"に追加したりそれを修正したりすることである．しかし，伝えられる内容が話し手と聞き手の間で必ずしも一致しないこと，つまり誤解もあり得る．「相関モデル」において問題となる典型的な"非対称性"は，"言語化"の源となった"概念"の中身と"概念化"を通して導かれた"概念"の中身が一致しないことにある．コミュニケーションにとっては，これこそが重要な問題であると言えるだろう．そして，図1において「個人概念 a」と「個人概念 b」を直接結ぶ破線で示されている"推論"が"概念レベル"においてこの"言語化"と"概念化"の負の非対称性を埋める働きをする．これはすでに随所で言及してきたことであるが，「言語表現」を発信する話し手は，聞き手や状況について独自の概念的把握をしている可能性があり，そのすべてが共有されているわけではないだろう．他方，聞き手の側でも，話し手についていろいろな情報を持っている可能性があり，それが"概念化"に反映される可能性もある．そのような特徴を考慮に入れれば，"言語化"の前提と"概念化"の結果が一致しなくても不思議ではない．「相関モデル」にとってはそのような現象が「言語表現」をめぐる"産出"と"理解"の"非対称性"の背景にある．

　したがって，「相関モデル」では"言語化"の源になった"概念"と聞き手の"概念化"の結果として生まれた"概念"が同一であることを前提にはしない．プロセスが互いに逆向き，つまり，話し手は"概念"から"意味"への"絞り込み"を行い，聞き手は"意味"から"概念"への"展開"をする立場自体が対称性を難しくする側面もあるので，「相関モデル」としては，個別的な「言語表現」に対して受信者が発信者と異なる解釈をする可能性を想定せざるを得ない．これは，コミュニケーションの観点から「言語表現」の自立性を認めているからである．つまり，A さんが発した「言語表現」は A さんの口から離れた途端に社会的な産物となり，それを

どう解釈するかは全面的に B さんに任せられる．わかりやすく表現する
のは話し手の責任であり，「言語表現」が文法的に適切かどうかだけでは
なく，発信者の"概念"（情報意図，伝達内容など）がどう伝わるか，に注
意しなければならない立場にある．そして，聞き手は「言語表現」の"意
味"を言語社会的な標準を念頭に入れながら自分なりの最大限の努力を経
て"概念化"する，つまり理解することに努める立場にある．そして，両
者の姿勢が妥当であることによってコミュニケーションが誠実な活動とな
る．そこには"言語化"の技術も絡むであろう．話し手と聞き手の立場が
異なれば，一つの「言語表現」に込められた気持ちや考えがそっくりその
まま聞き手の頭に入ることは必ずしも自動的ではない．"推論"を最大限
に活用しても，究極的には複数の頭が一つの頭になるわけではない．しか
し，そうであるからこそコミュニケーションに関わる両者の努力が必要な
のである．人間同士という基本を最大限に踏まえれば，結果的に十分話が
伝わる可能性はある．悲観的な見方も可能であるが，それは同時に"物わ
かりの良さ"の個人差の説明ができることでもある．「相関モデル」は産
出（production）と理解（comprehension）の問題を言語関連知識のレベル
からコミュニケーションのレベルに引き上げる．そして，「相関モデル」
は相手の考えをどの程度斟酌するかも含めてコミュニケーションの全体像
を表すことができる．同時に，ある"概念"をどう"言語化"するかには
複数の可能性があり，その中からどの表現を選ぶか，には恣意性がある．
そのことも言語コミュニケーションの性質である．また，聞き手の側で
「言語表現」を"概念化"する際には，個別的な「個人概念」の固有性が関
係する．当人の経験や価値観や話し手についての過去の記憶などが作用す
ることが考えられる．つまり，同じ「言語表現」でも受け手によって解釈
が異なる可能性は常にある．「相関モデル」はそのような多様な側面を考
察の対象に含めて，言語コミュニケーションの全体像を示そうとするもの
である．

174

4.3. 非対称性を是正する"推論"

2.6 節では"言語化"における文脈，3.5 節では"概念化"における文脈について考えたが，そこで言及したように，「相関モデル」における文脈には，概念レベルのものも考えられる．それは，"意味"と"概念"を区別しない従来の文法観には含まれないものである．そして，上で考えてきた"言語化"と"概念化"の非対称性を是正する上で，概念レベルの"推論"が重要な役割を果たす潜在性を持っていることを指摘した．

一連の新しい話を出す前の前置きも，話し手と聞き手の間の文脈の欠如を埋める働きをする．たとえば，「これは私がローマにいた時のことなのですが，…」というような前置きは，話し手と聞き手が扱うことになる話題に枠をはめることであり，話し手と聞き手が共有する時空間を狭めようとする努力と考えられる．そしてこのような類の努力は，"概念化"（理解）を遂行する聞き手の側に少しでも役立つであろうと"言語化"側が"推論"したものと考えられる．もっとも，この"推論"は推論であるので，この前置きが想定通りの働きをするかどうかはわからない．話し手のほうではローマの話であることを予め告げたほうが聞き手はそれなりの準備ができるであろうと考えたとしても，聞き手は"ローマの話はもういらない"と逆の反応をするかもしれない．そうなると，話し手の計算は誤っていたことになる．このように"推論"の狙いは必ずしも予想通りになるとは限らないが，互いに何か新しい情報を与え合うというコミュニケーションを進行させるには常に聞き手に参考になる情報を与えた方がコミュニケーションを円滑にできるだろうと"推論"することは人間的な営みであると考えられる．一般的に，話の文脈を聞き手に提供することは聞き手の"概念化"を助けることになるであろう．

コミュニケーション状況の具体例

コミュニケーション状況の具体例として，次のような，2 者間の具体的

な内容把握のずれを顕現させるような状況を考えてみよう.

　A1 さんは, あるビーチで, かつてサーフィンに適した波がコンスタントに来ていたのにそのような波が来なくなった, という状況の変化があり, それを変えたいという思いを「あのビーチを取り戻そう」という「言語表現」で表したとする. 他方, A2 さんは, 浜辺での風紀の乱れや治安の悪化を憂い, 「あのビーチを取り戻そう」という表現を使って人々に昔の浜辺を思い起こさせたいと思っているとする. A2 さんが "言語化" の前に頭の中に持っていた "概念" は, 先のサーフィン志向の A1 さんとは異なる. しかし, この "言語化" を支える「個人概念」の違いは, 「あのビーチを取り戻そう」という「言語表現」そのものには表面化しない.

　これを聞いた B さんはこの「言語表現」からどういう "概念化" を行うであろうか. たまたま B さんに子供たちが楽しく遊べるビーチへの関心があれば, A2 さんと波長の合う解釈をする可能性があり, それは, A1 さんのようにサーフィンに関心のある聞き手とは異なる "概念化" になるであろう. そのような場合, 聞き手の B さんと話し手の A1 さんのやり取りにはずれが生じる可能性がある. それでは, このようなコミュニケーションのずれた展開を避けるためには何が役立つであろうか.

　A1 さんが, 少し言葉を足して, 「あの波が来るビーチを取り戻そう」と "言語化" すればサーファーはその意図をすぐに理解するであろう. (もっとも, サーファーでない人にとってはまだ不明瞭かもしれない.) また, A2 さんが「子供が安心して遊べるビーチを取り戻そう」と表現すれば, ほとんどの人がその意図を理解するであろう. つまり, A1 さんや A2 さんの意図が B さんにうまく伝わるかどうかは, 「言語化」のプロセスで聞き手のことをどう意識するかに依存する. "言語化" に際して聞き手のことを計算に入れることは言語コミュニケーションの成功のために大いに役立つ可能性がある. つまり, 聞き手の「個人概念」の中身を "推論" して, A1 さんの場合であれば, 聞き手が「あの波が来る」の表現に反応して自分の話の意図を汲みとってくれるだろうと期待したり, あるいは, A2 さ

んの場合であれば,「子供が安心して遊べる」を補足すると自分の意図を
すぐにくみ取ってくれるだろうと期待したりすることができる.これは図
1では左側から右側への"推論"である.このように,「個人概念 a」の中
に聞き手に関する配慮が含まれていたらコミュニケーションの成功度が高
まるであろう.なお,図の中の"推論"のルートに矢印が付いていないの
は,このように発信者 A さんと受信者 B さんの間にはどちらの方向にも
"推論"が働く余地があることを示している.そして,発信者から受信者
に向けてのこのような"推論"は"言語化"と"概念化"の"非対称性"を
補正する働きをする.このように,「相関モデル」には,言語産出と理解
の非対称性が発生する可能性を低める"推論"という装置が組み込まれて
いる.その装置は,"文脈の共有"を目指すものであると言えるだろう.
そして,それは現実に即した配慮でもある.

　このようなことは,言語そのものの問題と言うよりも,話し方教室的
な,あるいは社会学的な事柄と思われるかもしれないが,それは逆に言う
と,文法中心の言語学の領域が狭く考えられている結果ではないだろう
か.比較的新しい研究分野として,語用論や談話分析や心理言語学などの
分野でもいろいろな考え方が提起されているが,本書の立場は,「言語表
現」を対象にする研究を中心に置いて,その周辺の事柄を別領域として考
察するのではなく,「言語表現」の産出に直接関わる人間の頭の中にもっ
と入っていこうとする考え方である.「言語コミュニケーションの概
念‐意味相関モデル」は,「言語表現」を作り出す「個人概念」の領域に視
野を広げ,"意味レベル"だけではなく"概念レベル"を考察に含めるこ
とによって,より現実的に言語コミュニケーションを描こうとする試みで
ある.

　「あのビーチを取り戻そう」の例を参考にすると,あるいは実際に誤解
の例に接すると,話者は次のコミュニケーションでは予め予防策が必要と
考えるかもしれない.そんな時に参照する枠組みに聞き手の「個人概念」
の領域が含まれていたら,自らの言語コミュニケーションを高める方法を

思いつくかもしれない．慎重な人とそうでない人の差を誰かがコントロールすることは難しいが，いずれにせよ，対策を考えたり，説明したりする枠組みが必要になるのではないだろうか．そして，可能性のある事態の具体的な列挙は個別にできるかもしれないが，"推論"の使い方を考えるには，「相関モデル」のような図式がわかりやすいと思われる．個別の説明ではなく，説明の枠組みとして「相関モデル」を使うことができるだろう．あらかじめ誤解を避ける方法とは，というような指南書的なものよりも，「言語表現」をコミュニケーションの視点から捉える「相関モデル」のようなものが説明の枠組みを提供できると考えられる．「相関モデル」は，結果的に，具体的な注意点を考える枠組みにもなるであろう．

　「言語コミュニケーションの概念‒意味相関モデル」の視点から見れば，話し手が聞き手に"文脈"を意識するように働きかけることもあり得ることになる．話し手のA さんが聞き手のB さんに自分の話をきっちり理解してほしいと思えば，適切な"文脈"を提供することが役立つと考えても不思議ではない．実際のところ，実質的な"文脈"を提供することは珍しくないだろう．これは，聞き手の「個人概念」の中にまず話題の輪郭を与えることによって，後の話を想像しやすくすることにつながる．このようなことは直観的になされることもあり得ると思われるが，「相関モデル」の枠組みを意識すれば，間接的に聞き手の"文脈"形成を助けるメカニズムを想定することもできる．それは誤解を避けたり，理解を促進したりすることに繋がる．わかりやすいスピーチを指南する際に経験則として使ったりすることもできるであろうが，ここでの論点は，「相関モデル」を使えば，そのような経験則が理論的枠組みに沿って導けることである．

推論の活用例

　ところで，言語コミュニケーションの当事者が互いに相手の「個人概念」の中身を"推論"することは普通のことであろうが，それがどの程度か，という点では個人差があるかもしれない．また，人間関係的な要素も関係

するだろう．日常的に接触の少ない人同士の会話であれば，相互に相手の「個人概念」を探ることは少ないであろう．一般的に言って，社会の中には，一方的にしゃべるだけの人から常に相手の「個人概念」の状態を考慮に入れる人までのスペクトルが考えられる．つまり，個人や状況によって，実際の言語コミュニケーションにおける"推論"の活用は異なるであろう．いずれにせよ，「相関モデル」の理論的枠組みは，"推論"がいろいろな役立ち方をする点を考慮に入れることを可能にする．

　いろいろな発信者と受信者に共有されるこのようなさまざまな"文脈"を特徴づけるには，「相関モデル」のように，発信者と受信者それぞれに別の「個人概念」を想定し，「言語表現」と"推論"の二つのチャンネルを通して発信者と受信者の関連を描けるモデルの枠組みが必要である．一般的によく意識される文脈は，読解において語義の解釈を支えるものとしての文脈，あるいは，発言の中で言及されたある表現の意味合いを探るために参照する文脈などであろう．つまり，意図的な文脈参照は理解に何らかの難しさを感じる時が中心と言える．そのことを裏返せば，納得する理解が得られる時には文脈を意図的に探る必要性は感じないと想定できる．現実には，しかし，文脈を踏まえた理解に成功しているからこそ文脈を意識しない場合がほとんどであろうと思われる．そして，適切な文脈理解がどのように役立つのかを把握するには「相関モデル」のような枠組みを理解することが有効に働くと思われる．

　上で例示した「あのビーチを取り戻そう」に追加された表現「あの波が来る」，「子供が遊べる」について注目したのは，それを発話者が自ら追加する点である．この可能性は「相関モデル」の"推論"のチャンネルをベースに使っていると考えることができるであろう．つまり，聞き手がどのような"概念化"を試みるかについての"推論"である．言い換えれば，自分が発する「言語表現」を解釈する聞き手のことを視野に入れている．それは意識的な計算ではないかもしれないが，自らの発話が単に「ビーチを取り戻す」だけでは聞き手はその意味合いをはっきり掴めないかもしれな

いと"推論"した結果とも考えられる．誤解なく理解してもらうことを考えると，理解側に役立つ文脈を意識する必要がある．「あの波が来る」，あるいは「子供が遊べる」を追加することによって，期待する"概念化"を確保することができる．「相関モデル」においては，このような配慮を"言語化"に伴う「個人概念」の働きとして捉えようとする．つまり，発話産出側は聞き手の理解が促進されることを望んで文脈を提供する．このような聞き手の「個人概念」への配慮もまた言語コミュニケーションの秩序を支えていると考えられる．理解側は産出側からの文脈にヒントを探す一方，親切な産出側はそのためのヒントをわかりやすく提供する．たとえば，学校の授業のような環境では，わかりやすいように，わかってくれるように，という先生側の意思は常に働いているだろう．

　基本的に，複数の個人の姿勢や置かれた状況の間には違いがある．「相関モデル」に複数の「個人概念」が関わることによって，そのような違いの存在が視野に入る．B さん（"概念化"側）が A さん（"言語化"側）に文脈提供を求めるのは A さんが送ってきた「言語表現」に不明確さや曖昧さを感じ取った場合であろう．上の例では，文脈を意識しない A さん（＝A1 および A2 さん）が修飾語句を加えずに単に「ビーチを取り戻す」と言ったとすると，B さんは「ビーチを取り戻す，とはどういう意味ですか．」と A さんに尋ねたかもしれない．つまり，「ビーチを取り戻す」という「言語表現」を聞いた B さんが何らかの要因によってその"意味"に確信を持てなかったと感じる可能性はある．また，A さん自身が，しゃべりながら，文脈提供が十分でないことを感じ取ったかもしれない．しかし，いずれの場合も，文脈共有の必要性は絶対的なものではないし，基本的には「言語表現」を媒体とする日常的なコミュニケーションはそれ自体で有効であることが期待される．ただ，理解を促進するための仕組みとしての文脈共有はコミュニケーションの質を高めるとことになるであろう．記号に頼るのみのコードモデルではそのような可能性を説明することは原理的に難しいが，複数の「個人概念」が"推論"で結ばれる可能性を含む

「相関モデル」では文脈共有の可能性を高める手段を双方が具体化に実行する展開を考えることができる.

　人と人の間に成立するコミュニケーションが秩序だったものになるためには，“言語化”と“概念化”で利用される文脈が当事者の間で一致することが望ましい．通常，“概念化”に従事する聞き手の側では，発信者からの「言語表現」が主要な情報源になるが，同時に旧知の発信者であれば背景的なことや発話についての過去のやり取りを“文脈情報”として活用することができる．「相関モデル」においては，それを“「個人概念」に含まれる情報を活用すること”と説明できる．他方，発信者の側でも過去のやり取りを踏まえて「言語表現」を選ぶこともあるだろう．それがどの程度であるかには個人差もあるし，基本的に話し手にとっては新規の「言語表現」を産み出す作業に主要な関心が集まるのが普通であろう．しかし，言語コミュニケーションとしては発信者と受信者が過去のやり取りを踏まえた“文脈”を共有することが望ましい．そのような“文脈”の共有によってコミュニケーションの効率，精度が高まると考えられる.

4.4.　語用論の位置づけ

　1.4 節で例示した交番でのやり取りで，遺失物の問い合わせに来た人が使う「財布」という表現（トークン）と，応対する交番の巡査が使う「財布」という表現（タイプ）はそれぞれ，トークンとタイプという特徴を帯びていることを述べた．個物を表す名詞表現についてのこのトークン／タイプの区別は指示対象の“特定性”に関わる．そして，表現の“特定性”という性質に注目すれば，文のような表現単位についても特定性と一般性の区別が可能であろう．たとえば，「犬が寄ってきた」という叙述に含まれる「犬」が特定の犬であれば，「犬が寄ってきた」という叙述も特定性を持ち得るし，他方，犬を特定せず，したがって，いつ，どこで，も特定せずに一般的叙述として「犬が寄ってきたら」（条件節）と発話したならば，

事態の"タイプ"を述べたことになる．1.4 節で述べたように，「言語コ
ミュニケーションの概念－意味相関モデル」の「言語表現」は個人にとっ
ては自分の"外部"で流通している"形式"であり，話者としては「言語
表現」で特定のものや事態を指すこともできるし，一般的な叙述にするこ
ともできる．「相関モデル」では「個人概念 a」が「言語表現」をコント
ロールすることから，「言語表現」の一般性／特定性についてもその話者
である A さんの「個人概念」の中にその区別を実現する情報があると考
えられる．言い換えれば，A さんが発した「言語表現」としての「犬が
寄ってきた」の「犬」が不特定でも「寄ってきた」というイベントは特定
であり得る．その場合寄ってきた犬は知らない犬一般ということになる．
いずれの場合にしても，「相関モデル」においては A さんが発話した「言
語表現」の特定性に関する情報は A さんの「個人概念」の中にある．

　A さんの口から「犬が寄ってきた」という「言語表現」を聞いた B さん
は，特段の文脈がなければ，一般的な叙述であると受け取るであろう．し
かし，庭でひよこを遊ばせていた話を A さんがしていて，「そこに犬が
寄ってきたんだ」と言えば，その状況は"特定"と解釈できるであろう．
つまり，（飼っている）ひよこがいる状況という点での特定性が発生する．
つまり，聞き手の B さんにとっても，ひよこと犬の関係はどうなったの
だろうかという点で関心事の特定性が生まれる．犬が特定の，既知の犬か
どうか，犬とひよこの距離はどれぐらいであったのか，などの特定の状況
要素が気になるであろう．すでにその時点で，A さんの「個人概念」には
"仲良く戯れた"という結果も含まれていると考えられるが，その時点で
の B さんの「個人概念」には結末までは含まれていない．「相関モデル」
では，「個人概念 a」と「個人概念 b」の一方が結末を知っているが，他方
は知らないという状況でコミュニケーションが始まったとしても，対話の
進行に伴い，段階的に相互理解が深まっていく様子を記述することも可能
であろう．

　このように，言語コミュニケーションを通して「言語表現」の一般性が

時間の経過につれて特定化していくのがコミュニケーションの目的とも言えるが，そのような展開は聞き手の「個人概念」の中身の変化によって跡付けられる．これは，大枠としては聞き手の頭の中のことと言えることであるが，「個人概念」という領域を設定することによって，コミュニケーションの行為だけではなく，どの部分がうまく伝わり，どの部分がうまく伝わらなかったか（＝誤解や不理解），それぞれの知識や経験がコミュニケーションにどのように関わったかなどを探るにはこの「個人概念」という装置が有用であると考えられる．そして，そのような考察には，「言語表現」の"意味"と「個人概念」の"概念"（理解）との区別が重要な視点になる．さらに，「言語表現」を向けられた B さんにとっては，「個人概念 b」の中でその「言語表現」を受け止めて自ら"概念化"する際にメッセージの中身を特定のものとして捉えることによって，"概念"を絞り込めることにもなるであろう．

　しかし，同時に，「相関モデル」において「言語表現」をコントロールするのは「個人概念」である．つまり，「言語表現」は「個人概念」を"言語化"したものであり，また，聞き手の側の理解は A さんの「言語表現」を"概念化"した結果である．話し手側で「言語表現」を作り上げていくのは「個人概念 a」であり，また，それを聞いて理解を進めるのは「個人概念 b」であり，言語コミュニケーションに関わる主体は「個人概念 a」と「個人概念 b」であると考える．その点では「言語表現」そのものは情報不足である可能性があるし，骨子をまとめただけである可能性もある．言い換えれば，同じ表現でも，その言語社会の中で他の人が他の状況で他の人に発したとすると，その解釈は異なる可能性がある．全く同じタイプである「言語表現」を使ったとしても，A さんが B さんに対して使った場合と C さんが D さんに対して使った場合とで全く同じメッセージが伝わる保証はない．なぜならば，A さん〜 D さんの「個人概念」が全く同じである保証はないからである．言い換えれば，ある「言語表現」で伝わっているように見えることでも，その中身は送り手，受け手の「個人概念」によっ

て処理されていて，その点で固有なものであると考えられる．「相関モデル」では「言語表現」は基本的に「個人概念」の現れの一部であると位置づける．

「個人概念」は，また，"推論"ルートにもつながっている．そのルートを通して相手の意図を察したり，不足情報を補ったりする可能性もある．そのような状況を考えると，コミュニケーションの主たる担い手は「個人概念 a」と「個人概念 b」であり，「言語表現」はその骨子に過ぎないと考えられる．同形の「言語表現」であっても，言語コミュニケーションにとって重要なことはそれを用いて相手に何が伝わるか，その意図や願望を発する側の「個人概念」の中身，また，その趣旨を受け取る側の「個人概念」の変化が重要である．外面化する「言語表現」そのものの構成原理（＝文法と呼ばれる）も言語社会の中で人がその生得的なコミュニケーション能力に支えられて自分の頭の中に構築してきたものであり，特に一対多，あるいは公的な社会的コミュニケーションにおいて大きな役割を果たす．しかし，日常的にはまさに「個人概念」がコミュニケーションの主体として「言語表現」を通して相手に対応していると見るのが自然であろう．

「言語コミュニケーションの概念‐意味相関モデル」の視点に立てば，「言語表現」の裏に「個人概念」が張り付いているような状態であり，その点で実際は文法と語用論が合体していると言えるであろう．従来の文法観は，文法（統語論，意味論，音韻論）が文の骨組みを作り，語用論が文法の補佐的，あるいは追加的な部門として扱われてきたようなところがあるが，「相関モデル」の視点から見ると，「個人概念」と「言語表現」の関係全体が言語コミュニケーションという任務を遂行していると考えられ，その点では従来の文法と語用論を一体化して扱うことが自然ではないかと思われる．言い換えれば，「言語コミュニケーションの概念‐意味相関モデル」の「個人概念」の働きは，文法と語用論で扱われることを併せ持っていると言えるだろう．確かに，音声的な「発話」には一回性が強く，文法的"乱れ"も多いという特徴はあるが，メッセージの内容，並べ方は全体

として「個人概念」によってコントロールされると考えられる．また，「相関モデル」では，コミュニケーションが口頭か書面かにかかわらず同様なコントロールがなされると考える．その見方からすれば，伝統的な文法と語用論の別扱いは，むしろ，熟考された書記文の文法研究を別扱いにすることの反映でしかないと言えるかもしれない．「相関モデル」では，「言語表現」を固定的に独立させて扱うことはしない．「言語表現」は言語コミュニケーションの一環であり，複数の「個人概念」の絡み合いの中で価値が生まれると考える．

「相関モデル」から見た関連性理論

　語用論のひとつの発展形と見做される「関連性理論」(Sperber and Wilson (1986)：本書での術語の日本語訳は，参考文献に示した日本語版の術語を使う）は，言語や合図で伝わることがなぜ，どのようにして伝わるのか，を問う．そして，"関連性" という概念を中心に置き，その概念に関わる「意図明示推論的伝達 (ostensive-inferential communication)」などの概念を定義し，「関連性理論」と呼ばれる説明体系を構築しようとする．それは，コードモデルの欠点，意味論の不足を語用論として補うことを目指していると言えるだろう．それでは，ここで提案している「言語コミュニケーションの概念‐意味相関モデル」は「関連性理論」とどのような関係に立つのであろうか．

　「相関モデル」と「関連性理論」の間の基本的な違いは何であろうか．前者は "概念" と "意味" の区別に基づく言語コミュニケーションの枠組みを提案することにあり，後者は実際のコミュニケーションを説明する原理・原則の追求にある，と言えるだろう．"推論" や "文脈" や "意図" など，コミュニケーションに密接に関連する項目が考察の対象となることは共通するし，コードだけに頼らない点も近いと思われる．しかし，「相関モデル」における "概念" と "意味" の区別，「個人概念」と「言語表現」の分立が「関連性理論」（および他の文法理論一般）にないことが基本的

な違いである．「相関モデル」のアプローチがいろいろな現象の考察に奏功するかどうかを判断するにはまだ時間がかかるであろうが，"概念" と "意味" を区別し，"意味" だけを「言語表現」独特の属性と考えることによっていろいろな現象を把握しやすくなるのではないか，という方向性は大きな意味合いを持つと考えられる．この節では，「相関モデル」における "概念レベル" と "意味レベル" の区別の有用性を中心に，関連性理論との違いを論じる．

まず，Sperber and Wilson（1986: 34ff.）の例を使って，何が語用論の対象とされるかについて確かめる．

(1) Peter: Do you want some coffee?
　　 Mary: Coffee would keep me awake.

Sperber and Wilson は，結論的に言えば，このメアリーの答えを聞いたピーターの頭の中に（2）が想定されていると，グライスの「協調の原則」の一つである「関係の格率」（＝関係のあることを述べよ）によって（3）を推論するとする．

(2) Mary does not want to stay awake.
(3) Mary does not want any coffee.

他方，言語コミュニケーションの理論である「相関モデル」の観点から見れば，実際の場面では，メアリーがコーヒーを欲するかどうかは，まずメアリーの口調ですぐにわかることと説明できる．つまり，（1）にある Mary の返答となる「言語表現」の "意味" をどう捉えるかを言語分析者が議論するよりも前に，彼女の頭の中にある「個人概念」をピーターが "推論" しようとする姿勢があれば，単刀直入でない答え方と口調（この点で，日本語では "言い淀み" が顕著であるように思える）だけででも彼女の気持ちがほとんどわかるのではないだろうか．つまり，コーヒーは眠気を覚ますという "概念" がすでに両者に共有されているとすれば，あえ

186

てそのことに"言及"しているだけであって，その言語行為そのものは，むしろ，No という返答の強さを和らげる働きをしている，という可能性を指摘できるのではないだろうか．「言語表現」の効果をその表現の言語的意味に限ることはコミュニケーション全体を視野に入れることにはならない．

　(1) のやり取りを"意味"を伝えることと"概念"を伝えることを分けて考える「相関モデル」の視点から見ると，別の捉え方ができる．「相関モデル」における「個人概念」はコミュニケーションに関わる当事者として「言語表現」から得られる情報だけではなく，状況全般や話し手の表情の観察に基づく情報を参考にして"概念"をまとめる場所でもある．上記(1) の例においても，Mary にとって Peter がどういう存在であるか，今の時刻や生活空間の様子，今どのような作業をしているか，など，周囲の状況が関わっているはずであり，Peter の発言もそのような環境の一部として聞き取っていると思われる．それらのことをすべて考慮に入れずに両者の発言だけに基づいて第三者がコミュニケーションの意味合いを考えることは，コミュニケーション行為の扱いとしては不十分ではないだろうか．「相関モデル」は「言語表現」にだけ注目するのではなく，付随するいろいろな情報も考慮に入れ，それらのコミュニケーション上の意味合いを考える枠組みを提供する．つまり，Peter の「個人概念」は「言語表現」を扱うだけではなく，"推論"ルートを通して Mary の「個人概念」に迫り，非言語的なコミュニケーションの特徴の観察も含めて Mary のメッセージを取り込もうとするであろう．

　一般的に言えば，コミュニケーション行為に関する一般的な原理や原則を精緻化するよりも，コミュニケーション関与者の頭の中にある具体的な「個人概念」の内容を顕在化させ，「言語表現」のルートと"推論"のルートという二つのルートの使い方を観察することの方が必要なのではないかと思われる．われわれは実際の個別的なコミュニケーションの諸側面を跡付ける枠組みを模索したい．この例の場合，ぶっきらぼうに「要らない」

と言うのではなく間接的にそれを表現しようとするメアリーの「個人概念」の中には，尋ねてくれたことに対する感謝の念，今夜はもう寝たいというような"概念"が含まれている可能性がある．もっとも，そのような「個人概念」の中のことは外からはわからない．しかし，人間として，日頃からの仲間として，メアリーの対応に対して，ピーターの「個人概念」の中にはいろいろな思いが浮かぶであろう．ピーターとしても今夜はここでやめておいたほうがいいのでは，という思いを抱いているかもしれない．つまり，メアリーの返事は (3) の字義的な意味を表すだけではない，ということには現実的なコミュニケーションのダイナミズムが付随している．「相関モデル」はそのような"人間味"のある考察を可能にする．

　次の別の例についても，「個人概念」という枠組みの視点に立てば現実を整理しやすい．Sperber and Wilson (1986: 13) は (4) を聞いて普通は (5) の解釈をするのはなぜか，という問題の立て方をするのであるが，「相関モデル」の枠組みでは別の視点からその問題にアプローチすることができる．

(4)　Jones has bought the *Times*.
（ジョーンズはタイムズを買った.）

(5)　Jones has bought a copy of the *Times*.
（ジョーンズはタイムズを一部買った.）

(6)　Jones has bought the press enterprise which publishes the *Times*.
（ジョーンズはタイムズを発行する新聞社を買った.）

　この例文 (4) に対する一般的な聞き手の解釈が (6) ではなく (5) であることについて，Sperber and Wilson (ibid.: 14) は (6) は"推論上排除される (be inferentially dismissed)"という観点から説明しようとし，"推論"という概念の考察に進む．しかし，ここで問題にされる"推論"は誰の"推論"であろうか．「相関モデル」の視点から見れば，the *Times* を

188

"タイムズという名の新聞", "タイムズ社" のどちらに理解するかは聞き手の「個人概念」の具体的特質による, という説明が可能になる. つまり, どちらの理解もあり得る. 投資家が投資家仲間の Jones さんのこととして (4) を聞いたならば, (そして, 誰から聞いたかも重要であるが,) 自然に (6) の解釈を優先するであろう. 他方, 一般市民であれば (5) の解釈を優先する, あるいはそれしか浮かばないであろう. つまり, 聞き手の解釈はその人が持つ「個人概念」という "文脈" に影響され, その "文脈" が投資家のジョーンズさんに光を当てれば, (6) の解釈が出てくる. このような「相関モデル」の枠組みがあれば, (5) の解釈か (6) の解釈かは聞き手の「個人概念」という "文脈" を反映するだけである. (現実として, タイムズ社を買うような投資家のジョーンズさんのことが頭の中にある人は少ない, あるいはいないかもしれないが, 可能な「個人概念」である.) "意味" レベルだけではなく "概念" レベルにも言及しながら (5) および (6) というような二つの可能な解釈を説明できるモデルは, Sperber and Wilson (1986) のように一般的な "推論" という捉え方, あるいはその術語の概念を探求するのではなく, "理解" そのものに含まれる要因としての「個人概念」の個別的, 具体的な特質, あるいは「個人概念」の中の文脈を考察の対象とすることを可能にするモデルであろう.

　Jones さんが投資家であるかどうかは一般的な言語解釈の原理原則の話ではない. 聞き手の「個人概念」の中にそれが事実であるという知識があるかどうかの話である. 実際にそれが事実でないならば, あるいは, 事実であっても聞き手がそれを知らないならば, その聞き手には (6) の解釈は生まれない. ただそれだけの話である, と考えるべきであろう. その場で Jones さんについての発話を聞いた人がそのことを知っているかどうかは具体的, 個別的な状況の問題である. the *Times* が新聞の現物一部を指すかどうかについては, もう少し細かく聞き手の違いを考慮に入れると, 上の (4)‒(6) の the *Times* が含まれる発話を聞いた C さんが "タイムズという名の新聞" の存在をよく知っていて, かつ, ここで言及されて

いる Jones さんが投資家でないことをよく知っているならば，迷いなく
新聞として解釈するであろうし，もし D さんが，Jones さんが投資家，
資本家であることを知っていて，かつ，話し手の A さんが日頃から会社
の売買に関心を持っていることを知っていたなら，D さんが（4）の the
Times を "タイムズ社" と解釈する可能性が高まり，そして E さんにどち
らの知識も無ければ，つまり Jones さんが誰かについても，"the *Times*"
が何かも知らなければ，「誰かが何かを買った」という理解に留まるだろ
う．新聞一部を買う話のほうが日常的で馴染みがある．

　このように，多義性解消の "推論" は聞き手の B さんの「個人概念 b」
の内容に依存する．ここで重要なことは，「個人概念」の「個人」の部分で
ある．"推論一般" を考える限り，「言語表現」の一般的解釈しか考察の対
象にならない．つまり，聞き手の個別性が捨象される．しかし，現実世界
での言語コミュニケーションを扱うには，"個人" の特性を考えるべきで
あろう．逆に言うと，「言語表現」の "一般的" 解釈に "推論" を取り込も
うとしても，"個人" の特性を考えなければ，結論の出しようがない．個
別の発話理解を描く「言語コミュニケーションの概念−意味相関モデル」
は，「"個人" 概念」に注目する．上で述べたように，一般ではなく特定の
聞き手の「"個人" 概念」が関与する事柄である．逆に，"普通，投資家の
ことは頭にない" という判断は個人の代表を勝手に決めていることにな
り，その基準は必ずしも現実的ではない．したがって，「推論モデル」に
とって「概念」が "" 個人" 概念" であるという位置づけは重要なのである．

　このような考え方に立てば，Jones has bought the *Times*. という表現
そのものがどのような "推論" を導くのか，という一般的な問題ではなく，
特定の聞き手が Jones 氏を一般の購読者と見做すか，あるいは投資家と
見做すかを概念的に決めるだけのことであるという説明が可能になる．
Sperber and Wilson (1986) は，the *Times* という言語表現の曖昧性を中
心に状況を整理しようとする．そうすると，聞き手の状況認識において
the *Times* の受け止め方が鍵になるが，「相関モデル」では，聞き手自身の

the *Times* の認識は聞き手自身の「個人概念」に含まれるものであり，聞き手の理解はその「個人概念」に基づくと考えられる．もし聞き手の「個人概念」にタイムズ社に関する何らの追加的 "概念" もなければ，そのような "概念" に基づく理解が発生しないのは当然であろう．つまり，その発話聴取時にタイムズ社に繋がる "推論" が発生しなくても不思議ではない．また，一般的なコミュニケーション場面では，Jones 氏が単なる購読者か投資家かを聞き手が判断する必要性は普通発生しないと考えられる（＝普通，購読者の理解）ので，Jones 氏のことを知らない人，あるいは，少なくとも投資家だとは思わない人にとっては Jones has bought the *Times*. という発話を聞いて，単に売店で新聞を一部買っただけという認識を逆転させるだけの材料はなく，ただ蓋然性の高い解釈に傾くだけの話であろう．「相関モデル」に従えば，結論的に言えることは，聞き手の対応は聞き手が Jones 氏の特性を知っているかどうかにかかっている，という一般的なことになる．

　まとめれば，多義語の "意味" は "文脈" で決まる，と一般的に説明される現象は，"文脈" を捉える聞き手の頭の中の「個人概念」のなせる業であると考えられる．「相関モデル」が組み込んでいる "二層性"，つまり "概念レベル" と "意味レベル" の "二層性" は言語コミュニケーションの一般的特性を反映している．上の (4) Jones has bought the *Times*. は (5) と (6) に対応する意味を持ち得る点で多義的である．つまり，"the *Times*" は「タイムズ紙」と「タイムズ社」のどちらも指し得るという点で多義的である．この多義性は「相関モデル」では次のように把握される："形式" としての "the *Times*" の "意味" としては「タイムズ紙」と「タイムズ社」の両方が可能で，そのどちらの解釈を取るかは B さん（聞き手）の「個人概念」への入力となる "概念化"（＝理解）を通して決定される．この "概念レベル" での処理は聞き手の「個人概念」において実行されるが，その材料となるのは「言語表現」(4) と "推論" である．この場合に関与する "推論" は，Jones さんが投資家であるかどうかの情報が B さん

の「個人概念」に含まれるかどうかである．もし B さんが Jones さんなる人間の属性について unmarked（無標）であれば，新聞社を買収するような突拍子もないことは考えないのが普通である．つまり（6）に繋がるような「個人概念」の働きはないのが普通である．そうすると，そのような「個人概念」は（6）のような解釈を想起することはない．つまり，（6）を排除するのは B さんの「個人概念」の中身であり，一般的な"推論"が決め手になるわけではない．

4.5.　外国語使用に関わる非対称性

本章のテーマは"言語化"と"概念化"の非対称性であるが，外国語使用に関わる非対称性としてもう一つ別の次元を考えることができる．まず，図7は関連する項目を整理するものである．

〈図7〉　「相関モデル」から見た伝達モード

伝達モード／個人概念	音声	書記	合図
言語化	話す	書く	示す
概念化	聞く	読む	解く

外国語使用に関わる非対称性としても，"言語化"と"概念化"の非対称性が基本になるが，それをもう少し詳しく捉えようとすると，図7（「相関モデル」から見た伝達モード）でまとめられているように，縦軸の"言語化"と"概念化"の両方に対して"伝達モード"と記された横軸にある音声，書記，合図を区別することができる．まず，次のサブセクション**縦の非対称性**では，縦並びの"言語化"と"概念化"の非対称性が外国語の絡む言語コミュニケーションにどのように関わるかについて論点をまとめる．その後，**横の非対称性**のサブセクションでは，図7の横軸となる伝

達モード間の違いについて考える．なお，"合図"としては手話のことを中心に考えているが，手話については次の第5章で論じる．

縦の非対称性

　第1章で導入された図1（第2，3，4章でも再掲）にまとめられているように，コミュニケーションに言語を使うということは，Aさんが自分の頭の中にある"概念"に基づき「言語表現」を産出（="言語化"）し，それを基にBさんが「言語表現」の"意味"を自分の「個人概念」に取り込む（="概念化"する）ことであると考えるのが「相関モデル」の骨子である．そして，それを第三者的な視点から捉え直すと，産出側にいる人間の頭の中にある「個人概念a」に含まれる"概念"の一部が「言語表現」の"意味"を通して"概念"として聞き手（読み手）の「個人概念b」に入り込むことが言語コミュニケーションを構成する，ということになる．

　その際，すでに4.2節で述べたように，話し手の"言語化"と聞き手の"概念化"は純粋に反転可能な鏡像的なプロセスではなく，話し手の中の"概念"と聞き手の描く"概念"は必ずしも全く同一ではないと考えられる．それを"言語化"と"概念化"の非対称性と呼んでいる．しかし，このことは日常的な母語話者同士でのやり取りにおいては顕著に現れないことも多く，あまり意識されることはないかもしれない．それでは，外国語が絡む場面ではどうであろうか．

　使用言語が外国語である場合にはどのような状況が発生するか．たとえば，Aさんは日本語母語話者であるが，相手のBさんが日本語を知らない英語話者なので，自分にとっては外国語である英語で"言語化"しようとする場合，まず，Aさんには英語という言語についての語彙や文法の知識が必要であり，それを運用する力が身についていることが必要となる．"言語化"としてはそのような言語知識と言語運用能力の質と量がその内容伝達の成功度を決めることになるであろう．他方，聞き手のBさんが英語母語話者であるとすると，外国語としての英語を使っているA

さんの"言語化"の結果に多少わかり難さがあっても補足しながら理解し
ようと努めるかもしれない.「言語コミュニケーションの概念－意味相関
モデル」の観点に立てば,日本語を話さない B さんは,A さんが発した
英語の「言語表現」の"意味"に基づいて A さんが伝えたいのであろうと
思われることを自分の「個人概念」に"概念"として取り込もうとするの
であるが,時に,細かい情報を受け取るのに苦労するかもしれない.コ
ミュニケーション全体の成果は,A さんの「言語表現」の妥当性と B さ
んの"概念化"の丁寧さに依存するであろう.そして,コミュニケーショ
ンの達成度は"推論"ルートの活用にも依存するであろう.もし A さん
と B さんが同じ環境にいたり,互いのバックグランドに共通性が多かっ
たりすると,「言語表現」を背景知識で補うこともできるだろう.つまり,
共通する体験や背景知識を活用して「言語表現」の理解を深めることもで
きると考えられる.

　また,現実社会のコミュニケーションとしては,場面によってジェス
チャーや顔の表情などが大きな役割を演じることも十分あり得る.母語が
異なっていても人間として共通の理解に至る可能性は大いにある.もっと
も,文化差が"推論"をゆがめ,誤解の発生に繋がる可能性もある.全体
として,「相関モデル」では,このような状況は「個人概念」の相互作用と
して説明される.つまり,非母語話者と母語話者のコミュニケーションに
おいては,たとえば,非母語話者側で「言語表現」の選択に不十分さが
あっても,母語話者の聞き手の"概念化"に幅があり,「言語表現」として
情報が不足していても,"勘"のいい母語話者の聞き手が不足を埋め合
わせる可能性もあるだろう.もっとも,非母語話者の「言語表現」に重大
な欠損があれば,聞き手の側にそれを埋め合わせるに十分な想像力はない
かもしれない.

　次に,話者交替があり,B さんが英語母語話者として英語で"言語化"
し,非英語母語話者の A さんが B さんの英語の「言語表現」を"概念化"
しようとする状況を考えてみよう.一つの例として,英語の音を聞き取る

Aさんの力が弱いとすると,「言語表現」の受け取りの段階で言語的情報が欠落するかもしれない.“推論”で埋める手段はあるが,その手段を活用することには内容的な限界があるかもしれない.話し手と聞き手のこの組み合わせでは,母語話者の“言語化”と非母語話者の“概念化”の成功率に大きな差が出るかもしれない.一般的に,言語コミュニケーションのひとかたまりは“言語化”から始まるので,その“言語化”が“概念化”にうまく繋がらねばコミュニケーションが頓挫することになる.(このケースは英語の聞き取り能力が低い日本人を想起させるが,それは単にひとつの例である.)これは,“言語化”と“概念化”の非対称性の極端なケースとなる.場面に応じて,話し手は“言語化”に際して相手の言語運用能力の不十分さが問題を引き起こさないように配慮することも必要であろう.言語コミュニケーションにおいては,このような対話の相手の特質を考えることは当然と思われるが,「言語コミュニケーションの概念‐意味相関モデル」のように話し手と聞き手の「個人概念」を分離するモデルでは,コミュニケーションにおけるこのような配慮の領域として,相手の「個人概念」の状態が視野に入る.

「相関モデル」においては,“概念化”というプロセスの出力は英語,日本語などの個別言語の表現ではなく,“概念”と捉える.すなわち,上の例で,Bさんが英語で発した「言語表現」を受け取ったAさんが自分の「個人概念」にBさんの英語表現をそのまま持ち込もうとしても,「個人概念」はそれを完全に処理することはできない可能性がある.ちなみに,別の日本語母語話者のCさんから届いた日本語の「言語表現」であれば,ほぼ自動的に“概念化”のプロセスが始まる可能性が大きい.Aさんの英語力が母語並みであれば同様なプロセスが始まるはずであるが,Aさんの英語処理能力が限定的であれば,Bさんの英語表現を“意識的”な努力を伴って“概念化”することになる.つまり,母語の日本語の「言語表現」を受け取った時には通常意識しない“概念化”のプロセスに特別な注意を払う必要が発生する可能性がある.入力英語表現を分解しながら日本語表

現に置き換え，それを"概念化"する場合や，英語表現を分解しながら"概念"を抽出する場合や，その組み合わせなど，母語でのやり取りでは通常意識することのないプロセスを経ることが考えられる．「個人概念」は"概念"を扱う装置と考える「相関モデル」はそのような追加的なプロセスが発生する可能性を示唆する．つまり，A さんが頭の中で英語表現を日本語に訳したとしても，それをさらに"概念"の塊として捉えるプロセスが続くはずである．

　日本人の外国語書物の訳読として，中国語文献や英語資料を一旦日本語に置き換えて理解する習慣が見られる（あるいは「見られた」）が，生活の場における人間の言語コミュニケーションは"言いたいこと"をベースにしているのであって，"それを形式化した書記言語"をベースにしているわけではないだろう．「相関モデル」で"概念"と呼ぶものは，"言いたいこと"を構成する原始レベルの直観的なアイデアであり，「個人概念」と呼ばれる領域は，そのような"言いたいこと"の源泉が浮かんでくるところと考えることができる．それは必ずしも言語で直接描写されるようなものではないだろう．また，部分的に英語を日本語に置き換えることができたとしても，それは日本語を経由しての"概念化"でしかないだろう．具体例で言えば，たとえば日本語母語話者が英語の筆記試験において，原文の英語表現を日本語に置き換えて理解したならば，それは日本語を通しての"概念化"であって，英語表現からの直接的な"概念化"とは言えないだろう．つまり，そのような手順は通常の言語コミュニケーションとは異なる．（このトピックは次章で別の視野から捉えることになる．）

　それでは，日本語母語話者である A さんが英語をうまく"話せない"ということを「相関モデル」に即して分析すればどうなるであろうか．A さんは，自身の「個人概念 a」に含まれる"概念"を英語話者に伝えるためにはそれを"言語化"，この場合，英語への"言語化"を試みる必要がある．つまり，「英語表現」の"形式"で産出しようとするならば，それとセットになる"意味"を一緒に考える必要があるが，まずそれを"概念"

から選び出す必要がある．日本語社会において，"英語で考える"という
ような言い方がなされることがあるが，それを「相関モデル」の言い方に
すれば，英語の"形式"に結びつく"意味"をまず意識する，ということ
になるであろう．そして，それに基づいて選んだ「英語表現」が「個人概
念 a」に含まれていた"概念"を B さんの「個人概念 b」にうまく発生さ
せることが目標となる．

　そして，その目標を達成する可能性を高めるには，自分が思いついてい
る表現に対して B さんがどのように反応するかを予想できるレベルの知
識と経験を持っていることが望ましいだろう．もっとも，これは程度問題
であり，英語母語話者の人生を共有するまではいかないかもしれない．し
かし，必要な情報がある程度相手に届けば，聞き手側が鍵となる情報を膨
らませて"推論"ルートを活用してくれるかもしれない．話題によっては，
相手の理解を助ける関連情報（＝話題についての背景知識）が有効に働く
かもしれない．「個人概念」同士のやり取りでコミュニケーションを捉え
ようとする「相関モデル」は「言語表現」の受け手がその"意味"から構
築する独自の"概念"をどう構成するかにも注目する．母語話者でない話
し手がそれを的確に予想するのは難しいが，基本的には，受け手の"概念
化"をいかに助けるかを考える必要がある．言い換えれば，英語話者の聞
き手がメッセージをどこまで"概念化"できるかには英語の表現の適切
さ，効果，文脈，背景知識などが関わることを念頭に入れると共に，相手
の「個人概念」の中にどのような"概念"を構築したいのかということに
ついて明確な指針を持つことも必要であろう．まとめれば，「相関モデル」
は言語コミュニケーションを構成する要素を把握することによってそのプ
ロセスを分析しようとするものであり，産出しようとする「言語表現」に
よって何を伝えたいのかに関わる"概念"を自身の「個人概念」の中でま
とめ，それが相手の「個人概念」の中にも発生することを実現させようと
するプロセスを描き出そうとする．

　「言語コミュニケーションの概念−意味相関モデル」の図は二人の「個人

概念」の対で構成されているが，人間である限り，二つの「個人概念」が全く同じである状態は考えられず，いろいろな種類のずれがあるだろう．そしてそのずれがコミュニケーションの必要性につながる．つまり，内容が異なる別個の「個人概念」が接触することに意味がある．具体的な考えを互いに確かめ合う必要がある．そして，「相関モデル」では，（「個人概念 a」の）“概念”→（「言語表現」の）“意味”→（「個人概念 b」の）“概念”という繋がりが言語コミュニケーションの精緻さと効率のバランスをうまく取る仕組みの基本になっている．原理的に，A さん（話し手）が担うこの連絡の前半は無制限に近い“概念”を絞り込んで“意味”に特定化することであり，後半を担う B さん（聞き手）は逆に特定の“意味”を幅広い“概念”に戻そうとする．この後半のプロセスを担うのは B さんの「個人概念」であり，“意味”にまとめた A さんとは別の人間である．この聞き手の B さんの「個人概念」には，“推論”のチャンネルを使って A さんの表情を観察した結果や，A さんの考え方や背景に関する情報，あるいは A さんと B さんのこれまでの関係などの情報に基づく“推論”が含まれていることが普通であろう．そして，そのような類の情報の中には，A さんと B さんが共有するものもあれば，そうでないものもあるだろう．そのような状況を考えに入れると，A さんの“言語化”の前の“概念”と B さんの“概念化”を経た“概念”が全く同じであることは起こりにくいことになる．

　このように，複数の人間の間には「個人概念」の異なりがあるのが普通であり，それを乗り越えるのがコミュニケーションであるが，二つの「個人概念」が異なる文化に属する場合にはさらに深い「個人概念」の違いがあることが想定される．一般に，異文化コミュニケーションと呼ばれる社会的イベントの難しさと言われるものである．だからこそ異文化間コミュニケーションの重要さが増すわけであるが，「相関モデル」では，言語理解の成功度も異文化交流の成功度も同じレベルで扱うことができる．つまり，上で述べたように，「個人概念」の“言語化”と“概念化”という縦の

198

非対称性は"概念"→"意味"→"概念"という繋がりを通して現れるが,そのプロセスでは言語の違いも文化の違いも併せて扱うことができる.このことは,「相関モデル」が言語と文化を一体のものとして処理することができることを示しており,それは実際の人間社会の特徴を反映することにもなる.

横の非対称性

　中国語で書かれた文献を日本語で読むという伝統が日本社会の一部で定着したことにおそらく影響されて,外国語を聞くよりも読むことに慣れているという社会現象がまだ残っているようだ.そして,それに関連して,今の日本の公教育における外国語教育の中心となっている英語に関しても,音声を使うことと文字を使うことの習熟度が均等ではないという点での非対称性がまだ消えていないようである.「相関モデル」の視点から見れば,聞くことも読むことも"概念化"に絡むことであるが,それでは,日本の公教育で育った人間の言語能力の偏りは,"音声"と"書記"の非対称性とどのように絡むのであろうか(図7参照).漢文は文書が主な媒体であることから"読む"ことが中心である.その影響が英語学習にも残っているとすれば,"読む"ことが中心となる.近年の英語教育は音声にも留意しているが,筆記試験となると,英語の知識と"読む"力が求められる.それでは,「言語コミュニケーションの概念–意味相関モデル」によれば図7の横軸("伝達モード")と縦軸("言語化"／"概念化"の軸)とはどちらの影響力が基本になるのであろうか.言い換えれば,図7の2×3の升目はどれも独立しているのであろうか("合図"については第5章で論じる).

　現代日本の外国語教育制度に深く関わる英語の場合も,音声モードであれば,"言語化"に該当するスピーチよりも"概念化"に該当するリスニングに関わる試験が多いようである.書記モードでも英訳(外国語を書く"言語化")よりも和訳(外国語を読む"概念化")のほうが試験の出題量が

多い．傾向としては，「音声」も「書記」も"概念化"絡みのほうが重視されていると言えそうである．つまり，英語表現に対する理解力の重視である．これは上で触れた漢文の伝統に一致する特徴でもある．島国としての精神風土というような日本の歴史的特性についてはここでは深入りしないが，日本の公教育の分野では，図7に示されている"言語化"と"概念化"の間に不均衡が見られる．それぞれの行が伝達モードの下位分類を横方向に串刺しするような形で"音声"と"書記"が対比されているがそれぞれ"聞く"と"読む"が強調されていることになる．つまり，表現よりも理解が重視される傾向がある．近年の日本社会では，アクティブ・ラーニングと呼ばれる考え方の下，いろいろな試みが展開されている．ここで議論している"概念化"，"言語化"は関連する諸問題を論じる枠組みになると考えられる．

　この裏返しの形で，世界における日本社会の発信力を高めねばならない，という方向の議論もよく聞かれる．その点での言語能力の基盤は，外国語による"言語化"ということになる．「相関モデル」の考え方に沿えば，"言語化"は"概念"を"形式"と"意味"の対に置き換えるプロセスである．一般的に，日本人の外国語使用において注目されるのは，外国語の"形式"を探すことにあるように思える．しかし，"形式"は"意味"を伴うものであり，英語なら英語の"形式"とセットになった"意味"が結びついている．そして，「相関モデル」では，その"意味"は「個人概念」に含まれる"概念"と関連づけられる．それが"形式"を見つける土台となる．これは母語についても言えることであるが，母語における"言語化"ではそのプロセスがほとんど自動化されており，意識的に"形式"を探ることはほとんどないのが現実であろう．しかし，外国語で"言語化"しようとする初期の段階ではこの基本が逆向きとなり，まず"形式"を探そうとする傾向があるのではないか．「相関モデル」の捉え方としては，最初に外国語の"形式"を思い描くのではなく，まず言いたいことの内容を構成する"概念"を意識し，それに対応する"形式"と"意味"のペアを見

つける方向で話者の準備が進むことが必要である．このプロセスは，母語においては習慣化を経て自動化されていくが，外国語でも経験を積むことによって自動化の度合いが増していくと考えられる．ただ，外国語習得の初期の段階では，“概念”を確定する前に“形式”を求める気持ちが過剰に働く面もあるようである．

　直前の段落で述べたことは，理論的仮説であり，実験などによってさらにその実証性を高める必要があるが，基本的に，“言語化”にもっと注目すべきであるという考えにつながっている．言語コミュニケーションにおいて外国語が十分に発信できる日本語話者を念頭におくならば，“言語化”のプロセスを理解する必要があり，その点で「相関モデル」が有用なのではないかと思われる．現実的には，時間をかける外国語作文を奨励するよりも，発話場面のことを視野に入れることのほうが重要なのではないだろうか．

　母語を使う際には，“形式”とペアを構成する“意味”が「個人概念」の中の“概念”と重なっている度合いが強いと考えられる．そうすると，“意味”と“概念”の違いを日常的に意識する必要はあまりないことになる．また，ずっと母語だけで過ごせる環境にいる限り，そのような意識の顕在化は必要ではない．時に，ある文脈において，よく似た表現のどちらがふさわしいかに悩むことがあるかもしれないが，そのような場合には“概念（言いたいこと）”と“（言語表現の）意味”の両方を意識的に比べようとするかもしれない．他方，そのようなことは，学び始めた外国語の表現を探す際にはもっと頻繁に起こるかもしれない．外国語で適切な表現を探るということは，“概念”が浮かんでいて，その“概念”に近い“意味”を表す外国語の“形式”を探そうとしている状況と捉えることができる．つまり，言いたいことがあれば，それをまとめる“意味”に結びつく“形式”をその言語の中で探す必要がある．その連絡に時間がかかると，発信に時間がかかることになる．つまり，英語なら英語の“形式”と“意味”のペアが母語のように頭の中にそろっている状態であれば，その場の“概念”に合

わせて，望む“形式”/“意味”のペアを次々に検索していくことができる
であろうが，自分の「個人概念」にその材料が十分にそろっていなければ，
スムーズな“言語化”は難しいことになる．「相関モデル」の考え方に基
づけば，たとえば，母語でなくても英語圏で英語を使って何年間か生活を
していると，英語における“概念”と“意味”の連絡に慣れてくることに
なる．「日本語話者が英語で考える」というような言い方の趣旨を「相関
モデル」の用語で言えば，「英語での“形式”と“意味”のペアが常時「個
人概念」の中で検索できる」ということになるであろう．これをさらに言
い換えれば，「英語での“形式”と“意味”のペアを構成する“意味”が個
人的な“概念”に連絡されている」状態と言えるであろう．

　話し手にとって母語への“言語化”を自分のホーム・グラウンドで試合
をするようなものと喩えるなら，外国語表現への“言語化”は相手のホー
ム・グラウンドで試合をするようなものと言える．書記モードの場合，表
現の選択に時間と参考情報（辞書）を使うことによってかなりの“言語化”
ができるとしても，それが一方通行のコミュニケーションに終始する限
り，コミュニケーションとしては片務的であり，実効性の乏しいものとな
る可能性もある．

　すでに何度も言及しているように，“概念化”は他人が発した「言語表
現」の“意味”を自分の「個人概念」の中の“概念”として捉えることであ
り，要するに他者の発言を自分なりに解釈できるかどうか，ということが
かかっている．言い換えれば，コミュニケーションの受け手は自分の「個
人概念」に発信者が伝えたい「個人概念」（の部分）を取り込めるか，とい
うことがポイントになる．その基本を押さえることができれば，その後の
読むことと聞くことの違いはモードの違いの問題となり，その点について
は教育の現場などですでにいろいろ議論されているのではないだろうか．
ただ，確認しておきたいことは，日本人一般の外国語運用能力に，読めば
わかるが聞いてわからないという特徴があるならば，それは漢文訓読の特
徴にほかならない．そして，そのことを「言語コミュニケーションの概

202

念 – 意味相関モデル」の視点から見れば，"聞けない"けれども"読める"ということは，発信者の「個人概念」と学習者の「個人概念」を結ぶ「言語表現」が音声ではなく文字に限定されたら"概念化"できる，ということになる．しかし，読むという行為が受け止めるだけの行為であるならば，それは現実的なコミュニケーションとは言えないであろう．一方通行である．書簡やメールの往復などは可能であっても国際的な人的交流の場面で，実時間で"概念化"ができなければ，反論も覚束ないことになり，それは自然な言語コミュニケーション能力の発揮ではないと考えるべきであろう．また，"言語化"の面でも，学習者がその言語で"話せない"ということは学習者の「個人概念」を音声的に"言語化"（＝発話）することが控えめになる，ということにつながり，それも言語コミュニケーション能力の乏しさを引き起こす原因となるであろう．高度な内容を"推論"のチャンネルを使って，身振り手振りで伝えることには限界があるし，言語コミュニケーションとしては拙い．

　全体として，横の非対称性は縦の非対称性に従属することになり，上で，外国語の習得に関わる非対称性として"言語化"と"概念化"の対称が重要な軸であることに言及したが，それは"音声"と"書記"の間の非対称性の問題は"軽い"ということではなく，伝達モードの違いは話し手，聞き手の「個人概念」の違いに従属的であるということである．すなわち，図7の縦の関係となる"言語化"と"概念化"の対照のほうがより根本的であると考えられる．上で，「相関モデル」では，（「個人概念 a」の）"概念"→（「言語表現」の）"意味"→（「個人概念 b」の）"概念"というつながりが言語コミュニケーションの精緻さと効率のバランスをうまく取る仕組みの基本になっていることに言及したが，この変換を遂行するためには，"意味"のベースとなる"概念"をしっかり掴むことが必要である．人間の理解は"意味"と"（言語）形式"のペアから始まるのではなく，その基に思考があるはずである．「相関モデル」ではそのような思考を構成するものを"概念"と呼んでいる．そのような点で，図7の横方向よりも

縦方向の非対称性のほうが基本的で，より本質的な非対称性であると言えるであろう．

「言語コミュニケーションの概念 – 意味相関モデル」にとって，"概念"と"意味"を区別することは，いろいろな側面に光を当てるだけではなく，言語コミュニケーションに動員される要素を整理する軸のひとつとして重要な役割を持つと言えるであろう．実際の言語コミュニケーションでは"言語化"と"概念化"の主体は頻繁に入れ替わる．つまり，話者交替が頻繁に起こる．「相関モデル」の構成を示す図 1 からはそのような動的側面を把握し難いかもしれないが，実際のコミュニケーションでは A さんと B さんの役割はシナリオなしで変わる．また，言語コミュニケーションは 1 人対 1 人に限るわけではなく，講演のように 1 対多やグループ討議にように多対多もあり得る．しかし，自身の"概念"と社会で交わされる"意味"の両方を扱う必要性に変わりはない．そして，異文化コミュニケーションにおいては特に難しい局面が随時発生し得る．話者にとって母語でない言語でそのような場面に対応するには，言語知識だけでは済まない点もある．そのような側面については，教育の現場でも，異文化理解や語用論の専門家を招いたりする個別的な努力もなされているだろうが，実際のコミュニケーションの場面でそのような知識を応用することは必ずしも簡単ではないのが現実であろう．その点で，ここで提案している「言語コミュニケーションの概念 – 意味相関モデル」が異文化理解の専門家の人々にも理論的背景として役立つことがあれば幸いである．また，本書で，「相関モデル」に語用論の一部を組み込む提案をしているが，そのような領域の拡大が研究面でもっと進めば，「相関モデル」の初期の対象は限定的であっても，あるべき方向に発展する可能性は大であると言えるのではないだろうか．

また，「言語コミュニケーションの概念 – 意味相関モデル」の考え方に依拠すると，"言語化"の前の A さんの"概念"と"概念化"の後の B さんの"概念"に非対称性があっても，異なる人間の頭の中のことであれば

自然なこととして受け止められる．「言語コミュニケーションの概念－意味相関モデル」と呼ぶ理論的枠組みは，実際の多様な言語コミュニケーションを秩序立てる視点を提供することができると考えられる．

第5章

同時通訳はなぜ可能か

はじめに

　第1章で「言語コミュニケーションの概念−意味相関モデル」の枠組み
を提案し，その後，"言語化"，"概念化"と位置付けられるプロセスを中
心に「相関モデル」の全体像を描こうとしてきた．本章では，さらに，「相
関モデル」には果たして従来の言語学的枠組みを超える特別な"偉力"が
あるのかどうかを具体的に論じてみたい．その具体例として取り上げる同
時通訳と呼ばれる言語行為は，"言語コミュニケーション"の基本的性質
を探るに当たり示唆的な役割を果たす"現象"であると思われる．つまり，
典型的にコミュニケーションの領域にあり，かつ，言語活動としては言語
知識が最大限に検索される．その性質を明らかにするために船山（2012）
などは通訳作業の概念的側面に注目しているが，本書で提案されている
「相関モデル」のような"概念"の位置づけが取り込まれているものでは
ない．「相関モデル」の視点から同時通訳を捉えるとどうなるのであろう
か．本章ではその点に的を絞って考察を深めたい．それを逆に見ると，そ
の考察を通して「言語コミュニケーションの概念−意味相関モデル」の有
効性を確かめることになるであろう．

　ある言語で表されたものを別の言語で表し直すことを，文書であれば翻訳，音声であれば通訳と呼ぶが，通訳の中には同時通訳と呼ばれる形態がある．同時通訳では，原発話者が話すと"同時に"通訳者がその訳を流す．しかし，なぜ"同時"に訳せるのであろうか．その訳し方を観察すると，厳密に言えば，全くの"同時"ではなく，少なくとも部分的には多少の時間的ずれが発生せざるを得ない．しかし，基本的に"同時に"訳される．

　会議通訳のやり方を大きく分ければ，逐次通訳（consecutive interpreting）と同時通訳（simultaneous interpreting）に分けることができる．その分類は基本的に時間の使い方による．原発話者がスピーチに数十秒〜数分毎に区切りをつけ，その区切り毎に通訳するのが逐次通訳であり，原発話者が30分なり1時間なり言語Aでスピーチをし，そのスピーチの間ずっと同時に重ねて言語Bに通訳するのが同時通訳である．（通常，複数の担当通訳者が途中で交替する．）原発話者と通訳者の音声が重なるので，通訳ブースにいる通訳者はヘッドホンを使い，マイクを通して流す同時通訳を聴衆はイヤホンを通して聞くのが普通である．基本的に多言語が使用される国際会議で採用される通訳方式である．

　しかし，"同時に"訳すという作業が可能だとすれば，なぜ可能なのであろうか．つまり，同時通訳者は聞きながら訳すのであるが，日常生活において聞きながら話すという状況はほとんどない．他人の発話中に割り込んで話すことはマナー違反であり，その場合に割り込まれた側がしゃべり続ければ二つの発話が同時並行するかもしれないが，相手の言っていることを聞いて理解しながら自分の言いたいことをしゃべる，ということはどちらもできていないだろう．人間の頭には，他人の話を聞いて理解しながら自分の言いたいことを同時にしゃべるような2チャンネルの言語処理能力はなさそうである．誰かが聞きながらしゃべっているように見えても，実際は他者の話は自分の発話時には聞いていないだろう．同時に訳す，ということは，同時通訳者の頭の中には，たとえば，日本語と英語という二言語での表現が処理されていることになる．しかし，二言語で表さ

れている内容は同じであるはずである．なぜ同時通訳が可能であるのかの
鍵はその点に，つまり話の内容が同じである点にあると考えられる．表面
的な言語変換で同時通訳ができるわけではないだろう．ところで，「相関
モデル」によれば，言語コミュニケーションとは「個人概念」間の“概念”
のやり取りである．それでは，同時通訳において“概念”はどのように処
理されるのであろうか．

　5.1 節では，手話通訳と音声同時通訳の共通点を見ることによって「相
関モデル」そのものの性質を確認し，5.2 節で同時通訳の特殊性と一般性
を整理しながら「相関モデル」の有効性を示したい．

5.1.　手話通訳は同時通訳

　手話通訳はいろいろな場面で活用されるが，その中で，講演会などで使
われる場合の手話通訳を同時通訳と比べてみると，舞台上の配置や会議場
の設備に大きな違いが表れる．たとえば演者が日本語で講演する場合，手
話通訳者は壇上で演者の横手に立って手話で内容を伝えるが，同時通訳が
使用される場合は，どこかに設置される通訳ブースの中で通訳者はマイク
で拾った演者の音声をヘッドホンを通して聞き，通訳ブースで通訳者が発
する訳出もイヤホンを通して会場の聴衆に伝えられる．（会場のスピー
カーから二言語の音声が響くと皆が困る．）この設備的な違いは，手話が
聴衆の視覚に訴えるのに対して，同時通訳は音声で伝えることに起因す
る．つまり，視覚を通す手話と聴覚を通す同時通訳の伝達モードの違いで
ある．しかし，タイミング的には手話通訳も同時通訳である．ただ，前章
4.5 節で示した図 7 にまとめられているように，伝達モードを音声，書記，
合図（ここでは主として手話のモードを示す）に分けると，モードによっ
てコミュニケーションに必要な設備，道具が異なることになる．その一つ
の現れが上記の設備面の違いとなる．そして，この設備面の特徴は，音声
の干渉があるかないかを反映している．つまり，同時通訳者は入力音声と

出力音声という同じ音声モードのメッセージを同時に処理する必要があるのに対して，手話通訳者は講演者の音声モードに対して視覚的合図モード（手話）という相違するモードで表現するので，音声通訳者のように，たとえば日本語音声，英語音声という二つの言語の音声モードの干渉はないことになる．（ただし，この説明は次節の議論を踏まえた後で成立する.）しかし，通訳の流れの同時性という点では手話通訳も音声同時通訳も同等である．

　この音声モードの干渉は通訳ブースにいる同時通訳者が頭の中で二つの言語について異なる処理をする，つまり，S 言語を聞いて T 言語を発する（および，その逆方向の言語変換をする）際に，入力および出力音声の音響的および認識上の相互干渉の克服と内容理解の保持の並行処理をする必要があることになる．これは極めて非日常的な言語処理であり，単にヘッドホンとマイクがあれば解消することではなく，音声通訳者の頭の中で音声入力と音声出力の両方を同時に把握する必要がある．そして，その調整は言語変換と並行して行われる．つまり，同時通訳における言語変換は，入力と出力の音声処理を区別しながらそれと並行して行われねばならないことになる．これは人間にとって極めて難しい作業ではあるが，実際に行う人がいる．この点については次節で議論を展開するが，ここでは，その議論の方向性を示しておくことに止める．

　「言語コミュニケーションの概念–意味相関モデル」に則れば次のような議論を展開することができるであろう．

（再掲）〈図 1〉　言語コミュニケーションの概念 – 意味相関モデル

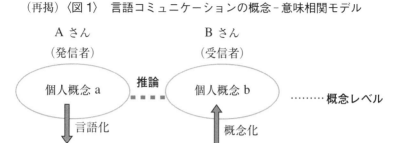

　　同時通訳のプロセスが，図 1 の中央下の「言語表現」を原発話として始まるとする．同時通訳者の B さんは原発話者の A さんが産出した「言語表現」を入力としてそれを別言語で"言語化"する．その部分はこの図には表されていないが，聴衆に向けて同様な図が重なることになる．図の中の B さんが同時通訳者としてまず着手するのは「言語表現」の"概念化"，つまり聞き取って理解することである．すなわち，「言語表現」の"意味"を"概念"として「個人概念 b」に取り込むことである．これまでにも，この図の意味合いを説明した際に，話者交替の結果 B さんは発信者にもなることに言及したが，B さんが通訳者である場合，原発話の「言語表現」を自分の「個人概念」の中に"概念"として取り込んだ後，今度は取り込んだ"概念"を基に発信者としてその内容を別言語で"言語化"する．（図では，人を固定すれば，今の"概念化"の矢印の方向を逆転させ"言語化"に着手すると見なすことになる．）その際，その"言語化"には通訳の目標言語を使う．その入力は起点言語の「言語表現」からの"概念化"の結果を踏まえることになるが，どの程度の概念的まとまり（chunk）毎に"言語化"するかは同時通訳の技術的側面と言えるであろう．つまり，起点言語の"概念"のくくり方をどこまでほぐして目標言語による「言語表現」に結びつけていくかがポイントとなる．このように同時通訳作業のプロセスを捉えると，その基本的要素は通常の言語コミュニケーションで使われるものと同じであり，ただ，受信と発信で言語が変わるということ

210

と，“概念”の把握内容が聴取と表現にまたがるということが日常の言語活動とは異なることになる（次節で詳論）．

　「相関モデル」で理解を支えるのは“概念”であるが，通訳という作業は自分が受け取った“概念”を基に目標言語に“言語化”することであるという説明が可能になる．つまり，両言語を繋ぐ作業の根幹にあるのは「個人概念」の中の“概念”である．敢えて説明を付け加えれば，起点言語の「言語表現」の“意味”だけにこだわっていては，自分の「個人概念」に取り込んだことにはならない．理解するためには「個人概念」に取り込み，“概念”として話の内容を把握する必要がある．つまり，同時に訳すためには「個人概念」を経由することが現実的に必要となると考えられる．つまり，「言語表現」から「言語表現」へ直接変換することは難しい．なぜならば，2言語を扱う場合，“意味”は言語表現の区切りに添っているので，言語変換するためには一旦概念化する必要があり，“意味”の区分をそのまま使うことはできないからである．このことは翻訳一般についても言えることであろう．このような「相関モデル」の考え方に基づけば，“概念レベル”の参照を計算に入れて，“概念レベル”で訳出のプランを作ることになる．「相関モデル」の仕組みを示す図1において「言語表現」が“意味レベル”に位置付けられているように，「相関モデル」での“意味”は“概念”と別のレベルに位置付けられ，区別される（第1章の1.1.1，1.1.2節参照）．そして，同時通訳は，“概念レベル”の処理をすることによって初めて可能になると考えることができる．このように，“概念レベル”と“意味レベル”の区別をする「相関モデル」は同時通訳の可能性を自然に説明できる．つまり，人間の言語コミュニケーション能力は同時に訳すことを可能にする潜在性を持っている．

　「相関モデル」における“概念”の捉え方は「個人概念」という「相関モデル」上のコンポーネントに結びついているものであるが，それは通常の言語コミュニケーションを説明する部品でもある．そして，同時通訳というプロセスの基本は通常の言語コミュニケーションのプロセスを説明する

のと同じ仕組み，つまり“言語化”と“概念化”で説明できる．ただ，通訳するためには入力「言語表現」の“意味”を“概念化”してきっちり記憶する必要があるが，言語コミュニケーションとしては日常会話であれ同時通訳であれ基本は同じことであり，通訳者は日頃の個人としての言語コミュニケーションにおける活動を遂行すればよい．原発話の内容をあたかも自分の考えであるかのように自身の「個人概念」の中で把握すればよい．（ただ，自分の考えと異なる場合は心苦しいが …）それがしっかりできれば記憶もそう難しくはないであろう．通訳行為をそのように捉えれば，通訳者としての言語コミュニケーションが通常の通訳者自身の発話や理解と異なる点は，「個人概念」の源泉が他者にある点だけであると言えるだろう．

　手話通訳の場合，音声モードと合図モードという異なるモードを連絡することになるので，音声同時通訳のように同一モードが音響的に干渉することはない．音声言語表現と手話表現という二種類のモード間に干渉の問題は発生しない．逆に，音声と手話の違いというモードの差を乗り越える必要性から，“概念”による把握が自然と発生する可能性がある．つまり，音声言語／手話というモード間変換が自然に“概念レベル”でなされることになるであろう．

　手話の表現方法の中で，たとえば，“にぎり寿司を握るジェスチャー”が「寿司」を表す時，その両者の関係を結ぶのは何であろうか．基本的に，人間は目の前に寿司がなくても寿司のことを思うことができる．「相関モデル」で“概念”と呼ぶものは，そのように，ある表現によって引き起こされるイメージのようなものを基本に考えるとわかりやすいだろう．哲学的には経験論の立場に近い．短くまとめれば，“概念”が成立するのは，「経験される多くの事物に共通の内容をとりだし（抽象），個々の事物にのみ属する偶然的な性質をすてる（捨象）ことによる」（経験論の立場，『広辞苑』）と考えられる．図7 (p. 191) に示されているように，音声モードで話す時には，「寿司」という音声表現で“寿司”という“概念”を伝える．「相

関モデル」で言う“言語化”である．手話では，具体的な寿司を握るジェ
スチャーを基にした「合図」で“寿司”という“概念”を伝える“手話化”
が“言語化”に相当すると言えるだろう．そして，手話を復元することが
「相関モデル」の“概念化”に相当すると考えられる．つまり，言語では
「個人概念」から「言語表現」を発するように，手話では「個人概念」から
「合図」を発すると考えることができる．そしてその「言語表現」あるいは
「合図」を受け取った「個人概念」は“概念化”によって具体的な寿司，あ
るいは“寿司”という“概念”を頭に浮かべることになる．頭の中で思う
ことが具体的な寿司であるか，それとも“寿司”という“概念”であるか
の違いは形而上のことであり，日常の言語生活ではその区別は関与しない
ことが普通であろう．

　異なる言語に属する言語形式を頭の中に並べて記憶，あるいは想起する
ことは日常生活における言語使用ではあまりない．たとえば，簡単な例を
挙げれば，日本語の「つくえ」という表現を英語環境に適応させようとす
ると，desk（事務机）の“概念”と table（食卓）の“概念”の区別を頭に浮
かべることになる．つまり，“つくえを運んで疲れた”というような日本
語と親和性のある内容を英語で表現しようとすると，その場合の「つくえ」
はどちらなのかと迷うことになる．具体的に何の話をしているのかがわか
る立場にあれば，どちらかを選ぶであろうし，具体的な状況を知らない話
者ならば，furniture（家具）を使う手もあるだろう．そのような考慮を可
能にする「個人概念」の中の作用も“概念レベル”の事柄と考えていいだ
ろう．一般的に“推論”と言われる精神作用は“概念レベル”の話である．
あるいは，話者の意図を汲まなければ適切な理解が難しい場合にも“概念
レベル”が関わるであろう．

　同時通訳にも，そのような“概念レベル”のことが関与すると考えられ
る．それでは，そのような環境の中では，なぜ同時に訳すことができるの
か．鍵は「言語表現」の“意味”を支える言語横断的な“概念”を把握す
ることにあると言えるだろう．個別言語の表現の“意味”に捕らわれない

姿勢と言ってもいいかもしれない．手話を扱う「個人概念」の中にもそのような "超個別言語的" と言えそうな "概念レベル" の思考の可能性を考えることもできるだろう．そういう説明に加えて，もう少し一般的に，「言語コミュニケーションの概念－意味相関モデル」で扱う "概念" のことを考えれば，整理しやすいかもしれない．つまり，具体的な特定の "理解"を構成する要素としての "概念" である．"意味" が "形式" と結びついているのに対して，「個人概念」の中の "概念" は "形式" に縛られないという点で柔軟である．「相関モデル」の中で「言語表現」の "意味" だけではなく，"意味" と "概念" の関係を考えることによって，いろいろな状況をイメージ的に把握しやすくなるのではないだろうか．ちょうど "寿司"のイメージを基に「寿司」という言語表現の "概念" が掴めるように．

　このように，手話通訳と音声同時通訳の異同を見てみると，両者の間の最も基本的な親近性は原発話と通訳の時間的並行性にあると考えられる．それと共に，通訳の内容として "概念レベル" の活用が重要な役割を果たす点でも近いと思われる．手話が音声言語よりもジェスチャー寄りになる場合があるとすれば，それは，「相関モデル」で着目する "概念" の活用を手話がより強く志向することを表すと思われる．人の「個人概念」は一般的に環境を反映する面があると思われるが，手話においてその分節が大きくまとめる方向に働くとすると，それだけ "概念" に依存する度合いが高まることになると考えられる．概念的なことを実証するのは難しいが，「相関モデル」の見方に立てば，手話が送り出す情報そのものに言語的粗さがあるとしてもそれを受け手の「個人概念」が "概念" で埋め合わせることによってコミュニケーションそのものの質を高めるということは十分可能であると考えられる．

5.2.　同時通訳の特殊性と一般性

　一般的に，発話は，音声（形式）と意味のペアである単語から構成され，

何らかの統語構造を持つ．そこからメッセージを聞き取り，理解するためには，各単語の意味を踏まえながら統語構造情報も保持しなければならない．つまり，文脈を作りながらそこに個々の表現を位置づけし，全体の理解を進めていく作業となる．そして，同時通訳ではそれを踏まえながら同時に訳出を重ねていく．そのようなプロセスをどう捉えるかに関する諸研究は水野（2015）に要領よくまとめられている．本書で提案している「言語コミュニケーションの概念‐意味相関モデル」はその問題を解くひとつの枠組みを提供するのであるが，その議論の一環として，手話通訳が示唆してくれるヒントについて考えてみたい．

　前節で，同時通訳と手話通訳の共通点として，タイミング的にどちらも原発話の流れに重ねて同時並行的に訳出する特徴について述べた．言い換えれば，原発話の話すテンポは通訳が入る場合も入らない場合も基本的に同じでよい．実際の通訳場面では，原発話者は早口になり過ぎないよう要請されるが，普通の速さでしゃべれば問題はないであろう．また，話す内容に制限がかかるわけではない．ただ，講演者と通訳者の事前の打ち合わせは必要である．また，通訳が入る会議は何らかの特別なテーマがあるのが普通である．特に学会などでは，専門用語がたくさん使用され，専門用語には定訳があるのが普通であり，通訳に際しても定訳を使うことが前提となる．通訳者の事前の準備には専門用語の対訳関係を予め頭に入れておくことが重要な領域となる．発表者が原稿を読む場合，構文は長く，複雑になる可能性が高まるので通訳者もその原稿を事前に入手し予め内容を勉強しておくことが望ましい．

　そのような事前の準備は手話も含め通訳業務一般に共通するが，音声同時通訳の現場では，通訳者は二つの発話を処理することになり，聴くことと話すことに同時に携わることが要求される．そのため，同時に訳出するには特別な“技術”が必要であると言われる．しかし，それは果たして“技術”と呼ぶにふさわしいことなのであろうか．確かに，人間の通常の言語コミュニケーションでは話すことと聴くことのどちらかの役割に専念

するのが普通である．それに対して同時通訳者は聴きながら同時に話す．
その点が同時通訳の特殊性と考えられる．しかし，どの程度に特殊なので
あろうか．たとえば，同時に訳す"技術"は生得的で，大人になってから
学べるものではないのであろうか．それとも，同時に訳すことは特殊な
"技術"ではなく誰でもが潜在的に保持している回路を使うだけのことな
のであろうか．この節では，同時通訳の特殊性をどう捉えるべきであるか
について考える．その特殊性を絞り込むことができれば，それ以外は一般
的な言語活動であることを示せることになる．

　すでに前節でも触れたように，耳で聴いて理解しながら同時に口から訳
語を出すという言語行為は人間本来の生得的な営為ではないと言えそうに
思える．それでは，同時通訳の"技術"の源はどこにあるのだろうか．現
実的な人類社会の歴史を見ると，第二次世界大戦終結直後のヨーロッパで
戦犯の裁判に同時通訳が初めて導入された経緯がある．その状況は同時通
訳者のラムラー（Siegfried Ramler）氏の講演記録（松縄順子監修, 2007）に
詳しい．それによると，要するに，社会の必要性に駆られて試行錯誤的に
導入されたもののようである．現実的には，何とかできないかという流れ
の中で，機械的にも人材的にも何とかできるようになったと言えそうであ
る．つまり，やろうと思えば潜在的にはできるが誰でもすぐにできるわけ
ではない営みと言えそうだ．実際の経緯としては，いろいろ工夫をするに
つれ，同時通訳が現実のものとなったということのようで，何らかの"技
術"が状況を一変させたというようなことではなさそうだ．

日英同時通訳の例

　ヨーロッパにおける試行錯誤が同時通訳を現実のものにしたプロセスは
大変参考になるが，日本語と英語の間のように基本的語順が異なる言語の
組み合わせはさらに同時通訳を難しくすると言われる．つまり，SOV（主
語−目的語−動詞）言語の日本語で話したことを SVO（主語−動詞−目的
語）言語の英語に同時に訳そうとすると，たとえば，目的語＋他動詞（日

216

本語）の並びを他動詞＋目的語（英語）の順に訳さねばならないことになる．しかし，工夫の余地がないわけではない．たとえば次の（A）のような日本語発言を（B）のように英語の語順に近づける工夫は可能である．（説明のために日本語→英語の同時通訳を文字化して時間的な関係を紙の上で上下の位置関係として表している．）

（A）　われわれも先進国の一つとして自由貿易体制を牽引してきました．

（B）　［… 多少の時間差　　］ We have been one of the leading nations in developing the free-trade system.

この同時通訳例を見ると，（A）の日本語では他動詞「牽引する」の前に来る「自由貿易体制」という名詞句は，（B）では，develop という他動詞の目的語として動詞の後に出てくる（the free-trade system）．つまり，この部分に関しては，（A）も（B）も，それぞれ OV，VO という固有の語順となっている．つまり，日本語も英語も他動詞と目的語の並び方は共に自然な語順になっている．同時通訳であってもそれぞれに自然な語順が出てくるのはなぜであろうか．この場合，その理由は，その前に発話される「先進国の一つ」に相当する one of the leading nations が時間を使っていて，その分「自由貿易体制を牽引」という部分全体を訳出するタイミングが遅くなっているからである．これが通訳者の意図的な工夫かどうかは定かではない．たまたまこういう結果になった可能性もあるが，いずれにせよ訳出が遅れた原発話の「自由貿易体制」の部分を通訳者は記憶しておかねばならない．この記憶の負担は大きいが，日英語間のように基本語順が異なる言語の組み合わせではこのような事態が発生することは珍しくはない．次のサブセクションで議論する概念的アプローチはそのような言語構造上の問題を乗り越える方法でもある．

　また，このような基本語順に関わる問題のほかにも注目すべき点がある．この例の中では，「われわれも」という日本語での主語に含まれる

「も」は（B）では one of the leading nations という名詞句の言い方に反
映していると言えるし,「牽引する」という日本語表現は leading と de-
veloping の組み合わせで表されていると考えられる. このような例を見
ると, 日本語と英語の表現の対応は, 対応する成分をただ同じ順序で並べ
たものではなく, 日本語としての流れ, 英語としての流れを維持しながら
訳出のタイミングをできるだけ早くするという同時通訳の "技術" が入り
込んでいる印象を与える.

　しかし, 時間の流れの中で起点言語表現と目標言語表現の対応を見てみ
ると, もっと根本的な要素が潜んでいるように思える. それは, 言語間の
通翻訳関係は必ずしも単語単位で成立するものではなさそうだという側面
である. そして, 訳出に見られる原発話と通訳の関係にはいろいろな要素
が絡んでくるが, ほぼ同時にうまくメッセージを伝えることができるの
は, "概念" 的に自然な対応を活用しているからである, と言えるであろ
う. 上で, 同時に訳す "技術" に言及するときに,「技術」に引用符をつ
けて, "技術" と呼べるようなものがあるのか, という気持ちを示したが,
「相関モデル」の視点から見れば, それは起点言語表現を "概念レベル"
に持ち込んで処理する工夫と言えるだろう. その工夫の目標は, 通訳の即
時性を高めて原発話の表現を通訳者が記憶する負担が過剰にならないよう
にする一方で, わかりやすい自然な訳語を産み出すことと言えるだろう.
それは "概念レベル" での処理を含めてはじめて説明できることになるだ
ろう.「相関モデル」における「個人概念」の設定は同時通訳のことを考え
る際にも重要な要素となる.

同時通訳と "概念"

　現代社会の中で, 日英語間を含め諸言語間の同時通訳は国連などの国際
機関や諸分野の国際会議などで日常的に活用されており, 熟達同時通訳者
も増えている. 首尾よく進む同時通訳のプロセスについて,「言語コミュ
ニケーションの概念－意味相関モデル」では次のような説明を与えること

ができる：

通常の言語コミュニケーションは表面的な「言語表現」の“意味レベル”を通して行われている．「言語コミュニケーションの概念‐意味相関モデル」でもそれを前提としている．しかし，それを支えているのは発信者，受信者双方の「個人概念」である．前者は“概念レベル”から“意味レベル”に移行（＝“言語化”）し，後者は受け取った「言語表現」の“意味レベル”から自らの「個人概念」に“概念”を取り込む（＝“概念化”する）．一般的な言語コミュニケーションにおいては「個人概念」の状況はまさしく個人的な領域であり，言語コミュニケーションとしては，「個人概念」の中身は表面化しない．それに対して，同時通訳行為は，起点発話の“意味レベル”から取り込んだ“概念レベル”の情報を通訳者自らが理解するだけではなく，その理解を基に別言語での「言語表現」を作り出す．つまり，両方のレベルを通訳者の頭の中で連絡させることにより別言語による「言語表現」を出力する．つまり，原発話者に成り代わってそのメッセージを他言語で聞き手に伝える．それが同時通訳のプロセスであり，何らかの超人的な“技術”がそれを支えるのではなく，「言語コミュニケーションの概念‐意味相関モデル」で表されるような言語コミュニケーション能力を身に付けた人間にはその土壌があると考えられる．

　日常的な会話でも「個人概念」は働いているはずであるが，社会の中での言語コミュニケーションとして注目されるのはまとまった内容を持つ「言語表現」のやり取りである．「相関モデル」の基本図としている図1に示されているように，「言語表現」のやり取りの基本は“意味レベル”に位置付けられる．実際の同時通訳のプロセスにおいて，通訳の対象となる「言語表現」を深層でコントロールしている原発話者の「個人概念」に直接アクセスすることができれば，そして，“概念レベル”で把握した“概念”

から他言語による表現を直接産出できれば，"直"で目標言語を話していることになる．これは，一般的にバイリンガルと呼ばれる人たちが相手によって言語を変えることに近いだろう．しかし，通訳者の通訳発話は原発話者による発話の内容に沿う．つまり，他者の発話を"概念レベル"で理解すると共に他言語による表現（＝通訳の結果）が同時に求められる．その産出がバイリンガル話者のように流れれば問題はないが，自分自身の考えでないことを取り入れて「言語表現」にまとめることはもう一段難しい．（この点が，バイリンガルであれば皆通訳ができるわけではないことの説明にもなる．）

　つまり，話者自身の頭の中に話す内容がある場合と，他者の話を聞き取ってあたかも自分の発想であるかのようにしゃべる場合との間には処理負担量に大きな差がある．他方，同時通訳で"直訳"──「言語表現」の置き換え──を続けることは，たとえ近い内容が表現されたとしても，聴衆にとってはメッセージとして受け取りにくいものになる可能性が大きい．それは，"直訳"は"概念レベル"に迫っていないと考えられるからである．他者の発話の訳出であっても，通訳者の表現力は，自らのアイデアを「言語表現」している行為に相当するレベルの表現力であることが望まれる．つまり，「相関モデル」の枠組みに基づいて言えば，通訳者は"意味レベル"だけではなく"概念レベル"を巻き込む作業に従事することが要求されるのである．

　通常の日常会話や講義の聴取などでも，聞き手は「言語表現」の"意味"を通して発話者の"概念"を把握しようとしているのではないか，という考え方が「相関モデル」の基本にあるが，一般に言語コミュニケーションを説明する際に具体的な対象となるのは「言語表現」である．しかし，「言語表現」を認識した後の聞き手の側での処理は「個人概念」の中で行われると考えられる．そして，日常会話のようにメッセージが簡単な場合，相手が言おうとしていることは簡潔な"概念"として理解できるのが普通であろう．そして，日常会話の流れの中ではその"概念"に応じて自分がど

のように対応するかに関心が移ることになる．それに対して，同時通訳が入る国際会議のような場面では，やり取りされる“概念”はもう少し複雑なものになるのが普通だと思われる．たとえば，「欧米の経済状況が日本のそれに影響を与える程度に対して，その逆の影響は限定的であるのが普通でしょう」というような発言の概念的処理はお茶の間の会話よりもう少し複雑と言えるだろう．会議通訳の対象となる発話はそのような複雑度を持つのが普通であると考えられる．そして，「それじゃ，駅で」という発話の“概念化”よりも会議通訳の対象となる発話の“概念化”のほうが内容把握のステップ数が多いという点で複雑度の高いやり取りであると言えるだろう．日常会話では“概念化”を経ていても，それほど複雑ではないので，“概念化”をしている自覚もあまりないだろうが，たとえば政治的な国際会議の場面では“概念化”のステップをきっちり踏まえないと訳出が不完全になる危険性がある．“直訳”（＝“概念レベル”に無頓着）の誘惑に駆られると結果的に破綻するかもしれない．一般的に，逐時通訳よりも同時通訳のほうが“直訳”の誘惑は強いと思われる．その一つの理由として，逐次通訳では，原発話者がある程度まとまった区切りをつけて，その後で，通訳者が自分のメモを見ながら通訳するので，基本的に逐次通訳のほうが“概念”的にまとめたり，“概念”的に話の筋道を捉えたりする点で理解度が高まると思われる．それは，具体的には，原発話を聴きながら内容の概念的組み立てに費やす時間が同時通訳の場合よりも作りやすいことや，メモを利用できること，同時通訳よりも訳出に時間的余裕を作れることなどに関係すると考えられる．保持しておく情報量では逐次通訳のほうが負担は大きいとも言えるが，内容理解が深ければ深いほどその負担は限定的になるのが一般的であろう．

　本節冒頭第3段落の最後のほう（p. 215）で，「同時に訳す“技術”は生得的で，大人になってから学べるものではないのであろうか．それとも，同時に訳すことは特殊な“技術”ではなく誰でもが保持している回路を使うだけのことなのであろうか」という問題提起をしたが，すぐ上で論じた

ように考えれば，「言語コミュニケーションの概念 - 意味相関モデル」では次のように答えることができる．同時に訳す"技術"が"概念化"を指すのであればそれは生得的であり，その回路は誰でも保持している．しかし，日常的には"概念化"を意識していないのが普通であるから，同時通訳に必要な"概念化"のコントロールの仕方に気付く機会，そしてそれに慣れる必要があるだろう．また，逐次通訳に備えた"概念化"は一般的な講義の聞き方と大きくは違わないと思われるが，同時通訳における"概念化"には時間的制約が関わる分，原発話の内容理解と並行して通訳を発する行為のタイミング調整に慣れる必要があると思われる．

　このような議論を踏まえて，人間にとってそもそも同時通訳が可能なのか，可能だとすれば「言語コミュニケーションの概念 - 意味相関モデル」はそれをどのように説明するのか，について次のようにまとめておきたい．まず，三者から構成されるコミュニケーション場面を考えてみる．Aさんは言語Aの話者であり，Cさんは言語Cの話者であるとする．そして，Aさんは言語Cを知らず，Cさんは言語Aを知らないとする．Bさんは言語AとCの間の同時通訳をするとする．つまり，Aさんが言語Aで話し，Cさんは通訳者Bさんの言語Cへの通訳を聞くとする．ここで設定を極限状態の"同時"通訳にするのは，逐次通訳よりも同時通訳のほうがここでの論点を示しやすいからである．つまり，同時通訳のほうが逐次通訳よりも時間的制約が厳しく，逐次通訳の時間制限を緩めれば翻訳に近づくこともあり，同時通訳には特殊性があり，それだけ本質的なことが現れる可能性が大きくなると考えられるからである．

　この状況を「相関モデル」の視点からまとめると次のようになる．通訳者Bさんは，Aさんが言語Aで話したことを言語CでCさんに伝える立場にある．つまり，通訳者のBさんはAさんが言語Aで発した「言語表現」を聞いて，Cさんに言語Cでその「言語表現」の内容を伝えるわけであるが，そのプロセスについて，通訳者のBさんはAさんの「言語表現」が表す"意味"に相当する言語Cの「言語表現」を探そうとする

（＝直訳）のか，それとも，その「言語表現」を産出した A さんの「個人概念」の中にあると思われる"概念"の把握に努め，見極めた"概念"を言語 C で表そうとするのかの違いに注目したい．結論的には"概念レベル"に高めるほうがスムーズな同時通訳，そして"わかりやすい"通訳を出せるであろうと判断される．

「相関モデル」で考えるように，"意味"が"形式"に対応していると考えれば，"意味"そのものは言語差を乗り越えることはできないことになる．そもそも，通翻訳が乗り越えるべきことは"形式"と"意味"のペアをどう崩すか，にあると言えるであろう．言い換えれば，それは，"概念レベル"における等価性を求めることである．"概念"を意識的に扱うことによって結果的に言語差を乗り越えることが実現する．"概念"を意識的に扱うこのような感覚は，日常的な言語生活においてはほとんど自覚する必要はないと言えるだろう．しかし，自覚がなくても働いているとも言えるだろう．たとえば，同音異義語が無意識のうちに正しく解釈されることがあるとすると，それは概念的文脈の中で行われていると考えられる．通翻訳という作業に従事する時にはそのような"概念レベル"の感覚が"常時"必要になると思われる．特に同時通訳においては，その感覚が重要であろう．もっとも，その感覚を本人が自ら説明できるかどうかは別のことである．しかし，同時通訳の仕事ができるかどうかはそのような感覚を持てるかどうかにかかっていると考えれば，多言語話者の誰もがすぐに同時通訳ができるわけではないという事実も説明することができる．

言語差を超える"概念"

それでは，"概念"はなぜ言語差を乗り越えられるのであろうか．一言でまとめれば，"概念"は言語普遍的だからである．同語反復的な言い方となるが，「言語コミュニケーションの概念‒意味相関モデル」では"概念"を人類の生得的資質と見る．この問題は，そもそも，なぜ言語間の翻訳が可能なのか，ということを問題にするなら当然問われるべきことであ

る．しかし，本書の立場は，哲学的にその正当性を議論するような道では
なく，「言語コミュニケーションの概念‒意味相関モデル」という枠組み
の中で“概念”を位置づける方法を取っている．「相関モデル」では“意
味”を「言語表現」の“形式”に結びつけることによって“意味”と“概念”
を区別しているが，それは図1そのものによって示される制約であり，
別途術語として定義されるようなものとは考えない．つまり，特定の基準
を説明的に設定しようとするものではない．しかし，「相関モデル」の中
で“概念”をこのように扱うことによって，ここで論じているような議論
を展開することができる．発信者が自分の「個人概念」に含まれる“概念”
の一部を“意味”として「言語表現」の“形式”に託し，受信者がその「言
語表現」の“意味”を“概念化”して自分の「個人概念」に取り入れるとい
う通常の言語コミュニケーションのプロセスが，二者が異なる言語を使う
場合にも成立するとすれば，普遍的な“概念”は個別的な言語に依存する
ものではないことになる．つまり，種としての人類がコミュニケーション
の経験を経て生得的に獲得できるものと捉えるしかないであろう．言い換
えれば，“形式”と結びつくことによって“概念”が特定化し，それを“意
味”と呼ぶ，と考えることは極めて自然なことであろう．

　「相関モデル」のように“概念”と“意味”を区別すれば，そのコロラ
リー（corollary，必然的な結果）は次のようになる：知らない言語の“形
式”は“意味”を伝えないから言語コミュニケーションは成立しない．通
訳者はその内容をわかる言語の“形式”の“意味”として伝えてくれるか
らわかるわけである．つまり，「相関モデル」に照らせば，原発話者が発
する「言語表現」の源にある“概念”を通訳者が別言語の“形式”で表現
してくれることにより，原発話者の話が理解できるわけである．仲介した
通訳者がこの作業を首尾よく完遂すれば，原発話者と最終的な聞き手の間
に言語コミュニケーションが成立する．つまり，結果的に“概念”が通じ
るとすれば，言語コミュニケーションが成立するのである．

　また，このことを支えるのは，“概念”と呼ばれるものの普遍性である．

224

つまり，人間としては使用言語にかかわらず“概念”を理解し得る．つまり，この理解は種としての人間に普遍的であると考えられる．加えて，“意味”が“形式”と一体であると考えることによって，自然言語の普遍性と個別性を理論的に区別することができる．つまり，個別性だけではなく普遍性も認めることができる．そのような普遍性があるから通翻訳が可能になる．文化人類学的な観察がいろいろな言語，民族の基本的な世界観の違いを指摘したりするが，そのような側面があるにしても，世界の根本原理に関する人類共有の基本的な捉え方があることも認めねばならないだろう．その意味で，基本的に自然言語の普遍性を認めなければ人類社会の成立を認めることもできないことになる．

「個人概念」における“概念的まとまり”については，すでに 3.4 節で van Dijk and Kintsch (1983) の状況モデルに関連させて論じたが，彼らは，そもそも翻訳は「状況モデルを通してテキスト表示を関連づけるものである」(ibid.: 336) としている．「個人概念」の中で“背景知識”と呼ばれるものには，状況モデルと呼ばれるものも含まれる．“背景知識”は必ずしも言語表記にふさわしいものに限られるわけではなく，絵のように“状況”を把握することの有用性に注目することもできる．たとえば，野球の試合でバッターがホームランを打ってバッターがホームインした状況で「ホームランで 2 点入った」と表現したとすると，その表現は“概念的まとまり”を反映しているはずである．そして，当該の「個人概念」の中の“概念的まとまり”の中には背景的な知識も貢献しているだろう．すなわち，ホームランを打った打者は三つのベースを回ってホームに帰って来ると 1 点取れるが，すでに別のランナーが一人塁上にいたら，そのランナーもホームに帰って来るから，計 2 点入ることになる．そのようなまとめ方は，「個人概念」が関わる枠組みでは自然に組み入れられる．当然「個人概念」の中身には個人差があるから，まとめ方は聞き手の理解に依存する．これが同時通訳の現場で，「ホームランで 2 点入った」という表現を聞いた同時通訳者が，なぜ 2 点なのかがよくわからなかったとする

と，通訳が乱れるかもしれない．通訳者には背景知識が要求されると言われるが，訳出となる「言語表現」にどのような“意味”を持たせるかを決める通訳者の「個人概念」が納得するかどうかが重要な要素になることを「相関モデル」は示唆する．このようなことは言語コミュニケーション一般で言えることであり，通訳時にこのような手持ちの知識が動員される側面が関わることは，同時通訳者の「個人概念」の一般的特質を反映するだけのことであると言えるだろう．

　一般に特殊と言われる同時通訳のプロセスが「相関モデル」の視点からはそれほど特殊ではない行為として説明できることは，同時通訳のプロセスの理解に繋がると共に，「相関モデル」の有効性を示すことにもなる．つまり，“意味”と“概念”を区別することによって得られる説明力は他の言語活動を取り巻く諸問題の本質にも新たな光を当てる可能性を秘めていると考えられる．そして，そのことは「相関モデル」が言語コミュニケーションの本質をさらに深く探る手段となり得ることを示唆していると思われる．

　この点についてもう一つ確認しておきたいことは，表面的な“言語変換”は，決して言語コミュニケーションを構成するわけではない，という点である．たとえば，言語 A と言語 B が日常的に使える人はそれらの言語の間の通訳もできるか，というシンプルな疑問に対して，シンプルに「できるだろう」と答える人と「できない」と答える人がいる．一般の人に調査をするには問がいい加減なのだが，プロ通訳経験者で前者のように答える人に出会ったことはない．つまり，その人たちは，二言語話せることと通訳することは別であることを体験上確信していると思える．それは何を意味するのであろうか．

　「相関モデル」の考え方に基づけば，通訳作業は原発話から受け取った“形式”を目標言語の“形式”に変換するだけことではない．つまり“直訳”は，できたとしても不十分であるし，それで意思疎通をかなえる保証はない．異なる言語で表現するには“概念”のくくり直しが必要なのであ

226

る．つまり，言語 A の「言語表現」の"意味"を"概念"として捉え（="概念化"），その"概念"を別の言語の"意味"で表現（"言語化"）するプロセスが必要である．同時通訳にしても，"概念レベル"を経て他言語による再表現を作ることによって同時通訳の現実性が生まれる．これは一般的な印象とは逆に思えるかもしれない．特に同時通訳では時間的制約が厳しいので，"直訳"のほうが速い処理に結びつくような印象が一般にあるかもしれない．しかし，コミュニケーションの目的を十分に達成させる通訳者は"概念レベル"まで引き上げる部分が多く，むしろそれによって通訳処理時間を短縮できることも多い．そして，内容把握の面でもそのほうが適切な通訳に結びつくと考えられる．つまり通訳者が原発話者に接近することができる．

　「言語コミュニケーションの概念‐意味相関モデル」に基づけば，同時通訳と通常の言語コミュニケーションとの異同の焦点がどこにあるかを示すことができる．同時通訳において重要なことは，他人の発話（「言語表現」）を聴く時，表現の"意味"を記憶するだけではなく，その基の"概念"にまで思考を掘り下げ，"概念レベル"で理解することにあると言えるであろう．これは，通常の言語コミュニケーションについて見られることであり，同時通訳を通したやり取りも通常の言語コミュニケーションと同じであるべきである．同時通訳の特殊性と見られる側面は，二者の間に立つことと複数言語を扱う点にあり，「相関モデル」によれば言語活動としては一般的なものと同じであり，むしろ，それに気付くことこそが重要だと思われる．同時通訳に関するこのような捉え方は，直観的に悟っている人も多いのではないかと思えるが，「言語コミュニケーションの概念‐意味相関モデル」の枠組みを活用すると，現実をより明確に描くことができると考えられる．現実は自然言語をめぐる秩序に支えられているのである．

参 考 文 献

Aitchison, Jean (1987) *Words in the Mind*, Blackwell, Oxford.

Baddeley, Alan (2012) "Working Memory: Theories, Models, and Controversies," *Annual Review of Psychology* 63, 1-29.

Bierwisch, Manfred and Robert Schreuder (1992) From Concepts to Lexical Items," *Cognition* 42, 23-60.

Bloom, Paul, Andrew Brass, Janet Nicol and Laura Conway (1994) Children's Knowledge of Binding and Coreference: Evidence from Spontaneous Speech," *Language* 70, 53-71.

Bransford, J. D., J. R. Barclay and J. J. Franks (1972) "Sentence Memory: A Constructive Versus Interpretive Approach," *Cognitive Psychology* 3, 193-209.

Chomsky, Noam (1957) *Syntactic Structures*, Mouton, The Hague.

Chomsky, Noam (1965) *Aspects of the Theory of Syntax*, MIT Press, Cambridge, MA.

Chomsky, Noam (1986) *Knowledge of Language: Its Nature, Origin, and Use*, Praeger, New York.

Corballis, Michael C. (2002) *From Hand to Mouth*, Princeton University Press, Princeton. [大久保街亜 (訳)『言葉は身振りから進化した』, 2008, 勁草書房, 東京.]

Croft, William (1991) *Syntactic Categories and Grammatical Relations: The Cognitive Organization of Information*, University of Chicago Press, Chicago.

Dancyger, Barbara (2017) *The Cambridge Handbook of Cognitive Linguistics*, Cambridge University Press, Cambridge.

van Dijk, Teun A. and Walter Kintsch (1983) *Strategies of Discourse Comprehension*, Academic Press, New York.

Downes, William (1984) *Language and Society*, Cambridge University Press, Cambridge.

Evans, Vyvyan (2009) *How Words Mean: Lexical Concepts, Cognitive Models and Meaning Construction*, Oxford University Press, Oxford.

Evans, Vyvyan (2019) *Cognitive Linguistics: A Complete Guide*, Edinburgh University Press, Edinburgh.

Fillmore, Charles (1968) "The Case for Case," *Universals in Linguistic Theory*, ed. by E. Back and R. Harms, 1-90, Holt, Reinhart and Winston, New York.

Finkbeinr, Rita, Jörg Meibauer and Petra B. Schumacher, eds. (2012) *What Is a Context? Linguistic Approaches and Challenges*, John Benjamins, Amsterdam.

Fodor, Jerry A. (1975) *The Language of Thought*, Harvard University Press, Cambridge, MA.

船山仲他 (2005)「発話理解のミクロモデル」『同時通訳データに基づく言語理解過程のミクロ分析』(平成 15-16 年度科学研究費補助金 (基盤研究 (C) (2)) 研究成果報告書 (課題番号：15520262)、1-16.

Funayama, Chuta (2007) "Enhancing Mental Processes in Simultaneous Interpreter Training," *The Interpreter and Translator Trainer* 1(1), 97-116.

船山仲他 (2012)「通訳するための思考」『通訳翻訳研究』12, 3-19.

Gentner, D. and Susan Goldin-Meadow, eds. (2003) *Language in Mind: Advances in the Study of Language and Thought*, MIT Press, Cambridge, MA.

Grice, H. P. (1957) "Meaning," *Philosophical Review* 66, 377-388. [Reprinted in Steinberg and Jakobovits (1971), 53-59.]

Grice, H. P. (1975) "Logic and Conversation," *Syntax and Semantics* 3, ed. by P. Cole and J. Morgan, 41-58, Academic Press, New York.

Gumperz, John J. and Steven C. Levinson, eds. (1996) *Rethinking Linguistic Relativity*, Cambridge University Press, Cambridge.

Hendriks, Petra (2014) *Asymmetries between Language Production and Comprehension*, Springer, Dordrecht.

Johnson-Laird, P. (1983) *Mental Models: Towards a Cognitive Science of Language, Inference, and Consciousness*, Cambridge University Press, Cambridge.

Jackendoff, Ray (1983) *Semantics and Cognition*, MIT Press, Cambridge, MA.

Jackendoff, Ray (1989) "What Is a Concept, that a Person May Grasp It?" *Mind and Language* 4, 68-102.

Jackendoff, Ray (1990) *Semantic Structure*, MIT Press, Cambridge, MA.

Jackendoff, Ray (1996) "The Architecture of the Linguistic-Spatial Interface," *Language and Space*, ed. by P. Bloom, M. Peterson, L. Nadel and M. Garrett, 1-30, MIT Press, Cambridge, MA.

Kaplan, Ronald M. and Joan Bresnan (1982) "Lexical-Functional Grammar: A Formal System for Grammatical Respresentation," *The Mental Representation of Grammatical Relations*, ed. by Joan Bresnan, 173-281, MIT Press,

Cambridge, MA.

Klabunde, Ralf and Christiane von Stutterheim, eds. (1999) *Representations and Processes in Language Production*, Springer Fachmedien Wiesbaden GmbH.

児玉徳美 (2009)「概念化と言語化」『立命館文学』610 号，774-755.

Lakoff, George (1987) *Women, Fire, and Dangerous Things: What Categories Reveal about the Mind*, University of Chicago Press, Chicago. [池上嘉彦・河上誓作ほか（訳）『認知意味論　言語から見た人間の心』1993，紀伊國屋書店，東京.]

Langacker, Ronald W. (1997) "The Contextual Basis of Cognitive Semantics," in Nuyts and Pederson (eds.), 229-252.

Langacker, Ronald W. (2000) *Grammar and Conceptualization*, Mouton de Gruyter, Berlin and New York.

Langacker, Ronald W. (2008) *Cognitive Grammar: A Basic Introduction*, Oxford University Press, Oxford.

Langacker, Ronald W. (2017) *Ten Lectures on the Elaboration of Cognitive Grammar*, Brill, Leiden / Boston.

Levelt, Willem J. M. (1989) *Speaking: From Intension to Articulation*, MIT Press, Cambridge, MA.

Levelt, Willem J. M. (1993) "The Architecture of Normal Spoken Language Use," *Linguistic Disorders and Pathologies: An International Handbook*, ed. by G. Blanken, E. Dittmann, H. Grimm, J. Marshall and C. Wallesch, 1-15, De Gruyter, Berlin.

Levelt, Willem J. M., Ardi Roelofs and Antje S. Meyer (1999) "A Theory of Lexical Access," *Behavioral and Brain Sciences* 22, 1-75.

Levinson, Stephen C. (1997) "From Outer to Inner Space: Linguistic Categories and Non-linguistic Thinking," *Language and Conceptualization*, ed. by Jan Nuyts and Eric Pederson, 13-45.

Lyons, John (1977) *Semantics*, Cambridge University Press, Cambridge.

Lucy, John (1996) "The Scope of Linguistic Relativity: An Analysis and Review of Empirical Research," *Rethinking Linguistic Relativity*, ed. by John J. Gumperz and Steven C. Levinson, 37-69.

松縄順子（監修）(2007)『ニュルンベルク裁判と同時通訳』エンタイトル出版，大阪.

Minsky, Marvin (1985) *The Society of Mind*, Simon & Schuster, New York.

水野的 (2015)『同時通訳の理論　認知的制約と訳出方略』朝日出版社，東京.

西田龍雄（編）(1986)『言語学を学ぶ人のために』世界思想社，京都.

Nuyts, Jan and Eric Pederson, eds. (1997) *Language and Conceptualization*,

Cambridge University Press, Cambridge.

Pederson, Eric and Jan Nuyts (1997) "Overview: On the Relationship between Language and Conceptualization," *Language and Conceptualization*, ed. by Jan Nuyts and Eric Pederson, 1-12, Cambridge University Press, Cambridge.

Piaget, Jean (1950) *The Psychology of Intelligence*, Routledge & Kegan Paul, London.

Pinker, Steven (2013) *Language, Cognition, and Human Nature*, Oxford University Press, Oxford.

Šaumjan, Sebastian K. (1974) *Applikativnaja grammatika kak semanticeskaja teorija estestvennyx jazykov*, Akademia Nauk SSSR, Moskva. [西田龍雄 (監訳), 船山仲他 (訳)『適用文法入門』1978, 大修館書店, 東京.]

Saussure, F. de (1916) Cours de linguistique générale, publié par Bally, Ch. & Séchehayé, Ch. A., Payot, Paris. [小林英夫 (訳)『一般言語学講義』1940, 岩波書店, 東京.]

Schank, Roger C. and Robert P. Abelson (1977) *Scripts, Plans, Goals and Understanding*, Erlbaum, Hillsdale, NJ.

Searle, John R. (2004) *Mind: A Brief Introduction*, Oxford University Press, Oxford. [山本貴光・吉川浩満 (訳)『MiND マインド　心の哲学』2006, 朝日出版社, 東京.]

Shannon, Claude E. and Warren Weaver (1949) *A Mathematical Model of Communication*, University of Illinois Press, Urbana, IL.

Slobin, Dan I. (1996) "From 'Thought and Language' to 'Thinking for Speaking'," *Rethinking Linguistic Relativity*, ed. by John J. Gumperz and Steven C. Levinson, 79-96, Cambridge University Press, Cambridge.

Slobin, Dan I. (2003) "Language and Thought Online: Cognitive Consequences of Linguistic Relativity," *Language in Mind*, ed. by Dedre Gentner and Susan Goldin-Meadow, 157-191.

Smolensky, Paul (1996) "On the Comprehension/Production Dilemma in Child Languge," *Linguistic Inquiry* 27, 720-731.

Sperber, Dan and Deirdre Wilson (1986) *Relevance: Communication and Cognition*, Blackwell, Oxford. [内田聖二・中逵俊明・宋南先・田中圭子 (訳)『関連性理論——伝達と認知——』第 2 版, 1999, 研究社出版, 東京.]

Steinberg, Danny D. and Leon A. Jakobovits (1971) *Semantics: An Interdisciplinary Reader*, Cambridge University Press, Cambridge.

Stutterheim, Christane von and Ralf Nüse (2003) "Processes of Conceptualization in Language Production: Language-specific Perspectives and Event Constraint," *Linguistics* 41(5), 851-881.

Tapiero, Isabelle（2007）*Situation Models and Levels of Coherence: Toward a Definition of Comprehension*, Lawrence Erlbaum, Mahwah, NJ.

Tomlin, Russell S.（1997）"Mapping Conceptual Representations into Linguistic Representations: The Role of Attention in Grammar," *Language and Conceptualization*, ed. by Jan Nuyts and Eric Pederson, 162–189.

Winograd, Terry（1972）*Understanding Natural Language*, Academic Press, New York and London.

山口裕之（2013）「言語学についての哲学的考察序説 ―― 概念の恣意性と意味の共有可能性 ―― 」『言語研究』144 号, 1-27.

Zwaan, R. A. and G. A. Radvansky（1998）"Situation Models in Language Comprehension and Memory," *Psychological Bulletin* 123, 162–183.

索　引

1. 日本語は五十音順に並べてある．英語（などで始まるもの）は
   アルファベット順で，最後に一括してある．
2. 〜は直前の見出語を代用する．数字はページ数を示す．

事項索引

［あ行］

意味の共有（山口）　58
意味構造と概念構造（Jackendoff）
　10-14, 47
"意味レベル"と"概念レベル"の区別
　3, 38, 161-162, 176, 185, 218-220
　"意味レベル"　15-18, 64, 144
　"概念レベル"　41, 190, 210-213,
　　217, 222, 226

［か行］

外国語使用に関わる非対称性　191,
　199
"概念化"（conceptualization）　5-6,
　19, 26-28, 33, 38, 83, 98, 112, 163
"概念"と"意味"の区別　3-4, 6-15,
　22-23, 92
"概念"と"意味"の関係（図2）　6-10
概念構造（Langacker）　27, 47
"概念的複合体"　75
"概念的文脈"　146-155, 158
概念的まとまり　3, 6, 15-18, 24, 73,

78, 80, 139-141, 145, 156, 209, 224
"外部化"　66, 71, 75, 80-85, 87-88, 160
"外部性"　88-89
関連性理論　34, 39, 42, 52, 151, 184-
　185, 187-189
機能する概念　68, 72, 76-79, 86
"形式"と"意味"　6, 11, 13, 21, 23, 26
言語運用（performance）　53, 70, 192,
　194
言語能力（competence）　53, 57-58, 62,
　68, 70, 79-80, 133, 162-163
"言語化"（verbalization）　4, 19, 22,
　26-28, 72-77, 94-95, 100-101, 191
「言語コミュニケーションの概念－意味
　相関モデル」　4, 64, 111, 159, 209
　（そのほか多数頻出）
「言語表現」　4-6, 9, 11, 24-26, 29-33
"公共性"　91, 99-100
「個人概念」　75, 77, 132, 145, 170, 179,
　183, 191
コードモデル　34-40, 61, 180, 184
コミュニケーション能力　1-2, 53, 58,
　67-68, 127, 162, 183, 202, 210, 218
語用論　13-14

233

著者紹介

船山　仲他　（ふなやま　ちゅうた）

【略歴】　1950年大阪府生まれ．1974年大阪外国語大学外国語学部ロシア語学科卒業，1976年京都大学大学院文学研究科修士課程言語学専攻修了，1979年同博士課程単位取得満期退学．京都工芸繊維大学助教授，大阪府立大学教授，神戸市外国語大学教授，学長を経て，現在神戸市外国語大学名誉教授．
【主な業績】　『適用文法入門』（翻訳，S. K. シャウミャン著，西田龍雄監訳，大修館書店，1978），『言語学を学ぶ人のために』（共著，世界思想社，1986），「生成文法の統語論」『言語学要説（上）』（編集 崎山理，明治書院，1989），「文法関係と基本格」『アジアの諸言語と一般言語学』（編集代表 崎山理・佐藤昭裕，三省堂，1990），「同時通訳に現れる"認知ファイル"」（『時事英語学研究』第33巻，1993），"Enhancing Mental Processes in Simultaneous Interpreter Training"（*The Interpreter and Translator Trainer*, Vol. 1, No. 1, 2007），「通訳するための思考」『通訳翻訳研究』第12巻（2012），ほか．

開拓社叢書34

自然言語をめぐる秩序
── 言語化と概念化 ──

ISBN978-4-7589-1829-9　C3380

著作者　　船山仲他
発行者　　武村哲司
印刷所　　日之出印刷株式会社

2020年9月10日　第1版第1刷発行©

〒113-0023 東京都文京区向丘1-5-2
電話　（03）5842-8900（代表）
振替　00160-8-39587
http://www.kaitakusha.co.jp

発行所　　株式会社　開拓社